新 14 章で学ぶ 建築法規

日本ERI 編

技報堂出版

書籍のコピー，スキャン，デジタル化等による複製は，
著作権法上での例外を除き禁じられています。

この本の使い方
～『新14章で学ぶ　建築法規』を手に取られた皆様へ～

　建築基準法とは，第一条に，「建築物の敷地，構造，設備及び用途に関する最低の基準を定めて，国民の生命，健康及び財産の保護を図り，もって公共の福祉の増進に資することを目的とする。」とあり，建物だけでは無く国民の生命や健康の保護も目的としております。

　昭和25年に建築基準法が制定され，約75年が経過しています。建築基準法は大小さまざまな改正を繰り返していますが，基本的な構成は変わりません。建築基準法を支えるしくみや都市計画制度の変化，あるいは，大地震や火災，事故などの被害に関して得られた知見や開発された新技術などによる技術的な基準の改正などが積み重なる中で，条文が付加され改正されています。

　弊社は建築基準法に基づき建築確認検査を行う民間の指定確認検査機関ですが，日々の業務で年々変化し複雑化してくる法規を理解しながら，建築基準法等を活用する方々に，いかにわかりやすく法規を理解していただくかという点についても力を注いでいます。

　この本では，法律に定められたルールや具体的な規程の内容について紹介するだけではなく，建築基準法が整備されてきた流れに注目し，なぜこのような内容となっているのかについても触れることで，法規を正しく理解していただくよう努めています。法改正の大きな流れと法文の意図するところを理解していただくことで，これから皆様が携わっていく業務の中で法規を活用できるようになっていただけると考えています。

　ところで，なぜ14章なのか。それは，多くの教育機関（大学等）で行われている2単位・14コマ（＋試験1コマ）の授業で利用いただきやすいことを想定しています。この14コマという限られた時間数の中で，これから建築に関わる皆様に知ってほしい基本的な事項に絞って内容を構成しています。また，基本的な事項に絞りながら直近の改正にも触れることで，各法規の概要を簡潔に説明しています。さらに，極力，根拠条文を掲載することで法文を参照しやすくしています。初めて建築基準法を学ぶ多くの方々に，この本を活用いただけることを願っています。

2025年1月

日本 ERI 株式会社

代表取締役社長　庄子　猛宏

目　　　次

Ⅰ　建築法規を学ぶにあたって　*1*

1　法規とのかかわり　*2*
1　建築に関わるうえでの法規とのかかわり……*2*

2　建築にかかる法令等　*4*
1　「もの」―建築物を規制する法令―　………*4*
2　「ひと」
　　―建築にかかわる専門家としての役割―　…*5*
3　その他　……………………………………*5*

3　建築法規の沿革と意義　*6*
1　建築法規の起源　…………………………*6*
2　紛争と法規　………………………………*7*

4　建築基準法の特徴　*8*
1　はじめに　…………………………………*8*

2　建築物の最低の基準と質の向上　…………*8*
3　建築確認制度　……………………………*9*
4　既存不適格　………………………………*9*
5　敷地と建築物
　　―ひとつの敷地にひとつの建築物―　…*10*
6　敷地と道路の関係　………………………*11*

5　建築基準法上の道路　*12*
1　建築基準法上の道路　……………………*12*
2　接道に関する例外規定と条例による
　　制限等の付加　…………………………*14*
3　道路内の建築制限　………………………*14*
4　私道の変更又は廃止の制限　……………*14*

Ⅱ　建築基準法等の変遷　*15*

1　市街地建築物法から建築基準法へ　*16*
1　市街地建築物法の誕生とその背景　………*16*
2　市街地建築物法と建築基準法の違い
　　（制定時）　………………………………*16*
3　制定時の市街地建築物法の主な規制　……*16*
4　建築基準法に引き継がれたもの　…………*17*

2　建築基準法の変遷とその背景　*18*
1　建築基準法の変遷　………………………*18*

2　大きな建築基準法改正　…………………*18*

3　社会的な要請と集団規定　*19*

4　地震等と構造基準　*20*
1　地震と構造基準の変遷　…………………*20*
2　構造計算書偽装事件とその後の対応　……*21*

5　火災と防火・避難規定の変遷　*22*

6　建築基準法を支える制度の変遷　*24*

Ⅲ　建築基準法の構成と用語　*25*

1　建築基準法と法体系　*26*

2　主な法令用語と条文の構成　*27*
1　基準点　「以上」と「以下」，「超える」と
　　「未満」　…………………………………*27*
2　並列　「及び」と「並びに」　…………………*27*
3　選択　「又は」と「若しくは」　………………*27*
4　準用する等　………………………………*28*
5　条文の構成　………………………………*28*

3　建築基準法の構成と特徴　*29*
1　建築基準法の３つの規定　………………*29*
2　ローカルルールの存在（条例と取り扱い）　…*30*
3　法の適用が除外されるもの　……………*30*

4　仕様規定と性能規定　……………………*31*

4　建築物をあらわす用語　*32*
1　建築基準法の用語の定義　………………*32*
2　建築物等　…………………………………*32*
3　特殊建築物　………………………………*33*
4　建築設備　…………………………………*34*
5　居室　………………………………………*34*
6　主要構造部と構造耐力上主要な部分　……*34*
7　建築，大規模の修繕，大規模の模様替　……*35*

5　建築物の５種類の面積　*36*
1　敷地面積　…………………………………*36*
2　建築面積　…………………………………*36*

v

3 床面積 ······················· 36
4 延べ面積 ····················· 37
5 築造面積 ····················· 37

6 建築物の高さ ─────── 38
1 建築物の高さ ················· 38

2 軒の高さ ····················· 39

7 その他 ──────────── 40
1 建築物の階数 ················· 40
2 地階 ························· 40

Ⅳ　建築基準法を支えるしくみと手続き（総則）　41

1 建築基準法の執行機関等 ──── 42
1 建築基準法の執行機関 ········· 42
2 その他の執行機関 ············· 43
3 不服申し立て ················· 44
4 指定確認検査機関による確認審査と
特定行政庁との関係 ··········· 44
5 罰則 ························· 44

2 建築物にかかる手続きの流れ─── 45

3 着工前の業務等 ─────── 46
1 設計等 ······················ 46
2 確認申請とそのしくみ ········· 46

4 工事中の手続き等 ─────── 49
1 仮使用 ······················ 49

2 工事現場での確認の表示 ········ 49
3 工事現場の危険防止 ··········· 49
4 特定行政庁等への報告 ········· 49
5 完了検査 ····················· 50
6 中間検査 ····················· 50

5 建築物の完了後の手続き等 ──── 51
1 維持保全の義務 ··············· 51
2 定期報告 ····················· 51
3 定期点検 ····················· 52

6 違反建築物等に対する措置 ──── 53
1 違反建築物 ··················· 53
2 保安上危険な建築物等 ········· 54
3 行政代執行法による違反建築物等の措置···· 54

Ⅴ　都市計画法と土地利用　55

1 都市計画法の理念と法体系等─── 56
1 都市計画法の理念············· 56
2 都市計画法の位置づけ ········· 56
3 都市計画区域 ················· 56

2 都市計画制度にみる土地利用──── 57
1 都市計画のマスタープラン
（2つのマスタープラン）······· 57
2 土地利用のしくみ············· 57

3 都市計画区域等の制限──────── 58
1 区域区分 ····················· 58
2 用途地域 ····················· 59
3 用途地域を補完する地域地区 ···· 59
4 開発許可制度 ················· 61

4 地区計画制度 ─────────── 62
1 地区計画制度の対象区域等 ······ 62
2 地区計画の種類 ··············· 62
3 地区計画のイメージと事例 ······ 63

5 都市施設等の整備 ─────── 65
1 都市施設の整備 ··············· 65
2 市街地開発事業 ··············· 65
3 都市計画施設等の区域内の建築制限········ 66

6 良好なまちづくりのための制度等── 67
1 建築基準法によるもの ········· 67
2 都市計画法によるもの ········· 68
3 その他の法令によるもの ········ 68

Ⅵ　用途と規模による制限　71

1 用途地域による建築制限 ──── 72
1 用途地域と建築物の用途制限 ······ 72
2 大規模集客施設 ··············· 75
3 建築物の新しい用途の扱い ······ 75

2 容積率による制限 ─────── 76
1 容積率の上限を決める2つの要素 ········ 76
2 2以上の地域（区域）にまたがる場合 ······ 76
3 前面道路等の状況による容積率の緩和···· 77

vi

4 容積率の緩和 ・・・・・・・・・・・・・・・ *78*

3 建蔽率による制限 ———— *80*
1 用途地域と建蔽率の上限 ・・・・・・・・・・ *80*
2 2以上の地域 (区域) にまたがる場合 ・・・・・・ *80*
3 建蔽率の緩和規定・・・・・・・・・・・・・・ *80*

4 防火地域と準防火地域, 法22条区域 — *82*
1 防火地域等の指定・・・・・・・・・・・・・・ *82*

2 防火地域・準防火地域の建築制限・・・・・・・ *82*
3 法22条区域の建築制限 ・・・・・・・・・・・ *84*

5 その他 ———————— *85*
1 敷地面積の最低限度 ・・・・・・・・・・・・・ *85*
2 特定行政庁による壁面線の指定 ・・・・・・・・ *85*
3 立体道路制度 ・・・・・・・・・・・・・・・・ *86*

VII 高さの制限 *87*

1 高さの制限のしくみ ———— *88*
1 高さに関する4つの規定 ・・・・・・・・・・・ *88*
2 用途地域と高さ制限 ・・・・・・・・・・・・・ *88*

2 低層住居専用地域等の高さ等の制限 — *89*
1 絶対高さの制限・・・・・・・・・・・・・・・ *89*
2 壁面の位置の制限・・・・・・・・・・・・・・ *89*

3 道路からの制限 ——————— *90*
1 勾配と適用距離 ・・・・・・・・・・・・・・・ *90*
2 塔屋等の取り扱い・・・・・・・・・・・・・・ *91*
3 道路斜線制限の主な緩和規定 ・・・・・・・・・ *91*

4 隣地からの制限 ——————— *93*
1 隣地斜線の考え方・・・・・・・・・・・・・・ *93*
2 塔屋等の取り扱い・・・・・・・・・・・・・・ *93*
3 隣地斜線制限の主な緩和規定 ・・・・・・・・・ *94*

5 北側からの制限——————— *95*
1 北側斜線制限の考え方・・・・・・・・・・・・ *95*
2 塔屋等の取り扱い・・・・・・・・・・・・・・ *95*
3 北側斜線制限の緩和 ・・・・・・・・・・・・・ *95*

6 天空率 ———————— *96*
1 天空率の考え方・・・・・・・・・・・・・・・ *96*
2 算定の手順・・・・・・・・・・・・・・・・・ *96*
3 算定上の留意点・・・・・・・・・・・・・・・ *96*

7 日影による高さの制限——————— *97*
1 日影規制の考え方・・・・・・・・・・・・・・ *97*
2 測定の方法と留意点 ・・・・・・・・・・・・・ *98*
3 日影規制の高さの起点等 ・・・・・・・・・・・ *98*
4 日影規制の主な緩和規定 ・・・・・・・・・・・ *99*

8 高度地区 ———————— *100*

VIII 一般構造にかかる規定 *101*

1 室内環境にかかる規定——————— *102*
1 自然採光が必要な居室 ・・・・・・・・・・・・ *102*
2 採光上有効な開口部の面積の算定・・・・・・・ *102*
3 換気 ・・・・・・・・・・・・・・・・・・・・ *103*
4 換気設備 ・・・・・・・・・・・・・・・・・・ *105*
5 天井の高さ・・・・・・・・・・・・・・・・・ *107*
6 遮音 ・・・・・・・・・・・・・・・・・・・・ *107*

2 衛生にかかる規定 ——————— *108*
1 床の高さ・・・・・・・・・・・・・・・・・・ *108*

2 地階の居室・・・・・・・・・・・・・・・・・ *108*
3 石綿の発散にかかる措置・・・・・・・・・・・ *108*
4 ホルムアルデヒド, クロルピリホスの
　発散に対する措置・・・・・・・・・・・・・・ *109*

3 日常の安全にかかる規定 ——————— *111*
1 階段 ・・・・・・・・・・・・・・・・・・・・ *111*
2 廊下 ・・・・・・・・・・・・・・・・・・・・ *112*

IX 構造強度 *113*

1 構造規定の構成と構造設計 ——————— *114*
1 構造設計と構造規定 ・・・・・・・・・・・・・ *114*
2 構造計算規定と仕様規定 ・・・・・・・・・・・ *115*
3 構造設計の考え方 ・・・・・・・・・・・・・・ *115*

2 構造計算の方法——————— *116*
1 概要 ・・・・・・・・・・・・・・・・・・・・ *116*
2 ルート1, 2, 3の構造計算の手順・・・・・・ *116*
3 荷重と外力・・・・・・・・・・・・・・・・・ *117*
4 その他の構造計算方法 ・・・・・・・・・・・・ *118*

vii

3 仕様規定 ——————— *119*
- **1** 構造の種別に関わりなく共通する規定 ····· *119*
- **2** 構造種別ごとの規定 ····················· *119*

3 木造 ···································· *119*
4 鉄骨造 ·································· *122*
5 鉄筋コンクリート造 ··················· *123*

X 火災に強い建築物をつくる *127*

1 建築基準法と消防法 ——————— *128*
- **1** 建築物の火災 ························· *128*
- **2** 建築基準法と消防法 ··················· *128*

2 防耐火にかかる用語 ——————— *129*
- **1** 耐火建築物等 ························· *129*
- **2** 延焼のおそれのある部分 ··············· *129*
- **3** 防火設備 ····························· *130*
- **4** 建築材料 ····························· *130*

3 耐火構造等の考え方 ——————— *131*
- **1** はじめに ····························· *131*
- **2** 耐火構造等の構成 ····················· *131*
- **3** 主要構造部に求められる機能の考え方 ····· *132*

4 耐火構造と準耐火構造の違い ············· *133*

4 耐火構造, 準耐火構造, 防火構造等 —— *134*
- **1** 耐火構造 ····························· *134*
- **2** 耐火建築物 ··························· *134*
- **3** 準耐火構造 ··························· *135*
- **4** 準耐火建築物 ························· *136*
- **5** 防火構造 ····························· *136*

5 特殊建築物等の防火上の構造制限 —— *137*
- **1** 耐火建築物等としなければならない建築物 *137*
- **2** 大規模木造建築物等の防火上の制限 ······· *137*
- **3** 特殊建築物と構造制限 ················· *138*
- **4** 防火地域・準防火地域の建築物 ··········· *140*

XI 防火と避難 *141*

1 火災の拡大を防ぐための規定 ——— *142*
- **1** 出火を防ぐ ··························· *142*
- **2** 早期発見と初期消火 ··················· *142*
- **3** 4つの防火区画 ······················· *142*
- **4** 面積区画 ····························· *143*
- **5** 高層区画 ····························· *144*
- **6** 竪穴区画 ····························· *144*
- **7** 異種用途区画 ························· *144*
- **8** 防火区画の開口部や周辺部の処理 ········· *145*
- **9** 防火壁と防火床 ······················· *146*
- **10** 界壁, 間仕切壁, 隔壁 ················· *146*

2 内装制限 ——————————— *147*
- **1** 内装制限の役割 ······················· *147*
- **2** 内装制限の対象となる用途と規模 ········· *147*

3 避難のための規定 ——————— *148*
- **1** 火災時の建築物からの避難 ··············· *148*

2 廊下, 出口などの安全対策 ··············· *148*

4 階段等 ——————————— *149*
- **1** 直通階段 ····························· *149*
- **2** 2以上の直通階段 ····················· *149*
- **3** 2以上の直通階段を設けた場合の重複距離 *150*
- **4** 階段の構造 ··························· *150*

5 避難設備 ——————————— *153*
- **1** 避難設備の体系 ······················· *153*
- **2** 排煙設備 ····························· *153*
- **3** 非常用照明 ··························· *155*
- **4** 誘導灯 ······························· *155*
- **5** 敷地内通路 ··························· *156*

6 性能の検証 ——————————— *157*
- **1** 検証法 ······························· *157*
- **2** 避難安全検証法 ······················· *157*
- **3** 耐火性能検証法 ······················· *158*

XII 消火活動等のための規定と建築基準法に規定される建築設備 *159*

1 建築基準法の規定 ——————— *160*
- **1** 消火・救助活動のための規定 ··········· *160*
- **2** 非常用の進入口 ······················· *160*
- **3** 非常用エレベーター ··················· *162*

2 消防法の基準 ——————————— *163*
- **1** 消防法の構成 ························· *163*
- **2** 消防用設備等 ························· *163*
- **3** 防火対象物と特定防火対象物 ············· *163*
- **4** 消防法の各種届出 ····················· *165*

5 消防法にかかるその他の留意事項·········· *165*

3 建築設備────────────── *166*

1 建築基準法に規定される建築設備·········· *166*

2 給水設備··· *167*

3 浄化槽··· *168*

4 予備電源 (非常電源)···························· *168*

5 避雷設備··· *169*

6 昇降機設備·· *171*

XⅢ　建築物と土地に関連する法規 *173*

1 バリアフリー法────────── *174*

1 バリアフリー法の沿革······················· *174*

2 建築物への適用······························· *174*

3 バリアフリー化を求める条例·············· *177*

4 特定建築物の建築等及び維持保全の計画の
認定 ··· *177*

2 建築物省エネ法────────── *178*

1 建築物エネ法の概要························· *178*

2 規制措置··· *178*

3 誘導措置··· *181*

3 耐震改修促進法────────── *182*

1 基本方針と耐震改修促進計画·············· *182*

2 耐震診断と結果報告························· *182*

3 認定等··· *183*

4 住宅に関連する法規──────── *184*

1 住宅関連法の構成···························· *184*

2 住宅品確法····································· *184*

3 住宅瑕疵担保履行法························· *185*

4 長期優良住宅促進法························· *185*

5 土地の利用・開発に関連する法規── *186*

1 国土利用計画法······························· *186*

2 宅地造成及び特定盛土等規制法·············· *186*

XⅣ　建築士法とその他の関連する法規 *187*

1 建築士法──────────── *188*

1 建築士法の概要······························· *188*

2 建築士の区分と業務の範囲 ················ *188*

3 建築士が行う業務と責務··················· *189*

4 建築士になるには···························· *190*

5 建築士事務所としての業務················· *190*

6 管理建築士と所属建築士··················· *191*

2 建設業法──────────── *192*

1 建設業法の概要······························· *192*

2 建設業の許可·································· *192*

3 工事現場における技術者··················· *193*

4 建設工事の適正な請負契約················· *194*

3 環境保護に関連する法規 ─────── *195*

1 廃棄物処理法·································· *195*

2 建設リサイクル法···························· *195*

4 取引・所有・区分に関連する法規── *196*

1 宅地建物取引業法···························· *196*

2 区分所有法····································· *196*

3 マンション建て替え円滑化法·············· *196*

5 その他の関連法規 ────────── *197*

1 駐車場法··· *197*

2 ビル管法··· *197*

3 民法 ··· *198*

4 各種用途に関する法規····················· *198*

ix

I
建築法規を学ぶにあたって

　これから建築法規の世界に船出しよう。
　建築物は，その計画から工事，利用，必要に応じた改修から除却に至るまで，様々な法令等から規制を受けており，これらの法令等を理解することが，建築にかかわっていく上での一歩となる。ところが，これらの法令は時代の要請等を受け，たびたび改正が行われており，それによって，実現できなかった建物の建築が可能になることもあるし，逆に，今まで建てられた建物が建てられなくなることもある。
　この章では，建築と法令とのかかわり，その沿革等について紹介する。

氷川丸（浜野四郎 画）
　氷川丸は 1930 竣工，北米航路シアトル線を運航した貨客船である。第 2 次世界大戦中は病院船として使われたが，戦後は 1960 年までシアトル航路で運行を続けた。運行終了後は，横浜山下公園前に係留され，2016 年には国の重要文化財に指定されている。

I 建築法規を学ぶにあたって

1 法規とのかかわり

　仮にあなたが一戸建ての住宅を建てようとするならどうするだろうか。まずは，どこに建てるのか，どのような住宅にするのか，資金はどうするのかなどについて，まとめてみることになるだろう。さらに，選択した敷地にあなたの望むような住宅が建てられるのか，何らかの制約はあるのか，必要な手続きがあるのか，と検討していくことになる。この時点ですでに，建築に関連する法規についてのチェックが必要となっていることに気づいただろうか。

　建築に関しては，建築基準法や建築士法，建設業法をはじめとする多くの法令に基づき，基準や手続き等が定められている。

1 建築に関わるうえでの法規とのかかわり

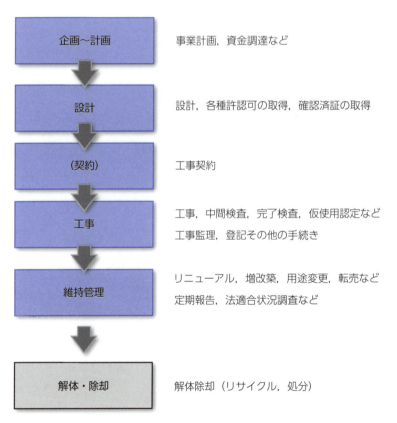

図-I.1.1

ア　企画〜計画　　建築主は，計画のイメージ，求める機能と条件，予算とその調達見込み，設計や施工を誰に依頼するかなどについてまとめていく……。この段階で建築士をはじめとする専門家の力を借りることも多く，特に立地条件等を検討する上で専門家の知識が欠かせないものとなっている。

イ　設計　　　　　　　建築物の設計を行うには，その規模，用途等に応じて建築士の資格が必要となる。建築士法には，建築士の種別と業務が可能な範囲等が定められており，また，建築基準法にも建築士が設計を行う必要があることが規定されている。⇨XIV 1

建築主等からの委任を受けた設計者は，まず敷地やその周辺を調査し，立地条件，規模，手法，必要となる許認可の手続き等を検討しながら設計を進めることになる。あわせて，構造や設備，必要に応じて防災計画等について，具体的な検討が行われる。これらがまとまったところで，工事契約を行う流れが一般的である。

なお，建築主は，工事着工前に，建築主事，建築副主事又は指定確認検査機関に確認申請[*1]を行い，確認済証を取得する必要がある。

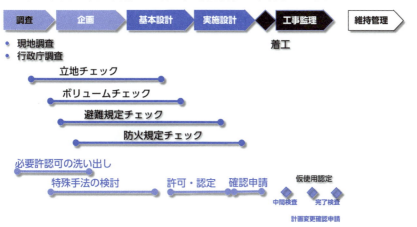

図-I.1.2

ウ　工事　　　　　　　工事を始めるにあたって，建築物の所有者等は工事監理者を選定し，この工事監理者のもとで工事が進められる。工事が特定の工程まで進むと「中間検査[*2]」を，工事が完了したときには「完了検査」を受ける必要があり，完了検査に合格すると検査済証が交付され，建築物を使用できるようになる。

エ　維持管理　　　　　建築物の所有者等[*3]は建築物を常に適法な状態に維持するよう努め，また，不特定多数の人々が利用する建築物等については，建築主には，建築物の竣工後一定期間ごとに，建築士等に建築物を検査させ，その結果を特定行政庁に報告する義務[*4]がある。

また，建築物のリニューアルや増改築等を行う場合にも，建築基準法等の規定が適用されるので注意する必要がある。

オ　解体・除却　　　　役目を終えた建築物は解体，除却される。コンクリートや木材を用いた一定規模以上の建築物の解体については「建設リサイクル法[*5]」で分別解体等し，再資源化等を行うことが義務付けられている。解体の際に発生した廃棄物についても，「廃棄物処理法[*6]」により，規制がかけられている。⇨XIV 3 **1**

[*1] 確認申請⇨4 **3** 2)，IV 3 **2**
一定の用途，構造，階数，規模の建築物を建築等する場合や大規模の修繕，大規模の模様替を行う場合は，その工事の前に建築主が建築主事等に確認申請書を提出し，その計画が建築基準関係規定に適合することの「確認」を受けなければならない。
注）確認申請の対象とならない建築物についても対象となる法律等を守る必要がある。

[*2] 中間検査の対象となる工程が定められていないものもある。
注）小規模な木造住宅等（3号建築物）の場合は，検査前でも使用できる。⇨IV 4

[*3] 所有者，管理者又は占有者をいう。

[*4] 定期報告制度
注）近年は，建築物の転売等にあたって，法適合性を示した調査報告書が添付されることも多くなっている。

[*5] 建設工事に係る資材の再資源化等に関する法律

[*6] 廃棄物の処理及び清掃に関する法律

I 建築法規を学ぶにあたって

2　建築にかかる法令等

　建築の設計と工事にかかる法令は，「**もの**」建築物そのものを対象としたものと，「**ひと**」建築に携わる人々の倫理や資格等を対象としたものから構成されている。

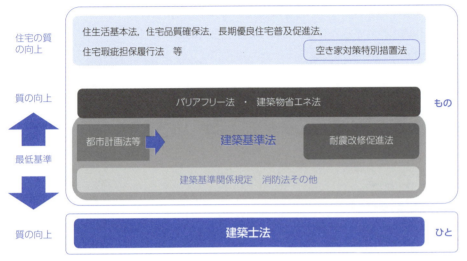

図-Ⅰ.2.1

1　「もの」　─建築物を規制する法令─

　建築物そのものを対象とした法令の代表が「建築基準法」であり，**建築物の最低の基準**を規定したものである。さらに，消防法などの規定の一部が建築基準関係規定として位置づけられ，建築確認の対象となっている。また，都市部については，都市計画法により土地利用等が定められ，建築基準法の一部はこの土地利用等にそって規定されている。

　では，建築物の質の向上はどのように図られるのだろうか。これについては，例えば「バリアフリー法[*7]」「建築物省エネ法[*8]」等それぞれ異なる目的をもって制定された法令が，建築物の質の向上の一翼を担っている。⇨ⅩⅢ

　「バリアフリー法」は，すべての人々が交通機関や建築物等を自由に移動し，利用できるように措置を求めるもので，建築物については，一定規模以上で多数の者が利用する建築物を対象とする基準が規定されている。さらに，地方自治体が条例により，対象となる建築物の規模等を広げたり，基準の上乗せを行うことができるようになっており，多くの地方自治体で条例が制定されている。

　また，「建築物省エネ法」は，パリ協定（2016年11月発効）を踏まえた温室効果ガス排出量の削減目標の達成等に向け，建築物の規模・用途ごとの特性に応じた実効性の高い総合的な対策を講じたものである。一定規模以上の非住宅建築物については，省エネルギー性能にかかる基準を満たしていることを判定するしくみがつくられている。⇨ⅩⅢ 2

[*7] 高齢者，障害者等の移動等の円滑化の促進に関する法律
[*8] 建築物のエネルギー消費性能の向上等に関する法律

このほか，住宅の質の向上をめざした法令として，住宅供給等の理念を示した「住生活基本法」，住宅の品質の向上をめざした「住宅品確法*9」や「長期優良住宅普及促進法*10」，住宅の欠陥があった場合の保証制度等を定めた「住宅瑕疵担保履行法」などがある。⇨XⅢ4

*9 住宅の品質確保の促進等に関する法律
*10 長期優良住宅の普及の促進に関する法律

2 「ひと」 ―建築にかかわる専門家としての役割―

　一方，人的側面から建築物の質の向上をめざしたものが，「建築士法」である。「建築士」を育成し，この建築士が建築物の設計，工事監理等を適正に行うことで，建築物の質の向上に寄与することを目的としたもので，建築士の責務や業務のほか，設計，工事監理業務を行う建築士事務所に関する規定が盛り込まれている。⇨XⅣ1

　そして建築物には様々な分野の専門家が関わっている。その分野は，企画，計画，設計，建設，建築物の管理，メンテナンス，検査，不動産取引など多種多様で，専門化，分化の傾向にあり，また，専門家としての国家資格も増加している（**表-Ⅰ.2.1**）。

　この中で建築物の設計，工事監理の業務で中心的な役割を担うのが建築士である。建築行為は周辺の環境に対しても少なからぬ影響を与え，まちづくりにも大きな影響をもたらすものでもあるため，建築主の利益だけでなく，社会全体の利益が損なわれないように業務を進める必要がある。

表-Ⅰ.2.1

(設計など)	(施工)
建築士(一級，二級，木造) 構造設計一級建築士 建築基準適合判定資格者 特殊建築物等調査資格者	施工管理技士 (建築施工管理，建設機械施工，土木施工管理，電気工事施工管理，電気通信施工管理，管工事施工管理，造園施工管理)
(建築設備)	(その他)
設備設計一級建築士，建築設備士 昇降機検査資格者，建築設備検査資格者 消防設備士，消防設備点検資格者 浄化槽設備士，浄化槽管理士 電気主任技術者，電気工事士	技術士，技術士補，測量士，測量士補 土地家屋調査士，宅地建物取引士， 不動産鑑定士，土地区画整理士， マンション管理士，管理業務主任者

3 その他

　このほか，建築に関係する主な法令として，消防活動や危険物にかかわる「消防法」⇨XⅡ2，建設業にかかわる「建設業法」⇨XⅣ2，工事現場等での労働者の安全を確保するための「労働安全衛生法」，不動産取引にかかる「宅地建物取引業法」⇨XⅣ4■などがある。

3 建築法規の沿革と意義

1 建築法規の起源

1）建築主と専門家の契約とそれにともなう責任

「ハンムラビ法典」の中に建築に関するルールがあることは有名である。「もし，建築家が人のために家を建て，その工事が強固でなく，建てた家が倒壊し，家の主人を死に至らしめたときは，建築家は死刑に処せられる」とされ，今日の建築主と専門家の契約及びそれにともなう責任のルールの源となっている。

2）大火と火災防止のためのルール

1666年，ロンドンで現在のシティの8割以上を焼き尽くしたとされる大火は，現在のロンドンシティが形成されるきっかけとなったことで知られている。その後に制定された「再建法」（Rebuilding of London Act 1667）では，木造建築が禁止され，住宅建築についての階数，高さ等の制限が行われた。

3）楼閣の禁止と明暦の大火

日本に目を移そう。平城京に遷都される前には，「楼閣を建てて人家を覗くことを禁止し，宮中内の建物の建設にあたり日照を確保する[*11]」とした法律が存在した。

1657年，日本でも大火が起きた。明暦の大火（明暦3年），俗に振袖火事と呼ばれる火事である。80日以上カラカラ天気が続いた後，北西から西の風が激しく吹く中で山の手3か所から出火し，江戸の大半を焼き，江戸城天守閣も焼失した。犠牲者は10万人台から6〜7万人とされている[*12]。斎藤月岑は，この大火の被害状況を『武江年表』に「万石以上の御屋敷五百余宇，御旗本七百七十余宇，堂社三百五十余宇，町屋四百町，焼死十万七千四十六人といへり」と記している。

明暦の大火後の復興対策としては，区画整理のための建築制限令の公布，両国橋の架設，神社仏閣の移転などが行われたほか，道路の拡幅，火除地や延焼を遮断する防火線として広小路が設置され，耐火建築が推奨された[*13]。また，避難対策として橋を火災から守るため火除明地を設け，植溜（樹木などの栽培地）が避難場所とされた。消火対策の面でも，定火消制度が

[*11] 大宝律令をもとにつくった養老律令の営繕令20条の3「凡そ私の第宅に，皆楼閣を起てて，人家を臨視すること得じ。宮内に営造し及び修理すること有らむは，皆陰陽寮をして日択らしめよ。」（井上光貞 1976「日本思想体系3 律令」

[*12] むさしあぶみなど多くの資料が10万人台と書いている。

[*13] わらぶき屋根の禁止，塗屋づくりの推奨

図-Ⅰ.3.1

創設され，町人たちの間で自主防災組織が発足するなどの動きがみられた[*14]。

4）明治時代以降の動き

　明治時代に入ると，欧米にならった法制度が整えられることになり，それまでの法規は直接的には受け継がれておらず，大都市がそれぞれ主に市街地の防火や衛生目的とした法規を定めている。この時代の法令としては「防火路線及び屋上制限に関する不達」（東京市）1881年[*15]「滋賀県家屋建築規則」1886年[*16]が有名である。

　その後，人口の急増と急激な都市化に見舞われたことから，建築について統一的な法規を制定する要望が高まり，1919年に「都市計画法（旧法）」と「市街地建築物法」が制定された。これらの法令は，さらに関東大震災や新しい技術に対応して改正されてきた。

　第2次世界大戦後になると，これらの法令を受け継いで1950年に「建築基準法」が制定された。あわせて「建築士法」や「公営住宅法」が制定され，建築の担い手の育成や住宅の供給が図られてきた。

　その後も，建築基準法をはじめとするこれらの法律は，地震や火災等の災害や事故等への対応，社会・経済的な状況の変化や技術の発達等による要請を受け，高い頻度で改正される傾向にある。人口減少時代に転じた今，都市計画においてもそれまでの人口の拡大圧力を受けた市街地の外延化への対応から，コンパクトなまちづくりへと指向が転じるなど，新たな視点での対応が模索されてきている。⇨II

2 紛争と法規

　建築物が完成しても，そのできばえ等について建築主が不満を持ち，代金が支払われない等で争いが起きることもある。建築をめぐる紛争は，建築主と設計者や施工者，近隣住民，所管行政庁などさまざまな関係者の間で発生している。中でも，建築工事については，多くの人々が関与しており，それぞれの立場と役割，報酬，不具合の内容などから，責任の所在をめぐって争いが起きやすい。契約に関するルールなどは民法等に定められているが，建築士として，あるいは建築の専門家としても対応していく必要がある。

　また，近隣住民からの不満，所管行政庁からの指導等から，建築主，管理者等などに対して是正要求があり，紛争に発展する場合もある。このような紛争等を未然に防ぎ，あるいは解決していくためのルールのひとつとして，建築基準法等の法規が存在する。

[*14] 広報防災より：長谷川誠一

[*15] 明治12年2月，日本橋区箔屋町から出火した火災が日本橋神田町一帯を消失したことを受け，防火地域の指定に乗り出したもので，22地域が指定されている。主要路線を指定し，その沿線は煉瓦造り，土蔵造り，石造づくりいずれかにするとされた。

[*16] 大津八幡彦根長浜の市街地及び周辺を対象としたもので，「工事着手の1か月前に届出し，許可をとること」とある。

4 建築基準法の特徴

1 はじめに

建築基準法は第 2 次大戦後，新憲法に基づき制定された法令であり，土地の利用は原則として所有者の自由であることを前提に，公共の福祉の増進に資することを限界として，建築物の規制・誘導を図ろうとしたものである。建築士が設計した計画について建築主事等が法適合性を確認するというしくみと，国民に受け入れられる最低の基準の採用が大きな特徴となっている。

また，制定後から現在に至るまで度重なる改正を経て現在の建築基準法が成立しているため，難解な表現が多いことも特徴の一つとなっている。ここでは，建築基準法をとらえる上での留意点を紹介する。

2 建築物の最低の基準と質の向上

1) 最低の基準

建築基準法はその第 1 条で「建築物の敷地，構造，設備及び用途に関する最低の基準を定めて，……」とし，国民の生命，健康及び財産の保護のために，いわば必要最低限の規制を行うことを宣言している。ここでいう「最低の基準」とは，「安全上」，「防災上」，「衛生上」の最低の基準であり，「機能性」，「快適性」，「省エネ性」など建築物の質の向上を求めるための要素は含まれていない。

建築基準法が制定された昭和 25 年当時は，約 400 万戸以上の住宅が不足し，建設資材も資金も不足していた時代であり，この当時のナショナルミニマムとしてこのような基準が採用されたものと考えられている。その他，建築基準法の特徴として次の点があげられる。

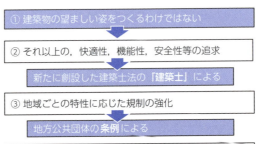

図- Ⅰ.4.1

　ア　細かい基準を決めずに，一般的，抽象的な表現としたこと
　イ　全国に適用される広範囲な内容を持った一般法として制定されたこと

2) 建築物の質の向上を担うもの

快適性，機能性などの建築物の質の向上の追及は，同年に施行された建築士法に規定される「建築士」が担うこととされた[*17]。また，地域の特性に応じて，地方公共団体が条例で基準を付加できるほか，他法令により建築物の品質や性能の上乗せが期待できるしくみとなっている。

*17 建築士法⇨XIV 1

3 建築確認制度

1）建築自由の原則

日本の都市法は、「建築自由の原則」を基本としている。「建築自由の原則」とは、「財産権は不可侵権であり、原則として自分が所有する土地にどのような建築物を建築しても構わない」とする考え方である。これは、英国等がとる、計画がなければ建築ができないとする「建築不自由の原則」と異なり、法で定める制限以外のものは自由に建築ができるとする考え方であり、言い換えれば、建築基準法等の法令の規制は受けるが、それ以上には束縛されないということになる。

2）建築確認制度

この考え方のもと、建築士が設計した計画が建築基準法が定めた最低の基準にあっているかどうかを建築主事等が確認する「建築確認制度[18]」がとられている。この確認行為は、法の規定をそのまま執行しなければならず、裁量の余地がなく、誰が行っても同じ結果であることから「羈束行為[19]」と呼ばれている。

[18] 建築確認制度⇒Ⅳ 3 **2**

[19] 羈束行為
法の規定が一義的であって、行政庁はそれをそのまま執行しなければならない行為(大辞林)

4 既存不適格

法改正が行われると、従前の法律には適合しているが、改正後の法律には適合しない建築物等がでてくる。建築基準法では、この状態を「既存不適格」と呼ぶ。増改築や大規模な修繕等を行う場合は、原則としては現行基準にあわせる必要があるが、そのままであれば、使用することはできる（法3条）。また、一定の範囲[20]であれば増築できるなどの緩和規定があるが、法改正以前から違法状態にあったものはこの対象とならない。

[20] 増改築が可能な範囲は、令137条の2〜17に定められている。例えば、用途地域（法48条1項から14項まで）の適用を受けない場合は1.2倍までであれば増築できる。

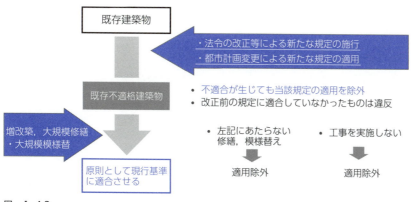

図-Ⅰ.4.2

> 法3条2項　この法律又はこれに基づく命令若しくは条例の規定の施行又は適用の際現に存する建築物若しくはその敷地又は現に建築、修繕若しくは模様替の工事中の建築物若しくはその敷地がこれらの規定に適合せず、又はこれらの規定に適合しない部分を有する場合においては、当該建築物、建築物の敷地又は建築物若しくはその敷地の部分に対しては、当該規定は、適用しない。

5 敷地と建築物 —ひとつの敷地にひとつの建築物—

ひとつの敷地には，ひとつの建築物しか建てられない。

1）敷地（令1条1号）

敷地は「一の建築物」又は，「用途上不可分の関係にある二以上の建築物のある一団の土地」とされている。

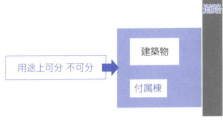

図-Ⅰ.4.3

2）一団の土地

法は明確に規定していないが，一般的には「道路や水路等により分断されていない連続している土地」とされている。ただし，以下の場合は一団の土地とみなされる。

・水路が暗渠となり一体の土地として利用できるもの
・部分的に暗渠となり，橋等により相互の土地を一体的に利用できるもの

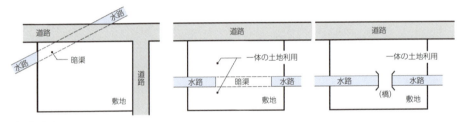

図-Ⅰ.4.4

なお，土地が道路により分断されている場合でも，特定行政庁から一団地の認定等（法86条）⇨Ⅴ6■3）を受けた場合は一団の土地とみなされ，接道義務，容積率制限，建蔽率制限，日影制限等が緩和される。

3）一の建築物

ひとつの建築物をいう。この概念については法による定めがないため，社会通念のもとに建築計画と法の主旨，目的と照らし合わせながら判断が行われる。一般的に「一の建築物」は次の3つの視点から総合的に判断される。

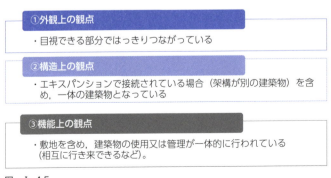

図-Ⅰ.4.5

4）用途上不可分な関係

一つの敷地内に複数の建築物がある場合でも，その用途が相互に関連する「用途上不可分」な建築物にあたる場合は建築が可能である。「用途上不可分」とは，建築物の機能面からみて相互に必要な機能を持ちあっているものをいう。例えば，病院の診療棟と病棟のように，どちらか片方だけで機能が成立しない場合は，用途上不可分とみなされる。しかしながら，病棟と看護師寮のようにそれぞれ独立した機能を持ち，別々でも機能が成立する場合は用途上可分とされる。

表-Ⅰ.4.1 用途上不可分な建築物の例

主要建築物	用途上不可分とされる場合（付属建築物等）	可分とされる場合
住宅	車庫，物置，納屋，茶屋，離れ	
共同住宅	車庫，物置，自転車置場，電気室，プロパン庫，管理棟	共同住宅2棟以上
旅館・ホテル	離れ（客室），浴室棟，あずまや，車庫	ホテルと従業員寮
工場	事務室棟，倉庫，電気室，機械室，厚生棟	工場と独身寮
学校	実習棟，図書館，体育館，給食室，倉庫	
病院	診療棟，病棟，研究棟	病院と看護師寮

6 敷地と道路の関係

建築敷地は建築基準法上の道路に2m以上接しなければならない[*21]（法43条）。

*21 都市計画区域及び準都市計画区域内で適用

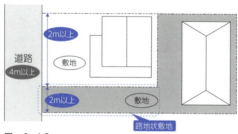

図-Ⅰ.4.6

Ⅰ 建築法規を学ぶにあたって

5 建築基準法上の道路

1 建築基準法上の道路

1）建築基準法上の道路

表‐Ⅰ.5.1 のいずれかに該当する幅員 4 m 以上のもの[22] をいう（地下に設けるものを除く。）（法 42 条）。

> [22] 特定行政庁が都道府県都市計画審議会の議を経て指定する区域は 6m（6m 指定区域と称されている）

表‐Ⅰ.5.1 建築基準法上の道路（法 42 条）

法 42 条 1 項	1 号	道路法による道路	・一般国道，都道府県道，市町村道，区道
	2 号	都市計画法による道路	・都市計画事業等により整備された道路 ・開発許可を受けて築造された道路
	3 号	現に存在する道	・都市計画区域又は準都市計画区域の指定等を受けたときに存在した 4 m 以上の道路で，現に一般通行の用に供されている道路 ・公道，私道を問わない
	4 号	事業予定道路	・道路法等による新設，変更の事業計画のある道路で，2 年以内にその事業が施行される予定のものとして特定行政庁が指定した道路
	5 号	位置指定道路	・令 144 条の 4 の基準に適合する道路で，特定行政庁から位置の指定を受けたもの
法 42 条 2 項		みなし道路（2 項道路）	・基準日に建築物が建ち並んでいた原則として幅員 1.8 m 以上，4 m 未満の道で，特定行政庁が指定したもの ・原則として中心から水平距離 2 m の線を境界とみなす
法 42 条 3 項		特定行政庁が指定した道路（土地の状況により将来的に拡幅が困難なもの）	・道路の中心から水平距離 2 m 未満 1.35 m 以上の範囲内で水平距離を指定（がけ地の場合は水平距離 4m 未満，2.7m 以上） ・建築審査会の同意が必要
法 42 条 4 項		6m 指定区域内[22] にある幅員 6m 未満の道で，特定行政庁が道路として指定したもの	・避難，通行の安全上支障がないと認められる 4m 以上の道 ・地区計画による道路 ・現に道路とされている道
法 68 条 7 項		予定道路	・地区計画等に定められた道の配置，規模又はその区域に即して令 136 条の 2 の 7 で定める基準により特定行政庁が指定

2）位置指定道路（法 42 条 1 項 5 号）

道路法等[23] によらない道路で，特定行政庁からその位置の指定を受けたもの。次の場合を除き，両端が他の道路に接続する必要がある。

ア 延長 35 m 以下の場合

イ 終端が公園，広場その他これらに類するもので自動車の転回に支障がないものに接続している場合

ウ 延長が 35 m を超える場合で，終端及び区間 35 m ごとに自動車の転回広場が設けられている場合

エ 幅員が 6 m 以上の場合

オ （ア～イ）に準ずる場合で，特定行政庁が周囲の状況により避難及び通行の安全上支障がないと認めた場合。

その他，交差部の角度が 120 度未満の場合は 1 辺 2 m の隅切りが必要などの基準がある（令 144 条の 4）。

> [23] 道路法，都市計画法，土地区画整理法，都市再開発法，新都市基盤整備法，大都市地域における住宅及び住宅地の供給の促進に関する特別措置法又は密集市街地整備法

3）みなし道路（法42条2項）

幅員が4m未満であっても，都市計画区域，準都市計画区域に指定される前から存在する道路で，特定行政庁が指定したものは，建築基準法上の道路とみなされる。一般に「2項道路」あるいは「みなし道路」と称されている。指定は例1，例2のように細則や告示で包括的に行われることが多い。

2項道路を前面道路とする場合は，建築時に，図-Ⅰ.5.1に示すように，原則として，現道の中心から2m後退する必要がある。

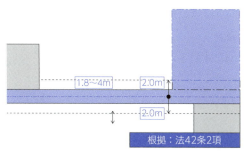

図-Ⅰ.5.1

(2項道路の指定例1) 横浜市　細則で指定

【道路とみなされる道の指定】
細則第12条　法第3章の規定が適用されるに至った際現に建築物が立ち並んでいる幅員4m未満1.8m以上の道は，法42条2項の規定による道として指定する。

(2項道路の指定例2) 大阪府　告示で指定[*24]。

○建築基準法第42条第2項の規定による道の指定
　　　　　　　　　　　　昭和39年7月1日　大阪府告示第578号
　建築基準法（昭和25年法律第201号）第42条第2項の規定に基づく道の指定（昭和26年大阪府告示第36号）を次のとおり改正する。
　建築基準法（昭和25年法律第201号）第42条第2項の規定による道を次のとおり指定する。
一　現に一般交通の用に使用されている幅員4m未満の道で，その境界が明確なもの。ただし，幅員1.8m未満の私有地の道は除く。
二　市街地建築物法（大正8年法律第37号）の規定により指定された建築線で，その間の距離が4m未満2.7m以上のもの。

*24 「二」は，市街地建築物法により指定された建築線にかかるものである。

4）道路の幅員

道路の幅員には，側溝は含まれるが，法敷は含まれない（S27.1.12 住指1280）。

なお，道路内の建築制限（法44条）については，法敷，道路敷も含まれるので注意する必要がある（S39.11.26 住指192）。

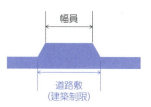

図-Ⅰ.5.2

I 建築法規を学ぶにあたって

2 接道に関する例外規定と条例による制限等の付加

1）法43条2項に基づく許可と認定（法43条2項）

敷地が2mの接道条件を満たしていない場合でも，特定行政庁が交通上，安全上，防火上及び衛生上支障がないと認めて，許可又は認定した場合は建築することができる。

ア　認定　対象は①農道など公共の用に供する道又は令144条の4第1項各号に掲げる基準に適合する道に2m以上接道する敷地に，②200m^{2}以内の一戸建て住宅を建築する場合。

イ　許可　対象は次のいずれかを満たす敷地に建築する場合で，建築審査会の同意を得たもの。①敷地の周囲に広い空地を有する　②農道等の公共の用に供する4m以上の道に2m以上接する　③建築物の用途，規模，位置及び構造に応じ，避難及び通行の安全等の目的を達するために十分な幅員を有する通路で，道路に通ずるものに有効に接する。

2）条例による接道義務の強化（法43条3項）

地方公共団体は条例で，避難又は通行の安全のために，以下の建築物を対象に接道する道路の幅員や接道長さ等を付加することができる。

ア　特殊建築物　　　　**イ**　階数が3以上の建築物

ウ　無窓居室[25]（令116条の2）を有する建築物

エ　延べ面積が1,000m^{2}を超える建築物[26]

オ　その敷地が袋路状道路[27]にのみ接する建築物で，延べ面積が150m^{2}を超えるもの（一戸建ての住宅を除く）。

3）条例による制限の付加（法43条の2）

地方公共団体は法42条3項の道路にのみ接道する建築物について，条例で敷地，構造，建築設備，用途に関して必要な制限を付加することができる。

3 道路内の建築制限

以下の場合を除き，道路内には建築物又は敷地を造成するための擁壁は建築（築造）できない。地区計画等の予定道路も含まれる（法44条）。

ア　地盤面下に設ける建築物

イ　公衆便所，巡査派出所等公益上必要な建築物[28]

ウ　地区計画の区域内の道路の上空又は路面下に設ける建築物[29]

エ　公共用歩廊等[30]

4 私道の変更又は廃止の制限

私道を変更又は廃止することで，その道路に接する敷地が接道規定を満たさない，あるいは条例の規定に抵触することとなる場合は，特定行政庁により，私道の変更又は廃止が禁止，制限されることがある（法45条）。

---

*25 無窓居室；
①採光有効面積＜居室面積の1/20
②排煙有効面積＜居室面積の1/50
*26 同一敷地内に2以上の建築物がある場合はその延べ面積の合計
*27 袋路状道路　その一端のみが他の道路に接続したもの

*28 特定行政庁が建築審査会の同意を得て許可したもの
*29 地区計画の内容と政令で定める基準に適合し，特定行政庁が認めるもの
*30 公共用歩廊（アーケード），道路上空の渡り廊下，自動車専用道路内の休憩所などで特定行政庁が建築審査会の同意を得て許可したもの。

建築基準法等の変遷

　1914年，東京駅は三菱が原と呼ばれた閑散としたエリアに竣工したが，1945年に東京大空襲で焼失，その後，復旧され，2012年に竣工当時の姿に復元された。この復元が実現した背景には都市再生特別措置法をはじめとする関連法令の大きな変化がある。中でも戦後，オフィス需要の高まりとともに丸の内が大きく変容，東京駅に対しても建替え，高度利用の圧力が高まる中で，東京駅周辺が特例容積適用区域に指定され，隣接しない街区間の容積移転が可能となったことが大きい。このほか，免震技術の確立や国の需要文化財指定などが復元を可能とした要因のひとつとなっている。

　この章では建築基準法の前身となった市街地建築物法から建築基準法の制定，そして現在の建築基準法に至るまでの主な変容について紹介する。

東京駅：（浜野四郎 画） 1914年竣工。3階建て長さ335mの煉瓦と鉄筋コンクリートによる駅舎で設計は辰野金吾（1854〜1919）。赤レンガに白い石を帯状にめぐらせるデザインはヴィクトリアン・ゴシックに影響を受けたもので「辰野式」ともいわれる。

Ⅱ　建築基準法等の変遷

1　市街地建築物法から建築基準法へ

1　市街地建築物法の誕生とその背景

　明治に入り関所が廃止されたことで通行が自由になったこと，日清戦争以降産業が興隆したことなどから，都市部に産業と人口が集中，その環境は急激に悪化した。このような状況に対応するため，1919年に導入された法令が「市街地建築物法」であり，勅令として制定されている。同時期に都市計画法（旧法）と道路法（旧法）も施行され，当時の都市部の法制度の基本的な骨格が形成された。

　この市街地建築物法は，関東大震災の被害など様々な要因から頻繁に改正が行われており，当初は東京など6大都市等[1]に限られていた対象地域も，地方都市へと拡大されている。

＊1 6大都市（東京，京都，大阪，神戸，横浜，名古屋）及び都市計画区域の全部又は一部で内務大臣が指定した区域

2　市街地建築物法と建築基準法の違い（制定時）

　市街地建築物法では，建築にあたって都道府県知事からの許可制をとっていたが，建築基準法では建築主事による確認制度に切り替えられるなど，対象や執行機関などに大きな違いがみられる。

表 - Ⅱ.1.1　市街地建築物法と建築基準法の違い（制定時）

	市街地建築物法	建築基準法
制定	1919年	1950年
構成	■法，施行令，施行規則 ■府県による細則	■法，施行令，施行規則，告示，通達 ■地方公共団体による条例，細則
執行機関	■内務大臣及び地方長官（国の機関） 　警察行政部署が担当	■都道府県 　特定行政庁，建築主事
執行方法	■都道府県知事の許可	■建築主事の確認 　※手続きの迅速化（処理期間の制定）
対象	■当初6都市 　東京，京都，大阪，横浜，神戸，名古屋	■すべての地域 （集団規定については，都市計画区域，準都市計画区域内）

3　制定時の市街地建築物法の主な規制

1）市街地建築物法と集団規定

　市街地建築物法では，集団規定として「建築線」，「用途地域」，「空地の割合」，「高さの制限」が規定されている。

　このうち高さの制限は，高層生活の弊害を避けるとともに，地震等による災害を予防するために導入されたもので，絶対高さとして100尺が規定されている。その理由には諸説あるが，①当時増えつつあった高層建築物が100尺の範囲に収まること，②当時のロンドンで100フィート規制があったこと，③わかりやすい数値とすること，などから導き出されたのではないかとする研究がある[2]。この100尺という数値は，尺貫法からメートル法への統一に

＊2 研究ノート「市街地建築物法における絶対高さ制限の成立と変遷に関する考察　大沢昭彦　不動産研究 2008」

ともない 31 m と表記されるようになり，現在の基準法の隣地斜線制限[*3]等に引き継がれている。

*3 隣地斜線制限
⇨Ⅶ4

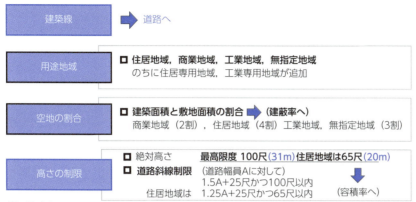

図-Ⅱ.1.1

2）建築線と道路

市街地建築物法では建築線が規定され[*4]，この建築線より突出して建築することはできないとされた（図-Ⅱ.1.2）。

法制定時には「道路敷地の境界線」が建築線とされたが，昭和9年の改正で「道路幅」に改正されている。また，道路の幅員については，当初9尺(2.7 m)とされたが，昭和13年に4m以上へと改正されている。

*4「道路敷地ノ境界線ヲ以テ建築線トス但シ特別ノ事由アルトキハ行政官庁ハ別ニ建築線ヲ指定スルコトヲ得。」と規定している。その後昭和9年改正で「道路敷地」は「道路幅」に改正された。

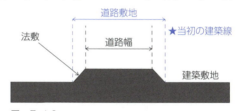

図-Ⅱ.1.2

3）市街地建築物法と単体規定

表-Ⅱ.1.2 市街地建築物法と単体規定

対象	・特殊建築物（学校，集会場，劇場，旅館，工場，倉庫，病院，市場，屠場，火葬場ほか）
求められる構造	・規模の大きなもの→主要構造部を耐火構造 ・規模の小さなもの→外壁を耐火構造又は準耐火構造
主な単体規定	・天井の高さ→7尺(2.1 m)　・居室床の高さ→1尺5寸(45cm) ・採光→床面積の1/10以上　・換気→床面積の1/20以上 ・階段→　蹴上7寸5分(22.5cm)以下，踏面5寸(15cm)以上
施行細則	・一般構造，構造別仕様規定，強度計算等を規定

4 建築基準法に引き継がれたもの

市街地建築物法は制定以降，様々な要因による変遷を重ね，現在の建築基準法の前身となった。建築基準法の制定にあたっては，制定の前後で，①確認申請業務が滞らない，②建築という社会経済活動に混乱を招かない，との観点から多くの規定が引き継がれている。

例　付則第4項　市街地建築物法の用途地域，高度地区，防火地区，美観地区等は，建築基準法のそれぞれとみなす。
　　付則第5項　市街地建築物法の建築線で4m以上のものは，法42条1項5号の位置指定道路⇨Ⅰ5■2）とみなす。

2 建築基準法の変遷とその背景

1 建築基準法の変遷

建築基準法は大きくは次の4つの要因から改正されてきている。

1）安全性の確保

建築物自体の安全性の確保は建築基準法の最も重要な役割の一つである。頻繁に発生する地震や火災の被害，あるいはエレベーターの落下事故等を受けた検証が改正につな

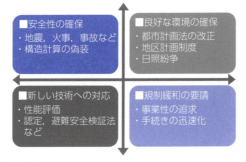

図-Ⅱ.2.1

注）別棟規定の追加について
令和6年の法改正により，多くの防火・避難規定において，一定の条件を満たした場合に別棟とみなす緩和規定が追加された。

がっている。また，建築士による構造計算書の偽装事件のような人為的な問題が生じたことから，建築確認制度や建築士制度の見直しが行われた。

2）良好な環境の確保

建築基準法の集団規定は，都市計画による土地利用の指定を受けて規制が行われているため，都市計画法の改正に連動する形で改正されてきた。また，全国各地で勃発した日照紛争の結果，日照権が認められたことを受け，日影規制が導入されている。

3）新しい技術への対応

建設機械の普及，免震・制振技術，省エネルギー技術等さまざまな材料，技術が生み出され，RC造の超高層住宅も珍しいものではなくなっている。さらに，目覚ましい発展をみせたコンピューター等の技術により，解析能力が飛躍的に向上し，検証法，性能規定の導入に繋がっている。

4）規制緩和の要請

依然として都市部での建設意欲は高く，その事業化の障害となっているとみなされた法規制や手続きの緩和・簡素化が進められてきた。

実際の法改正は，これらの要因が相互に影響する中で行われている。

2 大きな建築基準法改正

1970	都市計画法との連携←（都市計画新法）
1981	新耐震設計基準←（宮城沖地震）
1998	確認の民間開放←（社会的要請）
2007	確認審査の厳格化，適判制度の導入←（構造計算偽装事件）
2014	適判制度の見直し，定期報告の強化←（維持保全不良物件の発覚等）
2018	用途変更（確認が必要な規模の見直し）←（社会的要請）
2020	防火関係規定の見直し←（木材産業の振興等）
2025	建築確認・検査の対象となる建築物の規模の見直し←（省エネ対策）

3 社会的な要請と集団規定

　戦後の高度成長とともに，大都市への人口集中，市街地のスプロール化，公害問題等のいわゆる都市問題が出現するが，これに対して住環境を守るための動きが活発化し，都市計画においても用途地域の細分化，地区計画，特別用途地区の設定等が進んだ。集団規定は主としてこのような都市計画制度の改正と連動する形で変化している。また，各地で勃発した日照紛争に対して，1972年に最高裁判決で日照権，通風権が認められたことを受け，1976年には日影規制が導入される等，独自の動きもみられる。

　一方で高度利用や規制緩和を求める声にも対応した。容積率制限は，それまでの絶対高さ制限を廃止し設けられたもので，これにより建築物の高層化が可能となった。近年では，既存ストックの有効活用や，建築分野における省エネ対策の工事を推進するため，集団規定の緩和など見直し等が行われている。

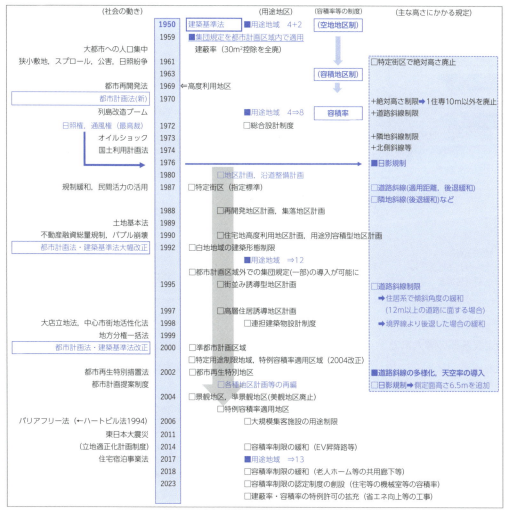

図-Ⅱ.3.1

Ⅱ 建築基準法等の変遷

4 地震等と構造基準

1 地震と構造基準の変遷

　地震に対する安全性を確保する「耐震基準」は，1923 年に発生した関東大震災の翌年，市街地建築物法施行規則の大幅な改正により本格的に導入され，建築基準法に引き継がれた。その後もたびたび発生した大規模な地震による建築物への被害を検証し，建築基準法の構造基準が改正されてきた。

　その主な流れを図 - Ⅱ .4.1 に整理した。

図 - Ⅱ .4.1

注）1971 サンフェルナンド地震
72~77 開発プロジェクト

注）2006 年法改正（07 年施行）建築審査等に関する指針

注）熊本地震では，2000 年の基準改正以前に建築された木造建築物に相当の被害が発生した。

1）新耐震基準の導入まで

　十勝沖地震（1968）で，RC の建築物に柱のせん断破壊等による大きな被害が発生したことを受け，せん断補強等の強化が図られた。

　その後も地震により近代的建築物等に相当の被害が生じたが，サンフェルナンド地震（1971，米国）をきっかけとして，日本でも耐震基準の抜本的な見直しのための新耐震設計法の開発プロジェクトが発足した。この結果をもとに，1981 年に「新耐震基準」が導入され，現在に至っている。

2）耐震改修促進法の制定

　1995 年に発生した阪神・淡路大震災では，新耐震基準以前の建築物に被害

注）新耐震基準は，極めてまれに発生する震度 7 程度の大地震時において，部材の損傷は許容した上で，建築物の倒壊を防止するための構造計算（二次設計）を柱とするものである。

が集中した。そのため，新耐震基準以前の建築物の耐震性の確保が急務として，「耐震改修促進法」が制定された。同法に基づき国は基本方針を作成，住宅と多数の者が利用する建築物の耐震化の目標を2020年に少なくとも95％とするとした。その後2013年に改正され，多数の者が利用する一定規模以上の建築について，耐震診断とその結果の公表が義務付けられた。⇨XIII 3

3）多様化する建築への対応

東日本大震災では大規模空間を有する建築物での吊り天井の脱落が多数みられ，また，エスカレーター等の脱落も複数確認されている。このような被害を受け，特定天井[*5]についての安全性を検証するための基準等がその後改正された施行令に盛り込まれている。

＊5 脱落によって重大な危害を生ずるおそれのある天井

また，大阪府北部地震で通学路沿いのブロック塀の転倒で児童が亡くなった事故を受け，耐震改修促進計画に記載された避難路沿道にある一定規模以上のブロック塀等の耐震診断が義務付けられた。

2 構造計算書偽装事件とその後の対応

2005年に発覚した建築士による構造計算書偽装事件では，構造上安全性に問題があるマンション等が出現し，大きな社会問題となった。事件は建築士が構造計算書に故意に手を加え，鉄筋量等が不足する建築の設計を行ったもので，さらに，建築主事や指定確認検査機関（以下「建築主事等」という）がその偽装を見抜けなかったことも問題となった。

この事件を受け，「建築構造計算適合性判定制度」が導入され，特定構造計算基準[*6]による建築物については，建築主事等が行う確認審査に加えて，都道府県又は構造計算適合性判定機関が構造計算の合理性等について判定を行うことになった[*7]。あわせて，確認検査の方法が明確化された「確認検査の指針」を定めた告示が出されるなど，1998年から民間開放されていた確認審査の厳格化が図られた。

ところが，確認申請図書の補正や着工後の計画変更などの厳格化により確認手続きが長期化し，予定した時期に工事に着手できないなどの状況が発生し，社会問題となった。現在では，建築確認手続き等の運用改善の方針（変更手続きが不要な軽微な変更の対象の拡大など）を受け，適切な運用が図られている。

なお，この事件を受けて罰則規定が強化され，建築士法の見直しも行われた。

＊6 ルート2の構造計算（許容応力度計算），ルート3の構造計算（保有水平耐力計算），限界耐力計算など，大臣認定プログラムによる構造計算

＊7 その後，ルート2（許容応力度計算）を行い，ルート2主事（構造計算に関する高度の専門知識を有する建築主事等）が確認審査を行う場合は，対象外とする規定が追加されている。

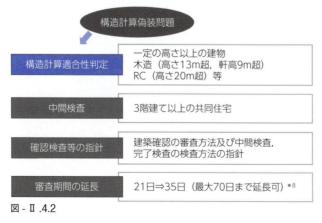

＊8 建築主事，建築副主事の場合

図-II.4.2

5 火災と防火・避難規定の変遷

　建築基準法は，多数の犠牲者を出した大規模建築物の火災や市街地火災等の経験などを踏まえ改正されてきた。図-Ⅱ.5.2は大規模な被害を出した火災と，法改正の流れを整理したものである（国土交通省資料より）。

1）1980年代まで

　度重なる火災の被害から建築物の規制が強化されてきている。例えば，内装制限は建築物を燃えにくくし，火災の拡大を防ぐために導入されたもので，その後に発生した火災の状況を受けて，規制の強化が図られている。

2）実大火災実験による検討

　その後，木材利用を促進するため，実大火災実験の結果やそれまでの知見等から，大規模な木造建築物等の規定が緩和されている。

3）密集市街地の火災延焼防止

　2016年に糸魚川市で発生した市街地火災の被災地域は，準防火地域であるが建替えが進まず，現行基準（防火構造以上）を満たしていない建築物が多く存在する地域であった。

　延焼等の経過を検証し，これらの建築物が現行基準に適合していれば，被害は局所的だったとの検証結果がでている（図-Ⅱ.5.1）。

　これを受け，このような地域での建て替えを促進するため，準防火地域内の準耐火建築物に

図-Ⅱ.5.1

ついて建蔽率の緩和が行われるとともに，延焼防止性能を総合的に評価した，新たに技術的基準が整備されている。

4）建築物の維持保全の不良

　2013年に発生した福岡県福岡市診療所火災では，防火戸が固定され火災時に機能しなかったことが大きな被害につながった原因の一つであるとされている。このように，建築物の維持保全の不良が，被害を深刻なものとした例は多い。そのため，「定期報告制度[*9]」が見直され，報告の対象の指定方法の変更や防火戸の検査を行うことのできる資格の追加が行われている。

[*9] 一定規模以上の特定建築物等について所有者又は管理者が定期的に建築士に調査させ，その結果を特定行政庁に報告する制度 ⇒ Ⅳ 5 ②

大規模な火災の多発	➡	1959 法改正
1956 神田共立講堂火災（東京都千代田区）		内装制限の創設
1957 明治座火災（東京都中央区）		簡易耐火建築物の創設
1958 東京宝塚劇場火災（東京都千代田区）死者3名		

バー，キャバレー等の火災の増加	➡	1961 施行令改正
		内装制限の強化

耐火建築物の火災多発	➡	1969 施行令改正
1966 川崎市金井ビル火災（神奈川県川崎市）死者12名		区画貫通部の措置
1968 有楽サウナ火災（東京都千代田区）死者3名		竪穴区画の創設
国際劇場火災（東京都台東区）死者3名		内装制限の強化

旅館，ホテル火災多発	➡	1970 法改正
1966 菊富士ホテル火災（群馬県水上温泉）死者30名		非常用EV，排煙設備
1968 池ノ坊満月城火災（兵庫県神戸市）死者30名		非常用照明，非常用進入口
1969 磐光ホテル火災（福島県常磐熱海温泉）死者30名		

ビル火災	➡	1963 法改正
1972 千日デパート火災（大阪府大阪市）死者118名		常時閉鎖式防火戸の規定
		防火ダンパーの基準整備
		2以上の直通階段
		内装制限の強化

増築等の工事中の火災多発	➡	1976 法一部改正
1973 西武高槻ショッピングセンター火災 （大阪府高槻市）死者6名		検査済証交付前の使用制限等
1973 大洋デパート火災（熊本県熊本市）死者100名		

火災実験等の結果による緩和	➡	1992 法改正
1991 実大火災実験等		準耐火構造の新設
		防火地域，準防火地域外で1時間準耐火 構造の木造3階建て共同住宅を可能に
1996 実大火災実験等		1998 法改正
		準防火地域で1時間準耐火構造の木造3 階建て共同住宅が可能に
		2004 伝統的工法の木造の外壁，軒裏を防火 （告示）
2011 実大火災実験等		2014 法改正
～		木造3階建て学校を可能に

市街地の延焼	➡	2018 法改正
2016 糸魚川市大規模火災		防火地域・準防火地域内の延焼防止性 の高い建築物の建蔽率の緩和

維持管理の不良，違反	➡	法改正
2012 ホテル・プリンス火災（福山市）死者7名 耐火建築物要求（3階建て以上のホテル）への不 適合		
2013 認知症高齢者グループホーム火災（長崎県長崎 市）死者5名，防火戸等の違反（防災査察に未是正）		2013 消防法改正（高齢者施設にスプリンク ラーの設置を義務付け）
2013 福岡県福岡市診療所火災（福岡市博多区）死者10名		2014 法改正（簡易な対策で間仕切壁の防火 対策を不要に）
		2016 定期報告・検査制度の強化
		2018 維持保全計画の作成範囲の拡大
2017 大規模倉庫火災（埼玉県三芳町）		
2021 大阪市北区ビル火災		
		2023 定期調査・報告等の対象拡大

図 - Ⅱ.5.2

Ⅱ　建築基準法等の変遷

6　建築基準法を支える制度の変遷

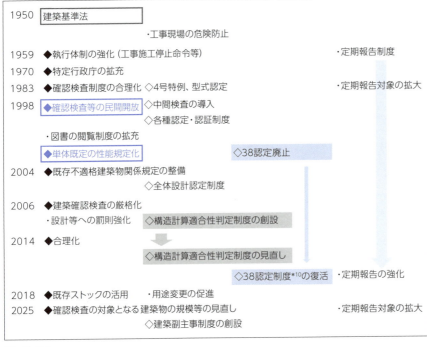

図-Ⅱ.6.1

1）1970年代まで

特定行政庁の機能が拡充されてきた時代といえる。1959年に工事施工停止命令の発出が可能になり，1970年に建築監視員制度が創設された。

2）確認制度の合理化

建築工事等の増加に伴い，時間がかかるとの批判をうけていた確認制度の合理化が進んだ。建築士の設計した3号建築物や型式認定を取得したものは，確認審査項目の一部が省略されたほか，1989年には，建築主事が行っていた建築確認審査が民間開放されるに至った（図-Ⅱ.6.2）。

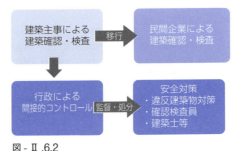

図-Ⅱ.6.2

3）性能規定の導入

建築物の設計の自由度の拡大，建築生産の高コスト構造の是正等の要求にこたえて，性能規定が導入された[*11]。

一定の性能を満たせば，法令に仕様として記載された規定に代えて，その他の工法，材料等を採用できるようにした規制方式である。⇨Ⅲ3 4

[*10] 法38条は2000年に性能規定の導入にともない廃止されたが，2015年に復活した。旧38条認定は，法令では対応できない革新的な構造や技術などを，個別の建築プロジェクトごとに大臣認定で特例的に認めるしくみであり，東京都庁舎や東京ドームなど1980～90年代に建設された多くの大規模建築物に活用されてきた。近年これらのストックの設備等が更新期を迎え，増改築の需要が増大したことを受け，防火・避難類の構造・設備が現行法令に適合していなくても増改築を行えるようにしたものである。

[*11] 法令で要求される性能項目，満足すべきレベル，検証方法が規定されている。それまでの仕様規定も告示として残され，どちらの方法をとるのかについて，設計者の選択が可能となっている。

建築基準法の構成と用語

　法令を読み解くには，その法令を構成している一定のルールを理解する必要がある。この章では，建築法規を学ぶ上で必要となる，法律の体系と基本的な用語，建築にかかる代表的な法規である建築基準法の構成と特徴，基本的な用語について紹介する。

横浜市開港記念会館（浜野四郎 画）
　大正6年に竣工後，関東大震災による内部の焼失と復旧（昭和2年），戦後の米軍による接収を経て，昭和34年に横浜市開港記念館として開館した。現在の建物は昭和60年に発見された創建時の設計図をもとに平成元年に復元されたものであり，復元建築物として建築基準法の適用が除外されている。

1 建築基準法と法体系

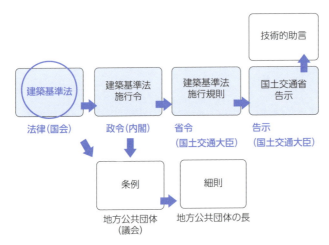

図-Ⅲ.1.1

ア 建築基準法（法律） 建築物にかかる基本的事項を示している。国の最高法規である憲法のもとに，国会の議決を経て制定される。

イ 建築基準法施行令（政令） 建築基準法を実施するため，より具体的な事項を定めるもので，法律の委任により内閣が制定する。

ウ 建築基準法施行規則（省令） 建築基準法及び建築基準法施行令を実施するための手続きにかかる事項を定めるもので，法律の委任により国土交通大臣が制定する。

エ 国土交通省告示（告示） 行政庁が決定した事項を一般に公示する行為であり，政令等の委任により国土交通大臣等が制定する。建築基準法に基づく告示においては，技術的な基準を示すものが多い。

例 H19年国土交通省告示835号「確認審査等に関する指針」

オ 技術的助言[1] 法令の適切な運用が図られることを目的として法令の趣旨や運用の取り扱い，留意事項等を示したもので，国土交通省担当課長から発出[2]される。

例 平成20年12月25日　国都計105号，国住街177号
国土交通省都市・地域整備局都市計画課長　住宅局市街地建築課長
「容積率特例制度の活用等について（技術的助言）」

カ 条例・細則 地域の特性に鑑み制定されるもので対象区域を特定して適用される。地方公共団体の議会が定める規定を条例[3]，地方公共団体の長が事務などに関して定める規定を細則という。基準法には，法40条に地方公共団体が条例により制限を付加できること，法41条に法の一部について市町村が条例により制限を緩和できることが規定されている[4]。

例 東京都建築安全条例，東京都建築基準法施行細則

[1] 技術的助言：以前は国から地方公共団体に「通達」として発出されていた。
[2] 発出：法令や指示などを出すこと（命令は含まれない）。

[3] ⇒3 2
[4] このほか，地方公共団体が条例等で指定等できるものには，災害危険区域（法39条），日影規制の対象区域等（法56条の2），市町村が条例で定めることができるものには，地区計画等の区域の制限（法68条の2）がある。

2　主な法令用語と条文の構成

1　基点　「以上」と「以下」，「超える」と「未満」

制限等について数量的な範囲を示す場合に使われる。「以上」，「以下」は基点を含んでいる。例えば，床面積1,000 m² 以上とした場合は1,000 m² を含み，それより大きなものとなる。基点を含まない場合は，「未満」と「超える」が使われる。1,000 m² 未満とされた場合は，1,000 m² は含まない。

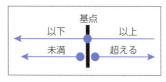

図 - Ⅲ.2.1

2　並列　「及び」と「並びに」

A，B，C 及び D ⇨ A と B と C と D
A，B 及び C 並びに D，E 及び F ⇨ （A と B と C）と（D と E と F）

並列を表す場合は「及び」と「並びに」が使われる。「及び」は語句を対象として使われ，「並びに」は「及び」でつながれた語句のグループを並列的にくくる場合に使われる。語句が3つ以上ある場合は，「○，●及び△」のように，最後の語句の前にだけ「及び」が置かれる。

例 1　（法1条　目的）　この法律は、建築物の敷地、構造、設備 及び 用途に関する最低の基準を定めて、国民の生命、健康 及び 財産の保護を図り、もつて公共の福祉の増進に資することを目的とする。

例 2　（法20条　構造耐力）　建築物は、自重、積載荷重、積雪荷重、風圧、土圧 及び 水圧 並びに 地震その他の震動 及び 衝撃に対して安全な構造（以下省略）

例2では，「並びに」により自重から水圧までの6つの語句のグループと地震その他の振動と衝撃のグループが並列につながっている。

3　選択　「又は」と「若しくは」

A，B 又は C ⇨ A か B か C
A，B 若しくは C 又は D 若しくは E
⇨（A か B か C のうちの一つ）か（D か E のうちのひとつ）のいずれか

選択を表わす場合は，「又は」と「若しくは」が使われ，「又は」は語句に対して使われる。語句のグループに対して使う場合は，語句のくくりには「若しくは」を使い，グループのくくりに「又は」が使われる。

例　（法3条3項　既存不適格）　前項の規定は、次の各号のいずれかに該当する建築物、建築物の敷地 又は 建築物 若しくは その敷地の部分に対しては、適用しない。
⇨（建築物）か，（建築物の敷地）か，（建築物かその敷地）の部分

Ⅲ　建築基準法の構成と用語

4　準用する等

> 準用する ⇨ ある特定の事項・場面について定められたルールを当該事項の場面と類似の事項・場面に借用してあてはめる。
> ただし……この限りではない ⇨ 定められたルールを適用しない。

「準用する」は，対象は異なるが，類似したルールをあてはめる場合に使われる。

「ただしこの限りではない」は，ある条件のもとでは，前述のルールを適用しないとするものである。

5　条文の構成

法令の一般的な構成は以下のようになっている。

> 『章』⇨『節』⇨『条』⇨『項』⇨『号』⇨

例えば，建築基準法は7章で構成されており，そのうち集団規定を定めた第3章は8節に分かれている。このように，節は章を細分化する必要がある場合に用いられる。

1）『条』　本則を構成する基本単位であり，1つの条は原則として見出し，条名，項で構成される。法律の改正などで新しい定めが後から加えられた場合には「○条の2」のように条番号がつけられる。

2）『項』　条の中に一つ以上「項」が設けられる。1つの条を内容に応じて区分する必要がある場合は，その区分されたひとつひとつの段落をさす。この場合，第1項は番号表示を行わず，第2項以下は算用数字で表す。

3）『号』　項の条文の中で事物の名称等を列記する場合に用いられる。1つの号の中をさらに細分化して列記する場合には「イ、ロ、ハ、……」。さらに細分化する場合は「(1)、(2)、(3)、…」「(ⅰ)、(ⅱ)、(ⅲ)、……」となっている。

注）2つの文から構成される項では，最初の文を前段，あとの文を後段という（3つの文から構成される場合には順に前段，中段，後段という）。

例外を定める場合は，最後に「ただし……」ではじまる段落を設ける。この場合，最初の文を本文，後の文をただし書とよぶ。

例

（建築物の敷地面積）　[見出し]　[本文]
第53条の2　建築物の敷地面積は、用途地域に関する都市計画において建築物の敷地面積の最低限度が定められたときは、当該最低限度以上でなければならない。ただし、次の各号のいずれかに該当する建築物の敷地については、この限りでない。　[ただし書き]

[号]
一　前条第6項第一号に掲げる建築物
二　公衆便所、巡査派出所その他これらに類する建築物で公益上必要なもの
三　その敷地の周囲に広い公園、広場、道路その他の空地を有する建築物であつて、特定行政庁が市街地の環境を害するおそれがないと認めて許可したもの

[項]
四　特定行政庁が用途上又は構造上やむを得ないと忍めて許可したもの
2　前項の都市計画において建築物の敷地面積の最低限度を定める場合においては、その最低限度は、200m²を超えてはならない。　（以下省略）

28

3　建築基準法の構成と特徴

1　建築基準法の3つの規定

建築基準法は，**総則**（第1章ほか）と**単体規定**（第2章），**集団規定**（第3章）の3つの規定から構成されている。

単体規定と集団規定は，建築物の具体的な技術基準が規定されているものであるため，**実体規定**とも呼ばれている。

また，附則に，法律が効力を発生する日などが定められている。

注）別表：法令の中で表などを用いる場合に法令の末尾に「別表」という形で置かれることがある。建築基準法では4つの別表が置かれている。

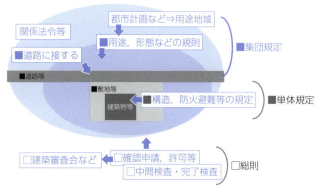

図-Ⅲ.3.1

1）総則　建築物等の手続きに関するルール

手続き，命令，賞罰の規定から構成される。第1章は目的，建築確認・検査その他の手続き，法規に違反した建築物に対するルールなど，法律全体のしくみが規定されている。さらに第3章の2から第7章までに，建築協定や建築審査会，建築確認を行う建築基準適合判定資格者の検定を行う「指定資格検定機関」やその登録，罰則等，特別な手続きが定められている。

2）実体規定　建築物等そのものに関するルール

ア　単体規定　第2章をいい，個々の建築物等の敷地や構造，防火，避難，衛生などについて定められている。すべての建築物等について適用されるが，中でも，不特定あるいは多数の人々が利用する建築物については，安全性を確保するために必要となる具体的な基準が設定されている。

イ　集団規定　第3章，第4章をいい，都市計画区域や準都市計画区域内に建つ建築物が対象となる。都市計画で定められた地域区分や都市基盤の状況などにあわせて，建築物の用途，高さ，規模，接道などの規制が設定されている。

2 ローカルルールの存在（条例と取り扱い）

1）条例

人々の生活の中でその地方に特有の文化が生み出されてきているが，建築物にかかるルールも例外ではない。その地方の気候や風土，文化等に対応して独自に条例を制定している地方自治体も多い。

ア　委任条例　地方公共団体が法令に基づき制定する条例。

建築基準法では，「地方公共団体は，その地方の気候や風土の特殊性，特殊建築物の用途や規模に応じて，条例で，建築物の敷地，構造，設備に関して必要な制限を付加することができる」としている（法40条）。この法40条に基づき制定された条例は建築確認の対象となる。このほかバリアフリー法（14条）等に基づく委任条例も建築確認の対象となり，多くの地方公共団体で制定されている。

イ　自主条例　地方公共団体が法によらず，自主的に制定する条例。

2）地域による独自の取り扱いの存在

日本国内の建築事情はそれぞれ異なるため，法令のみでは解決できない問題については，以前から特定行政庁による独自の取り扱いが行われてきた。なお，2000年に地方分権一括化法[*5]が制定され，建築基準法に関する事務が自治事務とされたため，それまで国にあった法の解釈権は地方自治体に移っている。

*5 正式名称は「地方分権の推進を図るための関係法令の整備等に関する法律」。地方分権を進めるため国と地方公共団体を対等な協力関係にすることを目的としている。国の仕事の代行であった機関委任事務は廃止され，自治体の裁量にまかせる自治事務と，国が実施方法まで定める法定受託事務に分けられた。
（ブリタニカ国際大百科辞典　小項目事典から）

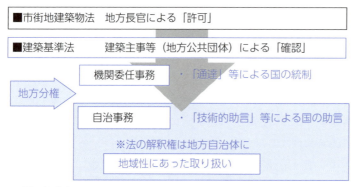

図 - Ⅲ.3.2

3 法の適用が除外されるもの

- ・国宝等　　　　文化財保護法で指定又は仮指定された建築物
- ・重要美術品等　旧重要美術品等の保存に関する法律で認定された建築物
- ・保存建築物　　文化財保護法に基づく条例による保存建築物で，特定行政庁が建築審査会の同意を得て指定したもの
- ・復元建築物　　特定行政庁が原形の再現がやむを得ないものとして建築審査会の同意を得て認めたもの

4 仕様規定と性能規定

　単体規定は，建築物が最低限備えていなければならない性能を確保するために定められたもので，建築物の各部分の寸法や形状，使用できる材料などによるルール（仕様）として規定されてきた。

　ここでいう「性能」とは，建築物やその部分が，それぞれ求められる機能を発揮するための水準としてとらえることができる。この仕様規定の良いところは，わかりやすさである。材料や形状等が具体的に定められているので，法令に適合しているかどうかの判断は容易である。その反面，画一的な規定であるため，建築の自由な発展を阻害している等の批判もみられた。

　その後，2000年の法改正で，建築物に必要な「性能」に着目した「性能規定」が導入された。これは，近年の建築技術の進歩により，仕様規定によらなくても，同等以上の性能の確保が可能となってきたことによるところが大きい。性能規定が導入されたことで，設計の自由度が高まり，その結果，技術開発や海外の資材の利用などが促進され，建築物のコスト低減につながると期待されている。

表-Ⅲ.3.1　仕様規定と性能規定の比較

	建築物の性能を確保するためのルール	判断	設計の自由度	確認の方法
仕様規定	建築物の各部分の寸法，形状，材料等を定める	容易	つくり方が限定	仕様規定
性能規定	建築物やその部分が備えるべき性能を定める	確かめにくい	自由度があがる	検証法 ⇨適合みなし規定

　一方，性能規定については，①仕様規定に比べて基準を満たしているかどうかがわかりにくい，②基準自体が定性的な表現で規定される場合も多く，その場合はさらに判断が難しくなる等の難点がある。

　そこで，性能規定を確かめるための方法の一つとして，検証法と呼ばれる性能を確かめるための計算方法*6や，第三者機関による評価などのしくみが取りいれられている。現在では準耐火構造等の規定にも，性能にも着目した考え方が取り入れられ，建築物の防災上の目的に応じた構造が規定されている。⇨Ⅹ

注）現在の法制度では，この性能規定化された基準とそうではない基準が併存し，どちらも選択が可能になっている。

*6 検証法（避難安全検証法等）
⇨XI 6

図-Ⅲ.3.3

Ⅲ　建築基準法の構成と用語

4　建築物をあらわす用語

1　建築基準法の用語の定義

　建築基準法では，主要な用語が法2条及び令1条で定義されているほか，条文の中で（　）書きや「以下○○という。」のように定義されているものがある。ここでは法に定められた用語の中から，建築物等をあらわす用語について説明する。

2　建築物等

　建築基準法でいう「建築物」とは以下のとおりである（法2条1号）。

ア　土地に定着する工作物[7]のうち屋根及び柱若しくは壁があるもの[8]（これに類する構造のものを含む）。

イ　アに附属する門，塀。

ウ　観覧のための工作物（屋外の競技場や競輪場等の観覧場は，屋根がなくても建築物となる）。

エ　地下又は高架の工作物内に設ける事務所，店舗，倉庫等。
　　地下街や，タワー等の展望室，高架の鉄道敷内の店舗，飲食店等，高架の高速道路上の料金徴収所等が該当し，これらの建築物に設けられる建築設備を含む。

　なお，鉄道用の客車を土地に定着させた場合，岸壁や桟橋に定常的に係留した船舶等をレストラン等として利用する場合も建築物として扱われる。

[7] 法文上には「工作物」の定義はないが，大辞林によれば，「建物・塀・電柱・トンネルなど，地上又は地中に設置されたもの」とされている。

[8] 建築物に該当しないもの
・鉄道，軌道の路線敷地内の運転保安に関する施設，跨線橋，
・プラットホームの上屋，貯蔵槽（ガスタンクなど）

表-Ⅲ.4.1　建築基準法が適用される工作物（令138条の2）

指定工作物（建築基準が適用される工作物）	高さ
煙突	$h > 6m$
RC造の柱，鉄柱，木柱その他これらに類するもの	$h > 15m$
広告塔，広告板，装飾塔，記念塔その他これらに類するもの	$h > 4m$
高架水槽，サイロ，物見塔その他これらに類するもの	$h > 8m$
擁壁	$h > 2m$
乗用エレベーター，エスカレーターで観光のためのもの	
ウォーターシュート，コースター等高架の遊戯施設	
メリーゴーラウンド，観覧車など回転運動をする遊戯施設で原動機を使用するもの	

3 特殊建築物

不特定多数の人々が利用する施設や火災等の危険性が大きい施設，周辺環境に配慮する必要のある施設等をいう（法2条2号）。

・学校（専修学校及び各種学校を含む），体育館，病院，劇場，観覧場，集会場，展示場，百貨店，市場，ダンスホール，遊技場，公衆浴場
・旅館，共同住宅，寄宿舎，下宿
・工場，倉庫，自動車車庫，危険物の貯蔵場
・と畜場，火葬場，汚物処理場その他これらに類する用途に供する建築物

特殊建築物には，その用途や規模に応じて，①手続き，②安全上，防火上，衛生上の建築制限，③用途地域による建築制限がかけられており，その制限の内容や対象となる特殊建築物は，それぞれ条文で定められている。

例えば，法27条は「耐火建築物等としなければならない特殊建築物」を定めているが，その対象となる用途は，別表第1（い）欄に示され，それぞれ対象となる階数や規模が設定されている。

また，表中「政令で定めるもの」は，令115条の3で定められている[*9]。

[*9] 表中(1)，(5)は未制定（2025年4月現在）

表-Ⅲ.4.2　別表第1　耐火建築物等としなければならない特殊建築物

	（い）	（ろ）	（は）	（に）
	用途	（い）欄の用途に供する階	（い）欄の用途の部分（※の床面積の合計）	（い）欄の用途の部分の床面積の合計
(1)	劇場，映画館，演芸場，観覧場，公会堂，集会場その他これらに類するもので政令で定めるもの	3階以上の階	200 m² 以上（屋外観覧席にあっては 1,000 m² 以上）	
(2)	病院，診療所（患者の収容施設があるものに限る），ホテル，旅館，下宿，共同住宅，寄宿舎その他これらに類するもので政令で定めるもの	3階以上の階	300 m² 以上	
(3)	学校，体育館その他これらに類するもので政令で定めるもの	3階以上の階	2,000 m² 以上	
(4)	百貨店，マーケット，展示場，キャバレー，カフェー，ナイトクラブ，バー，ダンスホール，遊技場その他これらに類するもので政令で定めるもの	3階以上の階	500 m² 以上	
(5)	倉庫その他これらに類するもので政令で定めるもの		200 m² 以上	1,500 m² 以上
(6)	自動車車庫，自動車修理工場その他これらに類するもので政令で定めるもの	3階以上の階		150 m² 以上

※(1)の場合にあっては客席，2項及び4項の場合にあっては2階，5項の場合にあっては3階以上の部分に限り，かつ病院及び診療所についてはその部分に患者の収容施設がある場合に限る。

表-Ⅲ.4.3　政令で定める耐火建築物等としなければならない特殊建築物（令115条の3）

(2)項の用途に類するもの	児童福祉施設等（幼保連携型認定こども園を含む）
(3)項の用途に類するもの	博物館，美術館，図書館，ボーリング場，スキー場，スケート場，水泳場又はスポーツの練習場
(4)項の用途に類するもの	公衆浴場，待合，料理店，飲食店又は物品販売業を営む店舗（床面積が 10 m² 以内のものを除く）
(6)項の用途に類するもの	映画スタジオ又はテレビスタジオ

4 建築設備

建築物に設ける電気，ガス，給水，排水，換気，暖房，冷房，消火，排煙若しくは汚物処理の設備又は煙突，昇降機若しくは避雷針をいう（法2条3号）。

5 居室

居室とは，居住，執務，作業，集会，娯楽等の目的のために継続的に使用する室をいい，（法2条4号）原則として採光や排煙をはじめとする安全や衛生上の制限がかけられている。

例えば，住宅の場合は，食堂や居間，寝室などは居室とみなされるが，玄関，廊下，洗面所，便所，台所などは居室とはみなされない。

6 主要構造部と構造耐力上主要な部分

ア 主要構造部（法2条5号）

主に防火上の観点からみたもので，**壁，柱，床，はり，屋根又は階段**をいう。建築物の構造上重要でない間仕切壁，間柱，付け柱，揚げ床，最下階の床，回り舞台の床，小ばり，ひさし，局部的な小階段，屋外階段などは除かれている。

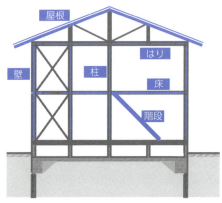

図-Ⅲ.4.1

イ 構造耐力上主要な部分（令1条3号）

主要構造部と間違えやすい用語であるが，建築物の構造耐力に着目したものであり，建築物の自重，積載荷重，積雪荷重などの荷重，風圧や土圧，水圧，地震等の震動や衝撃を支えるものとして定義されている。

具体的には，**基礎，基礎杭，壁，柱，小屋組，土台，斜材（筋かい等），床版，屋根版又は横架材（はり，けた等）**をいう。

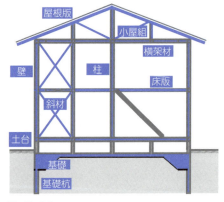

図-Ⅲ.4.2

7 建築，大規模の修繕，大規模の模様替

ア　建築　建築物を新築し，増築し，改築し，又は移転[*10]すること（法2条13号）。

[*10] 平成27年の改正で，他の敷地に移す場合も移転とされるようになった。
　移転した場合は現行基準にあわせる必要があるが，①同一敷地内の移転，あるいは②特定行政庁が認める場合は既存不適格の扱いが継続し，現行規定に適合させなくてもよい。

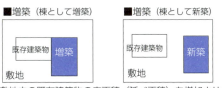

図-Ⅲ.4.3

イ　大規模の修繕　建築物の主要構造部の一種以上について行う過半の修繕（法2条14号）。

ウ　大規模の模様替　建築物の主要構造部の一種以上について行う過半の模様替（法2条15号）。例えば瓦葺きの屋根の過半を吹き替える場合は修繕となり，瓦から異なる材料に変える場合は模様替となる。

　なお，3号建築物で大規模の修繕，模様替を行う場合は確認申請の対象とはならない。

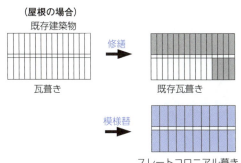

図-Ⅲ.4.4

5　建築物の5種類の面積

1 敷地面積

　敷地面積は敷地の水平投影面積による*11（令2条1項1号）。

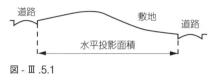

図-Ⅲ.5.1

*11　建築基準法では敷地は道路に接しなければならないが，4m未満の狭い道路についても，その中心から2m後退することで道路として扱える旨の規定がある。この場合の後退部分は敷地には含めることができない。

2 建築面積

　建築物の外壁又はこれに代わる柱の中心線で囲まれた部分の水平投影面積による（令2条1項2号）。ただし，以下の場合は建築面積に算入しない。

- **ア**　軒，ひさし，はね出し縁などで，壁の中心線から水平距離1m以上突き出ている場合は，その端から水平距離で1m後退した部分
- **イ**　国土交通大臣が高い開放性を有すると認めて指定する構造の建築物又はその部分については，その端から水平距離1m以内の部分
- **ウ**　地階で地盤面上1m以下にある部分
　その他，さらに詳細な規定が告示として定められている（H5告1437）。
- **エ**　物流倉庫等に設ける積卸し等が行われる軒等（特例軒等）で一定の条件を満たす場合は，その端から5mまで（R5告143）

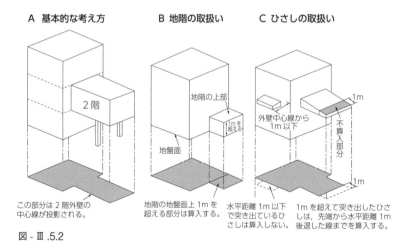

図-Ⅲ.5.2

3 床面積

　建築物の各階又はその一部で壁その他の区画の中心線で囲まれた部分の水平投影面積による（令2条1項3号）。単なる屋外階段，ピロティ，ポーチ，吹きさらしの廊下などは原則として床面積に算入しない。

4 延べ面積

建築物の各階の床面積の合計による*[12]（令2条1項4号）。

5 築造面積

工作物の水平投影面積による。国土交通大臣が別に算定方法を定めた工作物については，その算定方法による（令2条1項5号）。

*12 容積率（法52条1項）対象の延べ面積を算出する場合は，除外できる部分がある。
⇨Ⅵ 2

例 面積算定の例

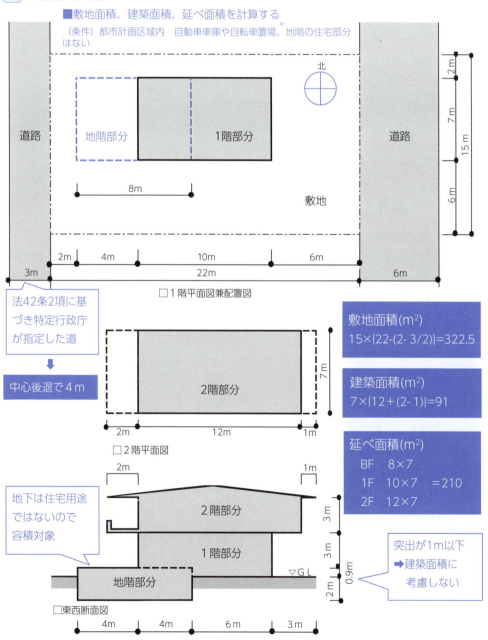

図-Ⅲ.5.3

6 建築物の高さ

1 建築物の高さ

1）建築物の高さ

建築物の高さは原則として地盤面からの高さによる。ただし，次のいずれかに該当する場合は，それぞれ定めるところによる（令2条1項6号）。

- **ア　道路斜線制限**　前面道路の路面の中心からの高さ
- **イ　建築物の屋上部分（塔屋等）で建築物の高さに算入しない場合**
  階段室等[*13]の水平投影面積の合計≦建築面積の1/8
  ・道路斜線，隣地斜線は，12mまで。⇨Ⅶ
  （第1種・第2種低層住居専用地域，田園住居地域内の場合は5mまで）
  なお，避雷設備（法33条），北側斜線で特定行政庁が許可したもの等[*14]は算入する。
- **ウ　屋上突起物**　棟飾，防火壁の屋上突出部分その他これらに類するものは高さに参入しない。

[*13] 階段室，昇降機塔，装飾塔，物見塔，屋窓その他これらに類する部分

[*14] そのほか，特例容積率適用地区内（法57条の4第1項）
高度地区（法58条）
特定用途誘導地区内（法60条の3第2項）の場合も高さに算入する。

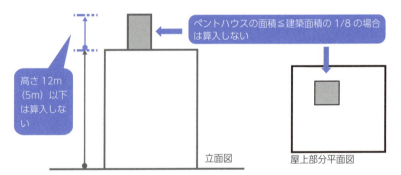

図-Ⅲ.6.1

2）地盤面

地盤面とは，建築物が周囲の地面と接する位置の平均の高さ（水平面）で，その接する位置の高低差が3mを超える場合は，その高低差3m以内ごとの平均の高さにおける水平面をいう[*15]（令2条2項）。

建築物の高さは，原則として地盤面からの高さによる。

例外 日影制限（法56条の2）の場合
「平均地盤面」として，同一敷地内にある2以上の建築物を1つの建築物とみなし，高低差が3mを超える地盤面に立つ場合でも1つの地盤面とする。
⇨Ⅶ 7 3

[*15] 上階が張り出している建築物等の場合「周囲の地面と接する位置」は，張り出している部分を地面に投影した位置になり（階段・廊下・バルコニーも同様），原則としてそれぞれの高さごとに算定する。

例 地盤面算定の例

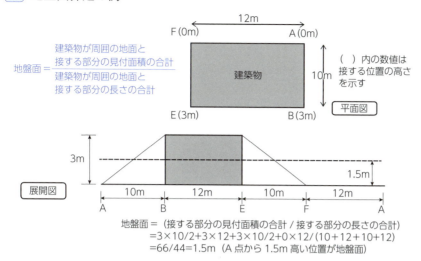

図-Ⅲ.6.2

2 軒の高さ

軒の高さは，地盤面から建築物の小屋組又はこれに代わる横架材を支持する壁，敷桁又は柱の上端までの高さによる[*16]（令2条1項7号）。

在来木造の場合，和小屋組は軒げたの上端，洋小屋組は敷げたの上端までの高さを指す。鉄骨造の場合は梁の上端まで，RC造の場合は屋上スラブの上端までの高さとなる。

なお，片流れ屋根の場合は原則として高い方の軒の高さをとる。

*16 道路境界線より後退した建築物の場合で，後退部分に設置することができる建築物の軒高（法130条の12第1号イ）の場合は前面道路の中心から算定する。

7 その他

1 建築物の階数

建築物ごとに地上及び地下の階数を合算した数値のうち最大のものをいう（令2条1項8号）。

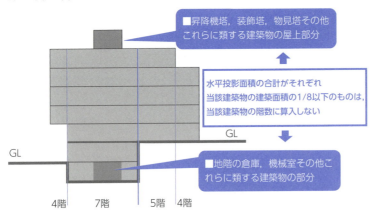

図 - Ⅲ.7.1

ア 階数に算入しないもの 以下の部分で水平投影面積の合計が当該建築物の建築面積の1/8以下のもの
- 昇降機塔，装飾塔，物見塔その他これらに類する建築物の屋上部分
- 地階の倉庫，機械室その他これらに類する建築物の部分

イ 以下の場合は，これらの階数のうち最大なものによる。
- 建築物の一部が吹抜きとなっている場合
- 建築物の敷地が斜面又は段地である場合
- その他建築物の部分によって階数を異にする場合

2 地階

床が地盤面下にある階で，床面から地盤面までの高さがその階の天井の高さの1/3以上のものをいう（令1条2号）。

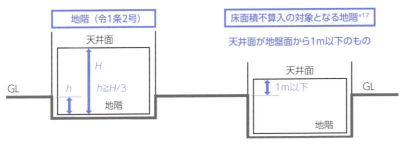

図 - Ⅲ.7.2

＊17 住宅又は老人ホーム等の容積率の算定の基礎となる延べ面積を算定する場合は，天井高が地盤面から1m以下にある場合が不算入の対象となる。
ただし，用途が住宅又は老人ホームの用途に供する部分が対象（法52条3項）。

IV
建築基準法を支えるしくみと手続き（総則）

　建築物の設計から解体に至るまでの間に設定されている手続きも，社会情勢の変化等の影響を受け変化してきている。例えば地球温暖化への対応策として建築物省エネ法に基づく適合判定制度が導入されたほか，確認前に取得が必要な消防長の同意の手続きが防火準防火地域外に建つ住宅等については通知に簡略化されている。

　また，建築物の竣工後の維持管理のために，特殊建築物等を対象に建築主に維持管理状況の報告を求めるものとして導入された「定期報告制度」は，近年の火災の被害等をきっかけとして内容が見直された。この火災では，①防火戸等の維持管理の不良，②定期報告制度の対象外であったことが被害を大きくした原因のひとつとされ，①については防火戸の動作確認資格者を増やす，②については，定期報告の対象を国がまず指定し，さらに地域性に応じて特定行政庁が追加指定する方法に切り替えられている。

　この章では，このような変化をとらえながら，建築物の設計から解体に至るまでの間，安全性を保つための手続きについて紹介する。

「茅野市民館」設計：古谷誠章＋NASCA／撮影：淺川敏

茅野市民館：設計のプロセスも変化してきている。茅野市民館は，1999年の基本構想から始まって，設計者を選び，理想の市民館を専門家とともに設計するまで，市民主導で検討が行なわれた。2003年に着工，2004年には株式会社地域文化創造が設立され，市民のパートナーとして運営を任された。

IV　建築基準法を支えるしくみと手続き（総則）

1　建築基準法の執行機関等

1　建築基準法の執行機関

1）建築主事，建築副主事

　建築主事は人口25万人以上の市に置かれるが，その他の市町村[*1]でも任意に置くことができる。また，確認等の事務の実施体制の確保のために，建築副主事[*2]を置くことができる。これらの建築主事を置いた市町村を除いた地域については，都道府県に建築主事が置かれる。建築主事と建築副主事は都道府県や市町村の職員であり，それぞれ「建築基準適合判定資格者[*3]」「二級建築基準適合判定資格者」として登録した者の中から知事や市町村長により任命されるが，組織的には建築確認，完了検査等の行政処分の権限を付与された行政機関として位置づけられている（法4条）。

2）特定行政庁

　建築主事を置く市町村の場合はその長を，それ以外の場合は都道府県知事をいう。①建築基準法に基づく制限に適合しないが一定の条件にあう建築物等についての許可や認定，②違反建築物に対する措置などを行う権限を持っている。そのほか，既存建築物の定期報告を受ける等の業務を行っている。

　また，建築主事や指定確認検査機関を監督する役割を担っている。

3）指定確認検査機関

　建築基準適合判定資格者の登録を受けた者から選任した確認検査員[*4]をおいて，建築確認，中間検査，完了検査等を行う民間の機関。

　2以上の都道府県を業務区域とする場合は国土交通大臣（または，委任を受けた地方整備局長等）から，1つの都道府県のみを業務区域とする場合は都道府県知事から指定を受ける（法6条の2，法7条の4，法77条の18）。

[*1] 東京都特別区を含む

[*2] 建築副主事が行うのは，一級建築士でなければ設計，監理できない大規模建築物以外の確認等の事務

[*3] 建築基準適合判定資格者
建築物や建築設備に関する建築確認申請における建築計画等が，建築基準法や建築基準関係規定に適合しているか否かの確認や検査等を行うことができる者

[*4] 指定確認検査機関も，二級建築基準適合判定資格者の登録を受けた者から副確認検査員を選任することができる

注）建築副主事の新設について
令和6年の法改正により，建築基準適合判定資格者制度の見直しが行われ，小規模な建築物に特化した審査資格者（建築副主事）が創設された。

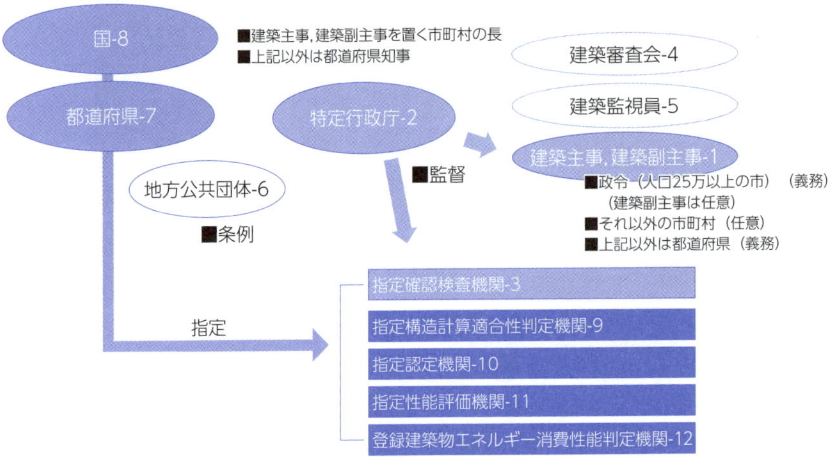

図 - IV.1.1

4）建築審査会

建築主事を置く市町村と都道府県に置かれる建築審査会[*5]は，法律，経済，建築，都市計画，公衆衛生又は行政の各分野の学識経験者から任命された5人以上の委員で構成される。建築審査会は，①許可等にあたっての同意や，②処分等に対する審査請求の裁決，③特定行政庁の諮問に応じた調査審議や関係行政庁に対する建議を担っている（法78条～83条）。

[*5] 建築審査会は，限定特定行政庁の場合は置くことができ，特別区の場合は置かなければならない。

5）建築監視員

特定行政庁が職員の中から任命するもので，違反建築物等に対する緊急時の命令等を行う（法9条の2）。

6）地方公共団体

地域の特性等に応じて，法の制限に付加する条例等の制定を行う。

7）都道府県

都道府県知事が構造計算適合性判定[*6]を行うこととされている。この業務は指定構造計算適合性判定機関に委任されている場合が多い[*7]。

[*6] ⇨3**2**4)オ

[*7] 建築物省エネ法の適合性判定の都道府県の業務である

8）国

特別な構造方法や建築材料を用いる場合などは，国土交通大臣が申請を受けて審査し，認定するしくみがある。また，特定行政庁や都道府県知事に対して，法に基づき必要となる措置について指示，命令等を行うことができる（法38条参照，法17条）。

9）指定構造計算適合性判定機関

構造計算適合判定資格者の登録を受けた者から選任した構造計算適合性判定員をおいて，構造計算適合性判定を行う民間の機関。2以上の都道府県を業務区域とする場合は国土交通大臣から，1つの都道府県のみを業務区域とする場合は都道府県知事から指定を受ける（法18条の2，法77条の35の2～35の5）。

10）指定認定機関

型式適合認定，型式部材等製造者の認証等を行う機関で，国土交通大臣から指定をうけた民間の機関。認定は，建築技術に関して優れた識見を有し，国土交通省の定める要件を満たす認定員が行う（法68条の24，法77条の36～39）。

11）指定性能評価機関

構造方法等の認定のために必要な性能評価を行う機関で，国土交通大臣から指定をうけた民間の機関。評定は建築技術に関して優れた識見を有し，国土交通省の定める要件を満たす評定員が行う（法68条の25，法77条の56）。

2 その他の執行機関

12）登録建築物エネルギー消費性能判定機関（登録省エネ判定機関）

適合性判定員をおいて，中・大規模非住宅の基準適合義務化に関して，省エネルギー基準への適合性判定を専門的に行う機関。適合性判定員は，一級

建築士，建築基準適合判定資格者，又は建築設備士であって所定の講習を修了した者をいう（建築物省エネ法15条，同法39条〜42条）。

3 不服申し立て

「処分」に対して不服がある場合は，建築審査会に審査請求を提起し（法94条1項），又は，裁判所に訴訟（処分取消しの訴え）を起こすことができる。審査請求の対象となるのは，①建築基準法令に基づく特定行政庁の命令や許可等，②建築主事等の確認処分等，③これらにかかわる不作為[*8]である。

建築審査会は審査請求された日から1か月以内に裁決をしなければならないとされている。裁決には，①請求を認めるもの（容認），②請求内容に理由がないとして退けるもの（棄却），③請求が不適法であるとして内容を審査せずに退けるもの（却下）がある。

建築審査会の裁決に不服がある者（審査請求人など）は，国土交通大臣に対して不服の申立て（再審査請求）をするか，裁判所に訴訟を起こすことができる（法94条1項，2項，法95条）。

*8 法によって期待された行為をしないこと。なお，不作為に対する審査請求は処分庁に対しても行うことができる。

4 指定確認検査機関による確認審査と特定行政庁との関係

指定確認検査機関は，確認済証を交付したことを「確認審査報告書」によって，特定行政庁に報告するしくみになっている。

特定行政庁は，「その計画が建築基準関係規定に適合しないと認めるときは，当該建築物の建築主と当該指定確認検査機関にその旨通知しなければならない」と規定されており，この通知が出されると，確認済証が失効する（法6条の2第5項，6項）。

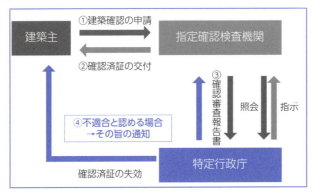

図-Ⅳ.1.2

5 罰則

建築基準法の規定に違反した場合には，その内容に応じ，当該関係者の場合は3年以下の懲役又は300万円以下の罰金に，法人の場合は1億円以下の罰金に処される（法7章）。

2　建築物にかかる手続きの流れ

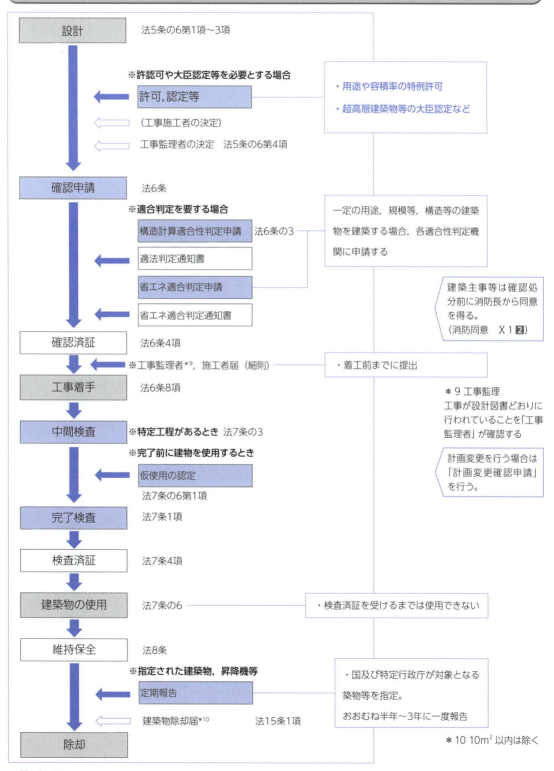

図-Ⅳ.2.1

Ⅳ　建築基準法を支えるしくみと手続き（総則）

3　着工前の業務等

1 設計等

　建築物の設計や工事監理を行うには，2階建以下で延べ面積 100 m² 以下の木造建築物等を除き，一級建築士など建築士法で定められた資格が必要である（建築士法 3 条の 3，法 5 条の 6）。⇨Ⅻ 1

　設計にあたっては，建築基準関連法令に適合させることが求められるが，事前に，特定行政庁から許可を受けた場合や，構造や材料について大臣認定を受けた場合は，それらによることができる。この場合の許可は，建築基準法で規制されている事項について，相当な理由がある場合に特定行政庁が例外扱いするものをいう。

> 例　接道規定を満たさない場合の例外（法 43 条 2 項 2 号）
>
> 　　その敷地の周囲に広い空地を有する建築物その他の省令で定める基準に適合する建築物で，特定行政庁が交通上，安全上，防火上及び衛生上支障がないと認めて建築審査会の同意を得て許可したもの[11]。

2 確認申請とそのしくみ

1）確認手続き等が必要な建築物（法 6 条，6 条の 2，6 条の 3）

　確認申請が必要な建築物は，表 - Ⅳ.3.1 のとおりである。確認済証取得後に計画の変更[12]を行う場合も対象となる。ただし，防火地域及び準防火地域以外で，床面積の合計が 10 m² 以内の建築物の増築，改築，移転を行う場合は除外される。

　このほか工作物[13]，昇降機についても確認申請の対象となる。

　また，複雑で重要な構造計算（特定構造計算基準[14]）が必要な建築物については，構造計算適合性判定が必要である（法 6 条の 3）。

> *11 4m 以上の農道等に 2m 以上接する敷地に 200m² 以内の一戸建てを建築する場合は，特定行政庁の認定による（法 43 条 2 項，規則 10 条の 3）
>
> *12 計画の変更に係る確認を要しない軽微な変更を除く（規則 3 条の 2）。
>
> *13 確認申請が必要な工作物　⇨表 - Ⅲ.4.1
> *14 特定構造計算基準ルート2（許容応力度計算），ルート3（保有水平耐力計算），限界耐力計算，大臣認定プログラムによる構造計算など

表 - Ⅳ.3.1　建築確認申請が必要な建築物等

※ 1	建築物の用途	行為	対象区域
一	特殊建築物（法別表 1（い）） ・当該用途に供する部分の床面積の合計が 200m² 超のもの	・建築（新築，増築，改築，移転） ・大規模の修繕 ・大規模の模様替 ・用途変更[※2]	全域
二	第一号以外の建築物（次のいずれか） ・階数 2 以上 ・延べ面積 200m² 超のもの	・建築（新築，増築，改築，移転） ・大規模の修繕 ・大規模の模様替	
三	第一号～第二号以外の建築物	・建築（新築，改築，増築，移転）	都市計画区域内等[※3]

※ 1　法 6 条 1 項各号
※ 2　用途変更して特殊建築物とする場合（類似の用途相互間に変更する場合を除く）
※ 3　準都市計画区域，準景観地区，都道府県知事が指定する区域内

46

2）確認審査の対象となる法令

建築基準法，施行令，施行規則，告示及び建築基準関係規定が対象となる。建築基準関係規定は令9条で規定されているが（表中1〜16），バリアフリー法[15]，都市緑地法，建築物省エネ法[16]にはそれぞれの法令の中で建築基準関係規定であることが定められている。

[15] 高齢者，障害者の移動等の円滑化の促進に関する法律⇨XⅢ1

[16] 建築物のエネルギー消費性能の向上等に関する法律⇨XⅢ2

表-Ⅳ.3.2　建築基準関係規定（令条ほか）

1	消防法9条，9条の2，15条及び17条	火災予防条例，住宅用防災機器の設置，映写室の構造，消防設備等
2	屋外広告物法3条〜5条	条例，設置場所，形状
3	港湾法40条1項	分区内の規制
4	高圧ガス保安法24条	家庭用設備の設置等
5	ガス事業法162条	基準適合義務
6	駐車場法20条	条例，駐車場附置義務
7	水道法16条	給水装置の構造及び材質
8	下水道法10条1項及び3項，25条の2並びに30条1項	排水設備の設置等
9	宅地造成及び特定盛土等規制法12条1項，16条1項，30条1項，35条1項	宅地造成にかかる工事の許可など
10	流通業務市街地の整備に関する法律5条1項	流通業務地区内の規制
11	液化石油ガスの保安の確保及び取引の適正化に関する法律38条の2	基準適合義務
12	都市計画法29条1項及び2項，35条の2第1項，41条2項，42条，43条1項，53条1項，2項において準用する52条の2第2項	開発許可，都市計画施設の区域内の建設許可など
13	特定空港周辺航空機騒音対策特別措置法5条1項〜3項	防音構造，用途規制
14	自転車の安全利用の促進及び自転車等の駐車対策の総合的推進に関する法律5条4項	条例，駐車施設の付置義務
15	浄化槽法3条の2第1項	浄化槽の設置
16	特定都市河川浸水被害対策法10条	条例，排水設備の技術基準
－	バリアフリー法[15]14条	建築物移動等円滑化基準
－	都市緑地法	緑化率の制限
－	建築物省エネ法[16]11条	建築物エネルギー消費性能基準

3）確認申請書

建築物の確認申請書は，指定された様式[17]（第1面〜第6面）と計画が建築基準関係規定に適合していることを審査するために必要な図面から構成される。

なお，特定行政庁が定めた区域内においては，指定された様式のうち第1面を除く部分を磁気ディスク等で提出することができる（規則11条の3など）。

[17] 申請書の様式は，建築物，工作物，昇降機について定められている。

4）確認申請の流れ

建築主は工事の着工前に，建築物の所在地を所管する建築主事，建築副主事又は建築物の所在地を業務地域とする指定確認検査機関（以下「建築主事等」という）に確認申請を行う。

ア　申請書の受付　申請書の提出を受けると，建築主事等は建築士等による設計の必要性などを確認した上で受付する。一定規模等の建築物で，構造設計一級建築士，若しくは設備設計一級建築士の設計又はその法適合確認が必要な場合で，これによらない場合等は申請書を受付できない（法18条の3，H19告835）。

47

イ　確認審査　確認申請書に添付する図書に明示すべき事項は規則に，確認審査の方法は告示に定められている[*18]（規則1条の3など，H19告835）。

計画建築物が構造適合性判定を要するものの場合は，建築主から構造適合性判定通知書の提出を受ける必要がある。

ウ　法定審査期間　建築主事，建築副主事の審査期間は原則として1，2号建築物の場合は35日以内，3号建築物の場合は7日以内と定められているが，指定確認検査機関の場合は，法定期間の定めはない。

エ　建築基準関係規定に適合しない，適合するかどうかを決定できない場合
理由を付して申請者に通知する（法6条7項，法6条の2第4項）。

オ　構造計算適合性判定　特定構造計算基準を用いた構造計算が必要な計画の場合は，建築主が都道府県知事又は指定構造計算適合性判定機関（以下「知事等」という）に構造適合性判定申請を行い，適合判定通知書を受ける必要がある（法6条の3第1項，7項，法18条の2）。

この申請を受けた場合，知事等は14日以内（35日までの延長可）に結果の通知書を交付する。

*18 確認審査等に関する指針（H19年国土交通省告示835号）に確認審査，構造計算適合判定，完了検査，中間検査に関する指針として確認審査，検査の方法が定められている。

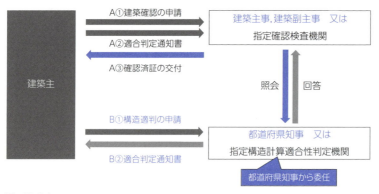

図-Ⅳ.3.1

カ　消防長などの同意　建築確認をする場合は，建築物の所在地を所管する消防長又は消防署長[*19]の同意が必要となる。なお，防火地域と準防火地域以外の区域の一戸建て住宅等の場合は通知となる（法93条）。

キ　確認済証の交付　建築主事等により，計画が建築基準関係規定に適合していることが確認されると確認済証が交付される。

ク　確認の特例　建築確認事務の簡素化，合理化の観点から，型式適合認定[*20]を受けた建築物や建築士が設計した3号建築物[*21]については確認の特例がある。該当する場合は，構造強度など建築基準法の一部について確認申請書に図書を添付する必要がなく，審査も行われない（法6条の4）。

*19 消防本部を置かない市町村は市町村長

*20 型式適合認定
建築物（の部分）が「構造耐力，防火・避難など一連の規定に適合すること」をあらかじめ国土交通大臣が認定すること
*21 法6条1項3号に規定される建築物
⇨表-Ⅳ.3.1

4　工事中の手続き等

1　仮使用

　法6条1項1号から2号までの建築物*22は検査済証の交付を受けないと使用できないが，①完了検査申請が受理された日から7日が経過したとき又は，②特定行政庁等が仮使用を認定したときには，仮にその建築物やその部分を使用することができる。

　②の仮使用の認定のうち，完了検査の申請前の仮使用認定は原則として特定行政庁が行うが，告示で定める一定の基準に適合する場合等は建築主事等が行うことができる（法7条の6，H27告247）。

*22 ⇨3 **2** 1)
（表 - Ⅳ.3.1）

2　工事現場での確認の表示

　確認の対象となる建築物などの工事施工者は，工事現場の見やすい場所に，建築主，設計者，工事施工者などの氏名や名称，確認を受けた旨の表示をする必要がある。工事に関する設計図書は工事現場に備えておかなければならない（法89条）。

建　築　基　準　法　に　よ　る　確　認　済	
確　認　年　月　日　番　号	平成○○年○○月○○日 第○○○○○号
確　認　済　証　交　付　者	○○　○○
建　築　主　又　は 建　造　主　氏　名	○○　○○
設　計　者　氏　名	一級建築士事務所　（株）○○設計事務所 一級建築士　○○　○○
工　事　監　理　者　氏　名	一級建築士事務所　（株）○○設計事務所 一級建築士　○○　○○
工　事　施　工　者　氏　名	○○　○○
工　事　現　場　管　理　者　氏　名	○○　○○
建　築　確　認　に　係　る そ　の　他　の　事　項	

35cm以上　25cm以上

図 - Ⅳ.4.1

3　工事現場の危険防止

　工事施工者は，その工事の施工にともなう地盤の崩落，建築物などの倒壊等による危害を防止するために，仮囲い・防護ネットなどによる落下防止その他の対策を行わなければならない（法90条，令136条の2の20〜136条の8）。

4　特定行政庁等への報告

　特定行政庁，建築主事，建築副主事又は建築監視員は，以下の者に，建築材料等の受取，引渡し，建築物の工事の計画や施工の状況，建築物に関する調査などに関する報告を求めることができる（法12条5項）。

　①建築物及び敷地の所有者，管理者若しくは占有者，建築主，設計者，建築材料等を製造した者，工事監理者，工事施工者又は建築物に関する調査をした者

　②指定確認検査機関

　③指定構造計算適合性判定機関

　なお，大臣も同様の報告を求めたり，その職員に検査等をさせることができる（法15条の2）。

Ⅳ　建築基準法を支えるしくみと手続き（総則）

5 完了検査

　建築確認の対象となった建築物等の工事が完了した場合は，建築主事等[23]の検査を受けなければならない。建築主は工事が完了した日から4日以内に検査の申請を行う必要があり，この申請を受けてから7日以内に完了検査が行われる。検査の結果，建築物や敷地が建築基準関係規定に適合している場合は，検査済証が交付される。

　なお，検査が終了し検査済証が交付されるまでは，原則として建築物を使用することができない（3号建築物を除く）（法7条，7条の2）。

*23 建築主事，建築副主事（建築主事，建築副主事から委任を受けた市町村・都道府県の職員も含む）建築基準適合判定資格者及び二級建築基準適合判定資格者

6 中間検査

　国や特定行政庁が定めた「特定工程[24]」の工事が終わったときには，工事終了後4日以内に建築主事等に中間検査の申請を行う必要がある。検査は，申請受理後4日以内に行われ，この検査に合格し，中間検査合格証を受けなければその後の工事を続行することはできないしくみになっている。

　特定工程には，①国が定めたもの，②特定行政庁が定めたものがある（法7条の3，7条の4）。特定行政庁はその地方の事情を勘案して必要なものを指定するため，地域ごとに多様な特定工程が指定されている。

*24 特定工程
工事完了後では目視できない構造耐力上重要な部分などで，工事中に検査することが必要な工程

表-Ⅳ.4.1　中間検査と完了検査の概要

	中間検査	完了検査
要旨	■特定工程を含む場合に検査が必要 ①全国共通の指定 階数3以上の共同住宅について，2階の床，これを支持するはりの配筋工事の工程。 ②特定行政庁ごとの指定 特定行政庁が，区域，期間又は建築物の構造，用途若しくは規模を限って指定する工程。 複数の工程が設定される場合もある。	■原則として確認申請を要する工事はすべて完了検査が必要 （用途変更の場合は工事完了届の提出で足り，完了検査の対象外。）
申請書	中間検査申請書	完了検査申請書

コラム　中間検査制度

　阪神・淡路大震災（H7.1.17）において施工の不備が原因と考えられる建築物の被害が多数見られたことから，平成10年の建築基準法改正により施工途中での検査を実施できる制度として，創設された。検査の実施については，国が指定する工程の他に，特定行政庁がその地方の事情を勘案して必要なものを指定するため，地域ごとに多様な特定工程が指定されている。

5 建築物の完了後の手続き等

1 維持保全の義務

建築物の所有者，管理者又は占有者には，建築物とその敷地を常に安全で適法な状態に維持する努力義務が課せられている。さらに，必要に応じて[*25]，建築物の維持管理に関する準則又は計画を作成し，適切な措置をとらなければならないとされている（法8条）。

*25 ①特殊建築物(別表第1(い)欄(1)～(4))で当該用途の床面積>100m²(当該用途の床面積≦200m²の場合は階数≧3に限る)，②特殊建築物(別表第1(い)欄(5)～(6))で当該用途の床面積>3,000m²，③事務所等で3階以上，延べ面積>200m²の所有者又は管理者

2 定期報告

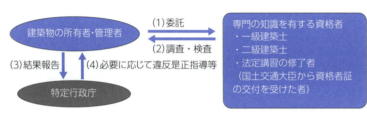

図-Ⅳ.5.1

1）対象

定期報告の対象は，①建築物，②建築設備，③昇降機等，④防火設備である。

これらの所有者[*26]には，敷地や構造や設備の状況について一級建築士等に定期的に検査をさせ，その結果を特定行政庁に報告することが義務付けられている（法12条1項，令16条）。

建築物については，安全上，防火上又は衛生上，特に重要である建築物を国が指定[*27]し，特定行政庁はそれ以外の特定建築物[*28]から地域の状況に応じて指定する。

国が指定する定期報告の対象は表-Ⅳ.5.1のとおりである（令16条，H28告240）。

*26 所有者と管理者が異なる場合は管理者

*27 法12条1項，令16条，令14条の2
*28 令16条1項及び令14条の2に定める建築物

2）法定講習の修了者と業務範囲

法定講習の修了者とその業務範囲は図-Ⅳ.5.2のとおりである。国が資格証を交付し，監督するもので，不誠実な行為が認められる場合等は資格者証を返納させ，返納命令に違反した場合は30万円以下の科料が科せられる。なお，一級建築士，二級建築士[*29]はすべての業務に対応できる。

*29 二級建築士は，二級建築士としての業務範囲に限られる

	特定建築物調査員	劇場，病院，百貨店などの外壁のタイルの剥落の有無，天井の耐震対策の状況など
建築設備等検査員	防火設備検査員	防火戸，防火シャッターなどの駆動装置の点検，感知器と連動させた動作確認など
	昇降機等検査員	EV，エスカレーターなどの安全装置の点検，動作確認
	建築設備検査員	配管設備の腐食状況の点検，換気設備の換気量の確認

図-Ⅳ.5.2

IV　建築基準法を支えるしくみと手続き（総則）

表-IV.5.1　定期報告の対象となる建築物（国指定）　　　　　　　建築設備については，政令では指定しない。

A 建築物[*1]	対象用途	対象用途の位置[*1]・規模[*2]（いずれかに該当するもの）	
	劇場，映画館，演芸場	①3階以上の階にあるもの　②客席の床面積が200 m² 以上のもの ③主階が1階にないもの　④地階にあるもの	
	観覧場（屋外観覧場を除く），公会堂，集会場	①3階以上の階にあるもの　②客席の床面積が200 m² 以上のもの ③地階にあるもの	
	病院，有床診療所，旅館，ホテル，就寝用福祉施設[*4]	①3階以上の階にあるもの　②2階の床面積が300 m² 以上であるもの[*3] ③地階にあるもの	
	体育館，博物館，美術館，図書館，ボーリング場，スキー場，スケート場，水泳場，スポーツの練習場（いずれも学校に附属するものを除く）	①3階以上の階にあるもの ②床面積が2,000 m² 以上であるもの	
	百貨店，マーケット，展示場，キャバレー，カフェー，ナイトクラブ，バー，ダンスホール，遊技場，公衆浴場，待合，料理店，飲食店，物品販売業を営む店舗	①3階以上の階にあるもの ②2階の床面禎が500 m² 以上であるもの ③床面積が3,000 m² 以上であるもの ④地階にあるもの	

※1　該当する用途部分が避難階のみにあるものは対象外。　※2　該当する用途部分の床面積が，100 m² 超のものに限る。
※3　病院，有床診療所については，2階部分に患者の収容施設があるものに限る。　※4　サービス付高齢者向住宅等

B 昇降機	対象	例外
	○エレベーター　○エスカレーター ○小荷物専用昇降機（フロアタイプ）	・住戸内のみを昇降する昇降機 ・工場等に設置されている専用エレベーター （労働安全衛生法施行令12条1項6号に規定するエレベーター）

C 防火設備 （防火扉,防火シャッター）	対象	例外
	○上記Aの建築物防火設備 ○病院，有床診療所又は就寝用福祉施設[*4]の防火設備	・常時閉鎖式[*5]の防火設備 ・防火ダンパー ・外壁開口部の防火設備

＊4　該当する用途部分の床面積の合計が200 m² 以上のもの
＊5　普段は閉鎖された状態となっており，開放してもドアクローザーなどで自動的に閉鎖状態に戻る方式のもの

D 準用工作物	○観光用エレベーター・エスカレーター　○コースター等の高架の遊戯施股 ○メリーゴーラウンド，観覧車等の原動機による回転運動をする遊戯施設

3）調査する内容

　定期報告で調査する内容は，以下のとおりである。報告時期は，特定建築物についてはおおむね半年から3年，その他の対象はおおむね半年から1年の間で特定行政庁が定める。

　　ア　特定建築物　外壁タイルに剥落がないか等について，目視，打診等により調査（そのほか，建築物の敷地・地盤，避難施設等）。

　　イ　建築設備　　給排水設備，機械換気設備の換気量，排煙設備や非常用照明の適切な作動等について，目視，作動確認，機器測定により検査。

　　ウ　防火設備　　随時閉鎖式の防火設備等が閉鎖することについて目視，作動確認，機器測定機等により検査。

　　エ　昇降機等　　ブレーキパッドや主索の摩耗等について目視，作動確認，機器測定で検査。

3　定期点検

　特定建築物や特定建築設備等が国，都道府県又は建築主事を置く市町村のものである場合は，「国の機関の長等」は，その建築物等の損傷，腐食等の劣化の状況を，定期報告と同様に建築物調査員や建築設備等検査員に定期的に点検させなければならないとされている（法12条2項，4項）。

6 違反建築物等に対する措置

1 違反建築物

ア 是正命令など 特定行政庁は，建築基準法の規定や許可に違反した建築物について，命令等の必要な措置をとることができる（法9条）。

・措置の対象：（工事中）建築主，当該工事の請負人，現場管理者
　　　　　　　（完了後）建築物又はその敷地の所有者，管理者，占有者
・手続きの流れ：図-Ⅳ.6.1

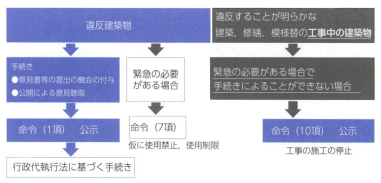

図-Ⅳ.6.1

特定行政庁が命令等を行う際は，命じようとする者に対して，①意見書等の提出の機会を付与し，②公開の意見聴取の手続き[*30]を行わなければならない[*31]。

工事中の場合は工事の施工の停止を，その他の場合は相当の猶予期限を付けて，違反を是正するために必要な措置を命ずることができる。この措置には，当該建築物の除却，移転，改築，増築，修繕，模様替，使用禁止，使用制限その他がある。ただし，工事中の建築物で違反が明らかで緊急を要する場合は，前述の手続きをとらずに使用禁止，使用制限と工事の施工の禁止を命じることができる[*32]。

さらに，この措置が履行されないとき，あるいは期限までに完了する見込みがないとき等は，行政代執行の手続きをとることができる。

イ 設計者などに対する措置 特定行政庁は，是正命令を行った場合には，その違反建築物の設計者，工事監理者，工事の請負人等について，監督する国土交通大臣や都道府県知事に通知する（法9条の3第1項）。

この通知を受けた国土交通大臣や都道府県知事は，その通知に係る者について，建築士法や建設業法などに基づく**免許や許可の取消し，業務停止などの処分**，その他の必要な措置をとり，その結果を特定行政庁に通知することとされている（法9条の3第2項）。

*30 意見聴取の請求があった場合
*31 緊急の必要がある場合は手続きをとらずに，命令を発出できる

*32 緊急の必要がある場合は，特定行政庁が任命した建築監視員も仮に使用禁止，使用制限，と工事の施工の禁止を命令できる。

2 保安上危険な建築物等

特定行政庁は，**既存不適格建築物**[*33]で，損傷や腐食などの劣化が進み，そのまま放置すると著しく保安上危険，衛生上有害となるおそれのある建築物については，その建築物や敷地の所有者，管理者又は占有者に対して，相当の猶予期限を付けて，当該建築物の除却，移転，改築，増築，修繕，模様替，使用中止，使用制限その他必要な措置をとることを勧告することができる。この勧告に，正当な理由なく従わないときは，勧告に係る措置をとることを命令することができる。なお，命令にあたっては，違反建築物の是正命令と同様の手続きを踏む必要がある（法10条）。

また，既存不適格となる要因が集団規定にある建築物で，特定行政庁が公益上著しく支障があると認める場合は，所在地の市町村の議会の同意を得た場合に限り，除却，移転，修繕，模様替，使用禁止又は使用制限を命ずることができる。この場合，当該建築物の所在地の市町村は，当該命令に基づく措置によって通常生ずべき損害を時価によって補償する（法11条）。

*33 単体規定について法3条2項の規定により建築基準法令の適用を受けないもの

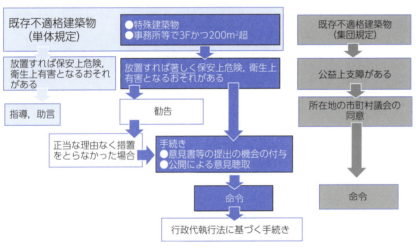

図-Ⅳ.6.2

3 行政代執行法による違反建築物等の措置

特定行政庁は，前述の違反建築物や著しく保安上危険な建築物等について，当該所有者等が必要な措置を履行しないときは，行政代執行法の定めるところに従い，みずから所有者等がなすべき行為を行うことができる。

都市計画法と土地利用

　都市計画区域等では，建築の計画に対して，その用途，規模，形態，防火性能などさまざまな制限がかけられている。このような制限は，それぞれの地域でのまちづくりのルールを具体化したものであるが，その手続き等を定めたものが「都市計画法」である。そして，この都市計画法により定められた「土地利用」に関する計画等に基づいて，建築基準法が適用され，個々の建築の具体的な制限や誘導が行われる。この章では，この土地利用を中心に，都市計画法の位置づけとその内容，建築との関わり合いについて紹介する。

函館　カソリック函館元町教会（大三坂からの眺め）（浜野四郎 画）
　1859年に開港した5都市（函館，新潟，横浜，神戸，長崎）の一つ「函館」の街の歴史や景観は横浜と重なるところが多い。当教会は二度の火災による焼失を経て，1924年（大正13年）高さ33 mの尖塔を持つ鐘楼があるゴシック様式の聖堂として再建された。場所は函館山を仰ぐ坂の麓にあり，旧函館区公会堂や函館ハリスト正教会など多くの歴史的建造物があつまる一画にある。このエリア一帯は函館市の伝統的建造物群保存地区に指定されている。

1 都市計画法の理念と法体系等

1 都市計画法の理念

都市計画法（都計法）の2条には都市計画の基本理念が述べられている。「都市計画は，農林漁業との健全な調和を図りつつ，健康で文化的な都市生活及び機能的な都市活動を確保すべきこと並びにこのためには適正な制限のもとに土地の合理的な利用が図られるべきことを基本理念として定めるものとする。」

ここでいう「都市計画」とは，①土地利用，②都市施設の整備，③市街地開発事業に関する計画を指す（都計法4条）。

そして，この都市計画を担うのは，国，地方公共団体，都市の住民（都計法3条）である。具体的には，国や地方公共団体に対しては，「都市の整備，開発その他都市計画の適切な遂行に努めなければならない。」とし，都市の住民に対しては，「国及び地方公共団体がこの法律の目的を達成するため行なう措置に協力し，良好な都市環境の形成に努めなければならない。」としている。⇒Ⅵ，Ⅶ

注）この章では，便宜的に都市計画法を都計法と称するものとする。

2 都市計画法の位置づけ

都計法は，「土地基本法」，「国土利用計画法」などの上位計画を受け，都市地域の具体的な計画を受け持つ法律である。

同じ位置づけの法律としては，農業地域を対象とした「農業振興地域の整備に関する法律（農振法）」，森林地域を対象とした「森林法」などがある。

図-Ⅴ.1.1

3 都市計画区域

「都市計画区域」は，「一体の都市として総合的に整備し，開発し，保全する必要がある区域」であり，都道府県が関係市町村及び都道府県都市計画審議会の意見を聴き，大臣の同意を得た上で指定される。

また，都市計画区域外の区域についても，「相当数の建築物等の建築などが行われ又は見込まれる区域を含み，かつ将来における一体の都市としての整備・開発・保全に支障が生じるおそれがある区域」等を「準都市計画区域」として指定することができる（都計法5条の2第1項）。

建築基準法の集団規定は，この都市計画区域及び準都市計画区域に限定して適用される（法41条の2）。

2　都市計画制度にみる土地利用

1　都市計画のマスタープラン（2つのマスタープラン）

　都計法6条の2に基づき，都道府県が広域的見地から定める都市計画の基本的な方針である「整備，開発及び保全の方針」は「都市計画区域マスタープラン」とも呼ばれる[*1]。この方針を受け，市町村が「市町村の都市計画に関する基本的な方針」（市町村都市計画マスタープラン）を定める。前者は，広域的な一体性を確保する上で配慮すべき事項について定め，後者は，地域に密着した都市計画に関する事項について定めることとされている。

[*1] 都道府県は，「整備，開発及び保全の方針」のほか，「都市再開発の方針」，「住宅市街地の開発整備の方針」，「防災再開発促進地区」を定める。

2　土地利用のしくみ

　整備・開発及び保全の方針に従って，①土地利用規制，②都市施設の整備，③市街地開発事業が定められる。

　　ア　土地利用規制　　都市計画区域の区域区分，地域地区，地区計画の指定等による規制と，一定規模以上の開発を行う場合の許可制度で構成されている（都計法12条の4, 5）。

　　イ　都市施設　　都市の基盤を支える道路や公園等で，都市計画事業として整備される（都計法11条）。

　　ウ　市街地開発事業　　土地区画整理事業や市街地再開発事業など，個別の事業法に基づき行われる事業によるものである（都計法12条）。

　なお，②，③について都市計画決定された区域内では，建築行為が制限されている（都計法53条）。

図-Ⅴ.2.1

3 都市計画区域等の制限

1 区域区分

　都市計画区域は必要に応じて，市街化区域と市街化調整区域に区分することができる。この区域区分を「線引」と呼び，区域区分しない区域は「非線引き都市計画区域」と呼ばれている（都計法7条）。

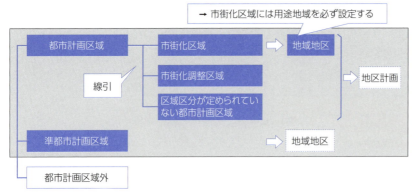

図 - Ⅴ.3.1

1）市街化区域

　すでに市街地を形成している区域及びおおむね10年以内に優先的かつ計画的に市街化を図るべき区域である（都計法7条2項）。

　首都圏整備法（中部圏，近畿圏）の既成市街地や近郊整備区域，政令指定都市の行政区域では，人口や世帯数の増加，市街地の無秩序な拡大などが想定されることから，区域区分を定めることが義務付けられ，それ以外の場合は都道府県が区域区分について選択できる。

　市街化区域には必ず用途地域を定める。さらに，地域の状況に応じて，特別用途地区等の地域地区を定める他，地区計画等を定めることができる[*2]。

2）市街化調整区域

　市街化を抑制すべき区域である。そのため都市基盤整備などの公共投資，及び開発行為[*3]や建築行為は，原則として抑制され，一定規模以上の開発行為を行う場合は，都計法を所管する都道府県知事等の許可が必要となる。土地が市街化調整区域にある場合は，開発行為は原則として禁止されており，許可の対象となる場合でも条件が厳しく制限される。

3）準都市計画区域

　積極的な整備又は開発を行う必要はないものの，そのまま土地利用の整序や，環境を保全するための措置を講ずることなく放置すれば，一体の都市としての整備，開発及び保全に支障が生じるおそれがある区域をいう。用途地域及びその他の地域地区を定めることができる（都計法5条の2）。

　都市計画区域と準都市計画区域の規制は表 - Ⅴ.3.1 に示すとおりである。

[*2] 用途地域が定められていない土地については，必要に応じて「特定用途制限地域」を定めることができる
[*3] 開発行為
建築等を目的に行う土地の区画形質の変更

表 - Ⅴ.3.1　都市計画区域等と用途地域等の関係

	都市計画区域		都市計画区域		準都市計画区域	
	市街化区域	市街化調整区域	(非線引き)			
用途地域	○	原則定めない	可能	定めない場合	可能	定めない場合
特別用途地区	可能	－	可能	⬇	可能	⬇
特定用途制限地域	－	－	－	可能	－	可能

2 用途地域

　用途地域には 13 種類の地域があり，都市計画により指定される（都計法 8 条，9 条）。指定された用途地域にそって，建築基準法の集団規定が適用される[4]。

*4　建築基準法による用途制限⇒Ⅵ

表 - Ⅴ.3.2　用途地域の概要

用途地域	用途地域の主旨
第 1 種低層住居専用地域	低層住宅に係る良好な住居の環境を保護する地域
第 2 種低層住居専用地域	主として低層住宅に係る良好な住居の環境を保護する地域
田園住居地域	農業の利便の増進を図りつつ，これと調和した低層住宅に係る良好な住居の環境を保護する地域
第 1 種中高層住居専用地域	中高層住宅に係る良好な住居の環境を保護する地域
第 2 種中高層住居専用地域	主として中高層住宅に係る良好な住居の環境を保護する地域
第 1 種住居地域	住居の環境を保護する地域
第 2 種住居地域	主として住居の環境を保護する地域
準住居地域	道路の沿道としての地域の特性にふさわしい業務の利便の増進を図りつつ，これと調和した住居の環境を保護する地域
近隣商業地域	近隣の住宅地の住民に対する日用品の供給を行うことを主たる内容とする商業その他の業務の利便を増進する地域
商業地域	主として商業その他の業務の利便を増進する地域
準工業地域	主として環境の悪化をもたらすおそれのない工業の利便を増進する地域
工業地域	主として工業の利便を増進する地域
工業専用地域	工業の利便を増進する地域

3 用途地域を補完する地域地区

1）特別用途地区

　特別用途地区は地方公共団体がそれぞれの地域の特性に応じて，土地利用の増進，環境保護などのあり方を条例で定めるものである。用途規制の強化あるいは緩和を図ることができる。具体的には，文教地区，特別工業地区，観光地区等がある（都計法 9 条 14 項）。

表 - Ⅴ.3.3　東京都文教地区建築条例（昭和 25 年条例 88 号）

第 1 種文教地区	主に，住居系用途地域内に指定し，学校，図書館等の教育文化施設及びこれと一体となった良好な住宅地の環境の形成や保護を図るため，風俗営業関連建築物，ホテル，劇場，マーケット，遊技場，一定の工場等の規制を行う。
第 2 種文教地区	主に，住居系以外の用途地域内に指定し，学校，図書館等の教育文化施設及びこれと一体となった良好な文教的環境の形成を図るため，風俗営業関連建築物，ホテル，劇場等の規制を行う。

2）特別用途制限地域

用途地域が定められていない土地の区域（市街化調整区域を除く）を対象として，制限すべき特定の建築物等の用途を地方公共団体が条例で定める地域である。良好な環境の形成又は保持のため，地域特性に応じた合理的な土地利用が行われることを目的としている（都計法9条15項）。

3）高層住居誘導地区

都市部で住居と住居以外の用途を適正に配分し，利便性の高い高層住宅の建設を誘導する地区[*5]であり，都市計画で区域と容積率の最高限度等が指定される。この地区内ではさらに，建築基準法により斜線制限が緩和され，日影規制の適用が除外される（都計法9条17項，法56条1項）。

*5 第1種住居地域，第2種住居地域，準住居地域，近隣商業地域又は準工業地域

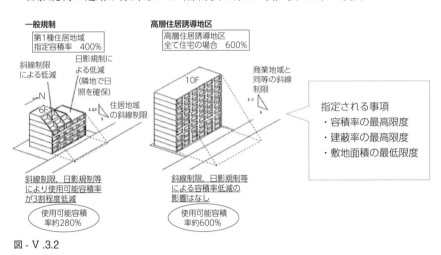

図 - Ⅴ.3.2

4）防火地域・準防火地域

市街地における火災の危険を防除するため定める地域（都計法9条21項）。
⇒Ⅵ 4

5）高度地区と高度利用地区

ア　高度地区　　用途地域内において，市街地の環境を維持し，又は土地利用の増進を図るため，建築物の高さの最高限度又は最低限度を定める地区（都計法9条18項）。⇒Ⅶ 8

イ　高度利用地区　　用途地域内の市街地において，土地の合理的かつ健全な高度利用と都市機能の更新とを図るため，建築物の容積率の最高限度及び最低限度，建築物の建蔽率の最高限度，建築物の建築面積の最低限度並びに壁面の位置の制限を定める地区（都計法9条19項）。

6）その他の地域地区

ア　特定街区　　市街地の整備改善を図るため街区の整備又は造成が行われる地区において，街区内における建築物の容積率並びに建築物の高さの最高限度及び壁面の位置の制限を定める街区。⇒Ⅴ 6 2 1）

イ　風致地区　　都市の風致を維持するため定める地区。⇒Ⅴ 6 2 2）

ウ　臨港地区　　港湾を管理運営するため定める地区（都計法9条23項）。

3 都市計画区域等の制限

4 開発許可制度

開発許可制度は一定規模以上の開発行為について規制をする制度で，良好かつ安全な市街地の形成と無秩序な市街化の防止を目的としている。許可は，都道府県知事，政令指定都市の長，中核市の長，特例市の長（都計法 29 条）が行うが，知事から委任を受けた事務処理市町村の長も含まれる。ここでいう「開発行為」とは，建築物の建築や特定の工作物等[*6]の建設を目的とした「土地の区画形質の変更」をいう（都計法 4 条 12 項）。

1）開発許可制度

市街化区域で 1,000 m² 以上の土地で開発行為を行う場合は，許可が必要となる（この規模は地域の実情に応じて，都道府県等[*7]が引き下げることができる）。なお，市街化調整区域は市街化を抑制する区域であることから，原則としてすべての開発行為が許可の対象となる。

また，許可の対象から，図書館，公民館等の公益上必要な建築物（周辺の土地利用上支障がない）の建築のためのものや，土地区画整理事業等の施行として行うもの等は除かれている。

2）開発許可の基準

開発許可の基準には，技術基準と立地基準がある。

ア　技術基準　　道路・公園・給排水施設等の確保，防災上の措置等に関する基準で，すべての区域に適用される。なお地方公共団体は条例で区域，目的又は予定建築物の用途を限り最低敷地規模に関する制限の付加をすることができる[*8]（都計法 33 条）。

イ　立地基準　　市街化調整区域にのみ適用され，許可できる開発行為の類型が限定されている（都計法 34 条）。

例（類型）　主として周辺居住者が利用する公益上必要な建築物又は日用品の販売，加工若しくは修理その他の業務を営む店舗，事業場等を目的とする開発行為

> [*6] 第 1 種特定工作物（コンクリートプラント等），第 2 種特定工作物（ゴルフコース，1 ha 以上の墓園等）
>
> [*7] 都道府県，政令指定都市等，事務処理市町村
>
> [*8] そのほか景観行政団体は景観計画に定められた開発行為についての制限の内容を，開発許可の基準として条例で定めることができる。

表 - Ⅴ.3.4　開発許可の対象となる地域，及び適用される基準

都市計画区域	線引き区域	市街化区域	**1,000 m² (三大都市の既成市街地，近郊整備地帯等は 500 m²) 以上** ※都道府県等が条例で 300 m² まで引き下げできる。	技術基準	―
		市街化調整区域	原則としてすべて		立地基準
	非線引き区域		**3,000 m² 以上** ※都道府県等が条例で 300 m² まで引き下げできる。		―
準都市計画区域			**3,000 m² 以上** ※都道府県等が条例で 300 m² まで引き下げできる。		―
都市計画区域及び準都市計画区域外			1 ha 以上		―

Ⅴ　都市計画法と土地利用

4　地区計画制度

1 地区計画制度の対象区域等

　地区計画は，それぞれの地区の特性にふさわしい良好な市街地環境の実現を図るために必要な事項を定めたもので，住民の意見を反映して市町村が策定する。都市計画区域のうち，①用途地域が定められている区域，②用途地域が定められていない区域の一部*9が対象となる（都計法12条の5）。

ア　地区計画の構成（地区計画の方針と地区整備計画）

　地区計画は，地区の目標，将来像を示す「地区計画の方針」と建築物の建て方のルールなどを具体的に定めた「地区整備計画」で構成される。

　この「地区整備計画」が定められている区域に限り，市町村が条例を定めて建築物の敷地，構造，建築設備又は用途に関して制限をすることができ，建築基準法の確認審査・検査の対象となる（法68条の2）。

イ　地区整備計画に定めることができる項目

・地区施設（居住者が利用する道路，公園，遊歩道など）の配置，規模
・建築物等の整備や土地利用に関する計画
（敷地の最低限度，建築物の用途，容積率，建蔽率，壁面の位置の制限，高さ，形態，意匠，垣又はさくの構造の制限など）

> ＊9（都計法12条の5第1項2号）
> 住宅市街地の開発等建築物若しくはその敷地の整備に関する事業が行われる，又は行われた区域など

2 地区計画の種類

地区計画(都計法12条の4第1項1号)以下都計法の表記を略

地区計画(12条の4第1項1号)

◇地区整備計画
誘導容積型(12条の6)　　　　公共施設の整備状況に応じて容積率を段階的に適用
容積適正配分型(12条の7)　　区域を区分して,容積を適正に配分
高度利用型(12条の8)　　　　高度利用と都市機能の更新を図る
用途別容積型(12条の9)　　　住居と住居以外の用途を適正に配分
街並み誘導型(12条の10)　　区域の特性に応じた高さ,配列及び形態を備えた建築物の整備を誘導
立体道路制度(12条の11)　　⇨Ⅵ5 3
適正配置型(12条の12)

防災街区整備地区計画(12条の4第1項2号)　　密集市街地整備法

歴史的風致維持向上地区計画(12条の4第1項3号)　地域における歴史的風致の維持及び向上に関する法律

沿道地区計画(12条の4第1項4号)　沿道整備法(幹線道路沿道において,騒音防止と建築物の高度利用を促進)

集落地区計画(12条の4第1項5号)　集落地域整備法(営農条件と調和のとれた良好な居住環境を確保)

一般型地区計画(12条の5)
再開発等促進区(公共施設の整備と併せて容積率等を緩和)
開発整備促進区(公共施設の整備と併せて大規模な店舗等の用途制限を緩和)

図 - Ⅴ.4.1

3 地区計画のイメージと事例

□地区計画のイメージ（東京都 HP）

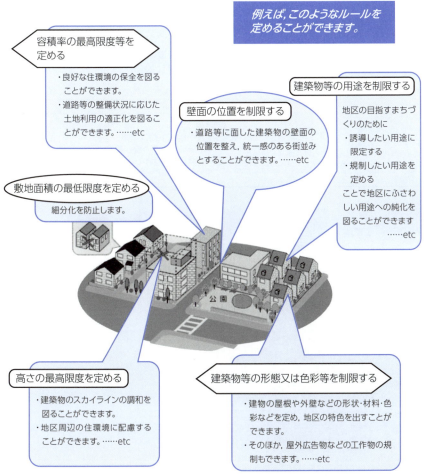

図 - Ⅴ.4.2

□地区計画の事例（上尾市仲町愛宕地区地区計画）

　上尾市の中山道沿道の一部に設定された地区計画。旧街道沿い特有の間口が狭く，奥行きの長い敷地が連続する地域において，マンション等への建て替えに伴う住環境の悪化を防ぐとともに，優れた街並みを形成すること等を目的としている。地区整備計画が定められた地区計画の区域内を対象に，条例で建築物の敷地など当該計画等に定められた事項について建築制限を定めている（法68条の2第1項）。

当初都市計画決定：平成2年3月1日　　変更告示：平成31年3月29日
上尾市地区計画区域内における建築物の制限に関する条例：平成2年9月29日［条例20号］

V 都市計画法と土地利用

表-V.4.1 上尾市仲町愛宕地区の地区計画の内容

	中山道沿道の区域 (A 地区・商業ゾーン)	中山道沿道以外の区域 (B 地区・住居ゾーン)
目標	商業業務地の形成を促進し, すぐれた街並みの創出に努める。	良質な住宅の供給を促進し, 緑豊かな住環境の形成を図る。
建築物等の整備方針	建築の協調化, 共同化により良質な住宅の建設を促進し, オープンスペースの創出とすぐれた街並みの形成を図る。	
	中山道沿道の歩行者空間の整備並びに壁面後退に努め, すぐれた街並みの形成を図る。	北側の敷地に対する日照の確保に努め, 快適な住環境の形成を図る。
建築物等に関する制限事項		
用途	建築できないもの 法別表第 2 (り) 項 (近商)	建築できないもの 法別表第 2 (へ) 項 (第 2 種住居) ただし 2, 4 号を除く
容積率	—	$S < 500$ m^2 の場合 20/10 500 m$^2 \leq S < 1{,}000$ m^2 の場合 22/10 $1{,}000$ m$^2 \leq S$ の場合 24/10　　　S：敷地面積
軒の高さ (h)	—	$h \leq 15$ m
建物の高さ (H)	$H \geq 1.25 \times ((イ) 又は (ア)) + 20$ m, かつ ≤ 25 m (イ) はイの線までの水平距離　(ア) も同じ 屋上突出部は 1/16 まで非算入 高さの最高限度を超える屋上突出部ある場合はアイの線からその部分の高さの 2 倍以上離れる	$H \leq 18$ m 屋上突出部は 1/16 まで非算入 高さの最高限度を超える屋上突出部がある場合は北側隣地境界線からその部分の高さの 2 倍以上離れる
形態の制限	屋外広告物は, 建築物の高さの最高限度を超えて設置しないこと。	

高さの基準となる線
ア：中山道の道路中心線から東に平行して33m離れた位置にある線
イ：中山道の道路中心線から西に平行して10m離れた位置にある線

a-a'断面図

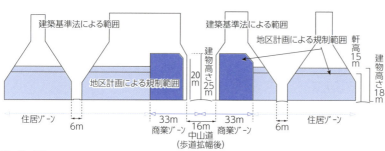

図-V.4.3

5 都市施設等の整備

1 都市施設の整備

　道路等の交通施設，公園緑地等の公共空地，上下水道等の供給処理施設等を都市施設といい，種類，名称，位置，区域を都市計画に定める。この区域内では，原則として建築等が制限され，建築等を行う場合は許可が必要となる（都計法4条，11条1項，53条）。

2 市街地開発事業

　土地区画整理事業や市街地再開発事業等をいう。これらは，土地区画整理事業法や都市再開発法等の法律に基づいて行われる事業で，都市計画決定された事業区域で建築等を行う場合は許可が必要となる（都計法4条，12条，53条）。

1）土地区画整理事業

　公共施設が不十分な区域において，公共施設等の整備とあわせて宅地開発等を行う事業である。地権者からその権利に応じて少しずつ土地を提供してもらい（減歩），この土地を道路，公園等の公共用地に充てるほか，その一部（保留地）を売却し，事業資金の一部に充てることで事業が成立する。事業後の宅地の面積は従前に比べ小さくなるものの，都市計画道路や公園等の公共施設が整備され土地の区画が整うことにより，利用価値の高い宅地が得られることを前提としている。

　都市計画道路等の整備費（用地費分を含む）相当額，事業計画作成費等の補助制度がある。

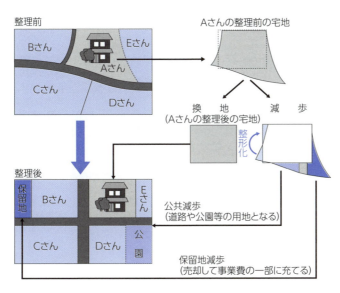

図-Ⅴ.5.1

2）市街地再開発事業

　市街地で，土地利用の細分化や老朽化した木造建築物の密集，十分な公共施設がない等の都市機能の低下がみられる地域において，土地の合理的かつ健全な高度利用と都市機能の更新を図ることを目的として，建築物や建築敷地の整備とあわせて，公共施設の整備を行う事業である。

　事業には，権利変換（等価交換）方式による第一種事業と管理処分（全面買収）方式による第二種事業があり，第二種事業は公共性，緊急性が著しく高い区域で行われる。

　図-Ⅴ.5.2 は第一種事業のしくみを表したもので，原則として，従前権利者の土地，建築物は事業完了時に権利床に変換され，その経費は，当該事業により生み出された床（保留床）を売却することでまかなう。

　なお，従前の権利のうち，建築物，土地の所有権だけでなく借地権も権利変換の対象となる。

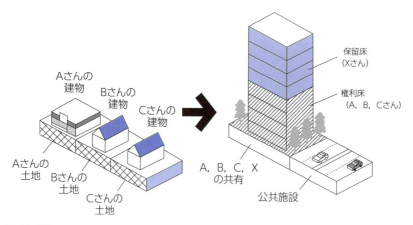

図-Ⅴ.5.2

3　都市計画施設等の区域内の建築制限

　都市計画施設の区域内又は市街地開発事業の施行区域内では，原則として建築が制限されており，建築にあたっては都道府県知事等の許可が必要となる。

1）許可が不要なもの（都計法53条）
　ア　階数が2以下で地階を有しない木造の建築物の改築又は移転
　イ　非常災害のため必要な応急措置として行うもの
　ウ　都市計画事業の施行として行うもの　など

2）許可の条件（都計法54条）
　ア　都市計画施設又は市街地開発事業に関する都市計画のうち，建築物について定めるものに適合するもの
　イ　階数が2以下（地階を有しない）の建築物，木造建築物等[*10]で容易に移転し又は除却することができるもの　など
　　このほか，立体道路などに関するものがある。

注）都市施設と都市計画施設の違い（都計法4条5項，6項）
都市施設は都計法11条1項に掲げられた施設をいい，そのうち「都市計画」に位置付けられたものを都市計画施設という。

[*10] 木造建築物等には，鉄骨造，コンクリートブロック造その他これらに類する構造を含む地方自治体によっては3階建以上の建築物など独自に取り扱い基準を定めている場合がある。

6 良好なまちづくりのための制度等

1 建築基準法によるもの

1）建築協定（法69条～77条）

一定の区域内の環境を守るため，その区域内の建築に関する基準を定め，土地の所有者等が全員の合意により定めた協定をいう。あらかじめ市町村が条例で協定を締結できる区域などを定めておく必要がある（法69条）。

対象となる区域，建築物等の基準（敷地の規模，外壁の位置，構造，用途，形態など），有効期間，協定違反があった場合の措置を定めた建築協定書について，土地の所有者の代表による特定行政庁の認可の公告をもって効力が発生する。協定は，締結後に新たにその区域の土地や建築物の所有者等となったものにも適用される。期間は10年とされることが多い（法73条）。

注）建築協定の内容は，建築基準法の規定をさらに規制するものとなる。

→**一人協定** 宅地開発等を行った土地所有者が1社あるいは1人で協定を締結することもできる。この場合，認可の日から3年以内に土地所有者等が2人以上になった場合に，効力が発生する。

2）総合設計（法59条の2，令136条）

一定規模の敷地面積で一定割合以上の空地（公開空地）を設けた建築計画について，総合的な配慮がなされ，市街地の環境の整備改善に貢献する計画であるなどとして特定行政庁が許可した場合は，建蔽率，容積率や各部分の高さの制限が緩和される。対象となる空地，敷地の規模などは政令で決められているが，さらに要綱等で詳細な取扱い方針を定めている特定行政庁も多い。

許可の範囲内において，法52条1項から9項まで，法55条1項，法56条又は法57条の2第6項の規定による限度を超えるものとすることができる。

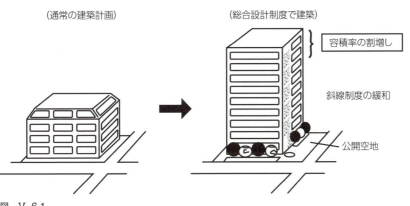

図-Ⅴ.6.1

V　都市計画法と土地利用

3）一団地の総合的設計制定(法86条1項)　（一団地認定）

　特例的に複数建築物を同一敷地内にあるものとみなして建築規制を適用する制度で，一般に**一団地認定**とも呼ばれている。特定行政庁が安全上，防火上，衛生上支障がないと認める建築物については，接道義務，容積率制限，建蔽率制限，日影規制等[11]が同一敷地内にあるものとみなして適用される。

　建築物一棟ごとに敷地を区切り接道させる場合と比べ，緑地や通路の配置などに自由度が増し，建築物と建築物の間の採光，通風，防火などへの配慮が可能となり，土地の一体的な有効利用が期待できる[12]。

4）連担建築物設計制度(法86条2項)

　「一団地の建築物設計制度」が原則として新規の複数建築物を認定するのに対し，「連担建築物設計制度」は既存建築物の存在を前提として認定する。

2 都市計画法によるもの

1）特定街区

　市街地の整備改善を図るために街区の整備又は造成が行われる地区を対象に，建築物の容積率，高さの最高限度，壁面の位置について都市計画で定めた街区である（都計法9条20項，法60条）。

2）風致地区

　都市計画で風致地区と定められた地区内の建築物の建築その他の行為について，地方公共団体が条例によって都市の風致を維持するために必要な規制をすることができる（都計法58条）。

3 その他の法令によるもの

1）景観法

　景観計画の策定その他の施策を総合的に講じることで，美しく風格のある国土の形成等を図るとして，平成16年に制定された法律である。

　ア　景観計画の策定　景観行政団体（市町村[13]又は都道府県）が景観計画に，①景観計画区域，②良好な景観形成のための制限，③景観重要建造物又は景観重要樹木の指定の方針，④良好な景観形成のために必要な事項を定める（景観法8条2項）。

　　景観重要建造物として指定された場合は，現状からの変更が規制される。また，このうち保全すべきものは，市町村が国土交通大臣の承認を得て，条例で建築基準法の一部の規定についての緩和，あるいは適用除外とすることができる（法85条の2）。

　　②の基準を満たさない建築計画に対しては，建築行為の届出を通じて設計の変更などの必要な措置をとることを勧告命令等することができる（景観法16条，17条）。

[11] 特例対象規定と呼ばれる

[12] 中層の集合住宅団地の計画などで使われることが多い。
注)一団地認定を受けた区域内で増築(建替えを含む)を行う場合は，その都度，改めて認定を受ける必要がある。

[13] 政令市，中核市以外の市町村は都道府県知事との協議同意による。

図-Ⅴ.6.2

イ 景観地区 都市計画区域及び準都市計画区域内では，市町村が都市計画に「景観地区」を定め，①地域地区の種類，位置及び区域，②面積，景観地区などの名称，③建築物の形態意匠の制限を定める。そのほか，④高さの最高限度又は最低限度，⑤壁面の位置の制限，⑥敷地面積の最低限度を定めることができる（景観法61条）。

このうち，③については都市計画に定められた制限に適合させる必要がある（景観法62条）。また，④〜⑥については，建築基準法の景観地区の規定により，建築確認の審査の対象となっている（法68条）。

なお，④（高さの最低限度を除く）〜⑥に適合する建築計画について，敷地内に有効な空地が確保されている等により，交通上，安全上，防火上及び衛生上支障がないとして特定行政庁が認定した場合は，各種斜線制限が適用されない（法68条5項）。

2）屋外広告物法

屋外広告物の表示，設置と維持，屋外広告業について必要な規制の基準を定めている。対象となる地域又は場所，広告物の表示又は掲出物件[*14]についての禁止又は制限事項については，都道府県が条例で定めることができる。また，条例で禁止したものを除き，知事の許可制度，広告物の表示方法や形状等の基準，維持管理基準等を定めることができる。（屋外広告物法4条，5条）。

*14 掲出物件とは，広告物（はり紙，はり札，立看板，看板など）を取り付ける物件をいう。一般的には，独立して，又は建物の屋上等に設置される「広告塔」，「広告板」，その他工作物等が規制の対象となる。

3）都市緑地法

都市計画に，緑地保全地域（都市緑地法5条），特別緑地保全地区（同法12条）を定めることができる。また，用地地域が定められた区域内では，「緑化地域[*15]」を定めることができる。緑化地域には，緑化率の最低限度を定める。この緑化率は，同法により建築基準関係規定とみなすと定義されている（都市緑地法34条，35条，36条，39条，41条）。

*15 緑化地域：建築敷地の緑化を推進する区域

Ⅴ 都市計画法と土地利用

4）歴史まちづくり法[16]

城，神社，仏閣などの歴史上価値の高い建造物，町家や武家屋敷などの歴史的なまちなみ，祭礼行事など地域固有の環境（歴史的風致）の維持・向上を図るため，平成20年に制定された法律である。主務大臣が策定する基本方針にそって，市町村が重点地区の位置などについて「歴史的風致維持向上計画」を策定し，それを大臣が認定する。この計画に基づき歴史的風致形成建造物の指定，歴史的風致維持向上地区計画の策定などができる。

*16 歴史まちづくり法：地域における歴史的風致の維持及び向上に関する法律

図-Ⅴ.6.3[17]

*17 内子町歴史的風致維持向上計画。内子町重要伝統的建造物群保存地区「八日市護国伝統的建造物群保存地区」や，国指定重要文化財である「本芳我家住宅」「内子座」及びその周辺地域等を位置づけ。

5）都市再生特別措置法

社会経済情勢の変化に対応した都市機能の高度化や，都市の居住環境の向上を図るための措置を定めた法律である。急速な情報化，国際化，少子高齢化等の社会経済情勢の変化に対応した都市の再生[18]と防災機能の確保を目的として，「都市の再生の推進に関する基本方針」等を定めるとともに，「都市再生緊急整備地域」での市街地の整備を推進するために都市計画の特例措置などを講じている。

住居や医療，福祉，商業など都市の生活を支える機能の立地を適正化し，地域交通の再編との連携を進めていくことが重要であるとして，都市再生基本方針に基づき作成する「立地適正化計画」には，基本的な方針，都市機能誘導区域，居住誘導区域などが定められ，さまざまな支援措置が設けられている。

*18 都市機能の高度化，都市の居住環境の向上など

図-Ⅴ.6.4[19]

*19 品川駅・田町駅周辺の184haは，特定都市再生緊急整備地域の指定を受け，国家戦略特別区域 区域計画の認定を受けている。

用途と規模による制限

　建築基準法が制定された1950年以降，高度経済成長とともに，急激な都市化が進み，都市や建築に求められる要求も大きく変化してきた。さらに科学技術の発展により建設技術も向上し，建築の可能性も広がりをみせている。

　建築基準法は，都市計画で定めた用途地域ごとに，建築物の用途や規模，形態などを制限している。この用途地域は，法制定当時は住居，商業，準工業，工業の4地域と住居，工業の2つの専用地区として出発したが，その後の改正で，1970年には8に，1992年には12に増加し，2017年にはさらに田園住居地域が加わり，13の用途地域となった。制限の内容も時代とともに変化し，各用途地域等のめざすところにあわせて、細やかな制限が行われている。この章では，主として地域地区による建築物の用途や規模による制限について紹介する。

□都市計画の例

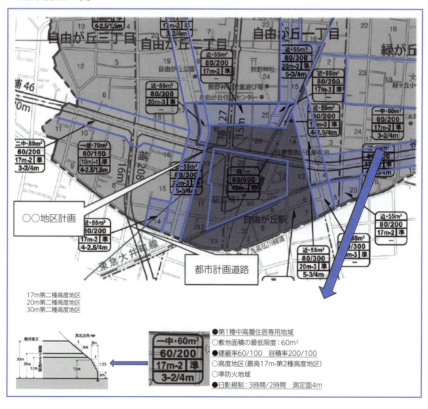

Ⅵ 用途と規模による制限

1 用途地域による建築制限

1 用途地域と建築物の用途制限

　用途地域が定められている場合は，その用途地域ごとに建築物の用途，建蔽率，容積率などの規模の制限，高さの制限が行われている（法48条，法別表2，令130条の3～130条の9の8）。

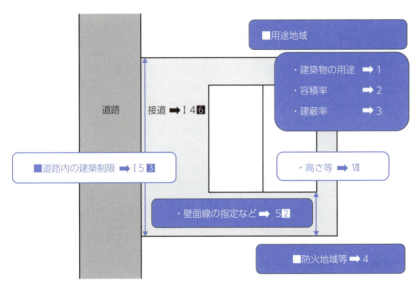

図 - Ⅵ.1.1

　用途地域の指定がない区域では原則これらの制限はないが，大規模集客施設の建築は制限されており，建築にあたっては，特定行政庁の許可が必要となる（市街化調整区域を除く）。⇨ 1 **2**

　用途地域による建築物の用途制限は**表 - Ⅵ.1.1**のとおりであるが，以下の点に留意する必要がある。

　　ア　用途制限に適合しない建築物（法48条ただし書き）

　　　　特定行政庁の許可を得た場合は建築が可能となる。許可にあたっては特定行政庁が公開で利害関係者の意見聴取を行い，建築審査会の同意を得る必要がある。

　　イ　一つの敷地に異なる用途地域がある場合（法91条）

　　　　敷地の過半をしめる用途地域の制限を受ける。

　　ウ　卸売市場，火葬場，ごみ焼却場などの処理施設（法51条）

　　　　これらの施設は，原則としてその敷地の位置が都市計画で決定しているものでなければ，新築又は増築できない。ただし，特定行政庁がその位置が都市計画上支障がないと認めて許可した場合は，新築等が可能となる。なお，許可にあたっては，都道府県都市計画審議会[*1]の議を経る必要がある。

［*1　市町村がその敷地の位置を都市計画に定める役割を担う場合で，かつ，敷地が所在する市町村に市町村都市計画審議会が置かれている場合は，当該市町村都市計画審議会］

1 用途地域による建築制限

表 - Ⅵ.1.1 用途地域による建築物の用途制限

用途地域内の建築物の用途制限 ○ 建てられる用途 × 建てられない用途 ①，②，③，④，▲，■：面積，階数等の制限あり		第1種低層住居専用地域	第2種低層住居専用地域	第1種中高層住居専用地域	第2種中高層住居専用地域	第1種住居地域	第2種住居地域	準住居地域	田園住居地域	近隣商業地域	商業地域	準工業地域	工業地域	工業専用地域	備 考
住宅，共同住宅，寄宿舎，下宿		○	○	○	○	○	○	○	○	○	○	○	○	×	
兼用住宅で，非住宅部分の床面積が，50 m² 以下かつ建築物の延べ面積の2分の1未満のもの		○	○	○	○	○	○	○	○	○	○	○	○	×	非住宅部分の用途制限あり
店舗等	店舗等の床面積が150 m² 以下のもの	×	①	②	③	○	○	○	①	○	○	○	○	④	① 日用品販売店舗，喫茶店，理髪店，建具屋等のサービス業用店舗のみ。2階以下 ② ①に加えて，物品販売店舗，飲食店，損保代理店・銀行の支店・宅地建物取引業者等のサービス業用店舗のみ。2階以下 ③ 2階以下 ④ 物品販売店舗及び飲食店を除く ■ 農産物直売所，農家レストラン等のみ。2階以下
	店舗等の床面積が150 m² を超え，500m² 以下のもの	×	×	②	③	○	○	○	■	○	○	○	○	④	
	店舗等の床面積が500 m² を超え，1,500 m² 以下のもの	×	×	×	③	○	○	○	×	○	○	○	○	④	
	店舗等の床面積が1,500 m² を超え，3,000 m² 以下のもの	×	×	×	○	○	○	○	×	○	○	○	○	④	
	店舗等の床面積が3,000 m² を超え，10,000 m² 以下のもの	×	×	×	×	×	○	○	×	○	○	○	○	④	
	店舗等の床面積が10,000 m² を超えるもの	×	×	×	×	×	×	×	×	○	○	○	×	×	
事務所等	事務所等の床面積が150 m² 以下のもの	×	×	×	▲	○	○	○	×	○	○	○	○	○	▲ 2階以下
	事務所等の床面積が150 m² を超え，500 m² 以下のもの	×	×	×	▲	○	○	○	×	○	○	○	○	○	
	事務所等の床面積が500 m² を超え，1,500 m² 以下のもの	×	×	×	▲	○	○	○	×	○	○	○	○	○	
	事務所等の床面積が1,500 m² を超え，3,000 m² 以下のもの	×	×	×	○	○	○	○	×	○	○	○	○	○	
	事務所等の床面積が3,000 m² を超えるもの	×	×	×	×	○	○	○	×	○	○	○	○	○	
ホテル旅館		×	×	×	×	▲	○	○	×	○	○	○	×	×	▲ 3,000 m² 以下
遊戯施設・風俗施設	ボーリング場，スケート場，水泳場，ゴルフ練習場等	×	×	×	×	▲	○	○	×	○	○	○	○	×	▲ 3,000 m² 以下
	カラオケボックス等	×	×	×	×	×	▲	▲	×	○	○	○	▲	▲	▲ 10,000 m² 以下
	麻雀屋，パチンコ屋，射的場，馬券・車券発売所等	×	×	×	×	×	▲	▲	×	○	○	○	▲	×	▲ 10,000 m² 以下
	劇場，映画館，演芸場，ナイトクラブ等	×	×	×	×	×	×	▲	×	○	○	○	×	×	▲ 客席及びナイトクラブ等の用途に供する部分の床面積200 m² 未満
	キャバレー，個室付浴場等	×	×	×	×	×	×	×	×	×	○	▲	×	×	▲ 個室付浴場等を除く

73

Ⅵ　用途と規模による制限

用途地域内の建築物の用途制限 ○ 建てられる用途　× 建てられない用途 ①, ②, ③, ④, ▲, ■：面積，階数等の制限あり	第1種低層住居専用地域	第2種低層住居専用地域	第1種中高層住居専用地域	第2種中高層住居専用地域	第1種住居地域	第2種住居地域	準住居地域	田園住居地域	近隣商業地域	商業地域	準工業地域	工業地域	工業専用地域	備　考
公共施設・病院・学校等														
幼稚園, 小学校, 中学校, 高等学校	○	○	○	○	○	○	○	○	○	○	○	×	×	
大学, 高等専門学校, 専修学校	×	×	○	○	○	○	○	×	○	○	○	×	×	
図書館等	○	○	○	○	○	○	○	○	○	○	○	○	×	
巡査派出所, 一定規模以下の郵便局等	○	○	○	○	○	○	○	○	○	○	○	○	○	
神社, 寺院, 教会等	○	○	○	○	○	○	○	○	○	○	○	○	○	
病院	×	×	○	○	○	○	○	×	○	○	○	×	×	
公衆浴場, 診療所, 保育所等	○	○	○	○	○	○	○	○	○	○	○	○	○	
老人ホーム, 身体障害者福祉ホーム等	○	○	○	○	○	○	○	○	○	○	○	○	×	
老人福祉センター, 児童厚生施設等	▲	▲	▲	▲	○	○	○	▲	○	○	○	○	○	▲ 600 m² 以下
自動車教習所	×	×	×	×	▲	○	○	×	○	○	○	○	○	▲ 3,000 m² 以下
工場・倉庫等														
単独車庫（附属車庫を除く）	×	×	▲	▲	▲	▲	○	○	○	○	○	○	○	▲ 300 m² 以下　2 階以下
建築物附属自動車車庫 ①②③については，建築物の延べ面積の 1/2 かつ備考欄に記載の制限	①	①	②	②	③	③	○	①	○	○	○	○	○	① 600 m² 以下 1 階以下 ③ 2 階以下 ② 3,000 m² 以下 2 階以下 ＊一団地の敷地内について別に制限あり
倉庫業倉庫	×	×	×	×	×	×	○	×	○	○	○	○	○	
自家用倉庫	×	×	×	①	②	○	○	■	○	○	○	○	○	① 2 階以下かつ 1,500 m² 以下 ② 3,000 m² 以下 ■ 農産物及び農業の生産資材を貯蔵するものに限る
畜舎（15 m² を超えるもの）	×	×	×	×	▲	○	×	○	○	○	○	○	○	▲ 3,000 m² 以下
パン屋, 米屋, 豆腐屋, 菓子屋, 洋服屋, 畳屋, 建具屋, 自転車屋等で作業場の床面積が 50 m² 以下	×	▲	▲	▲	○	○	○	▲	○	○	○	○	○	原動機の制限あり　▲ 2 階以下
危険性や環境を悪化させるおそれが非常に少ない工場	×	×	×	×	①	①	①	■	②	②	○	○	○	原動機・作業内容の制限あり 作業場の床面積 ① 50 m² 以下　② 150 m² 以下 ■ 農村物を生産, 集荷, 処理及び貯蔵するものに限る
危険性や環境を悪化させるおそれが少ない工場	×	×	×	×	×	×	×	×	②	②	○	○	○	
危険性や環境を悪化させるおそれがやや多い工場	×	×	×	×	×	×	×	×	×	×	○	○	○	
危険性が大きいか又は著しく環境を悪化させるおそれがある工場	×	×	×	×	×	×	×	×	×	×	×	○	○	
自動車修理工場	×	×	×	×	①	①	②	×	③	③	○	○	○	原動機の制限あり 作業場の床面積 ① 50 m² 以下　② 150 m² 以下　③ 300 m² 以下
火薬, 石油類, ガスなどの危険物の貯蔵・処理の量／量が非常に少ない施設	×	×	×	①	②	○	○	×	○	○	○	○	○	① 1,500 m² 以下　2 階以下 ② 3,000 m² 以下
量が少ない施設	×	×	×	×	×	×	×	×	○	○	○	○	○	
量がやや多い施設	×	×	×	×	×	×	×	×	×	×	○	○	○	
量が多い施設	×	×	×	×	×	×	×	×	×	×	×	○	○	

注 1)　本表は，改正後の建築基準法別表第 2 の概要であり，すべての制限について掲載した物ではない。

注 2)　卸売市場, 火葬場, と畜場, 汚物処理場, ごみ焼却場等は，都市計画区域内においては都市計画決定が必要など，別に規定あり。

2 大規模集客施設

大規模集客施設は，広域から多くの人を集め周辺の道路や住環境に大きな影響を与えることから，近隣商業・商業・準工業地域に限って建築することができる（法別表 2，（と）6 号，（か），令 130 条の 8 の 2）。

これらの地域内であっても，特別用途地区（大規模集客施設制限地区）を都市計画に定めて，適正な誘導を図るための制限を設けている市町村も少なくない。

大規模集客施設の要件は以下のとおりである。

ア 客席の部分が 10,000 m² を超えるもの

・劇場，映画館，演芸場，観覧場

イ 床面積の合計が 10,000 m² を超えるもの

・店舗，飲食店，展示場，遊技場，ナイトクラブ，勝馬投票券発売所，場外車券売場等

3 建築物の新しい用途の扱い

新たに生み出された用途については，既にある建築基準法上の用途にあてはめて取り扱われる。

□サービス付き高齢者向け住宅

・平成 23 年に改正された「高齢者の居住の安定確保に関する法律」（高齢者住まい法）により，登録が必要な住宅として創設された。

・基準法にはそのまま該当する用途がないため，その機能や関係する法令に着目して，基準法上の用途をあてはめた形で，各特定行政庁が総合的に判断している*²。

表 - Ⅵ.1.2　サービス付き高齢者向け住宅の取り扱い（例）

専有部分の有無		有料老人ホーム （老人福祉法）に該当	建築基準法上の用途
便所・洗面所	台所		
○	○	－	共同住宅
○	×	○	老人ホーム
○	×	×	寄宿舎

*2 有料老人ホームに該当する場合は，台所の有無にかかわらず老人ホームとして取り扱う場合も多い

そのほか以下のような事例がある。

□物流センター・物流拠点

・配達までの運搬物の整理，保管，荷造り，荷崩し，商品組合せ，包装，検品などの作業を伴う場合は，「工場」に該当する。

・上記作業がなく運搬物の整理，保管のみを行う場合は，「事務所」や「倉庫」に該当する。

□学校の給食センター

・個々の学校の内部にある給食施設は，「学校」の機能の一部に該当する。

・学校敷地内にあっても複数の学校を対象とした給食センターの場合は，学校とは用途上可分なものとして取り扱われ，「工場」に該当する。

Ⅵ 用途と規模による制限

2 容積率による制限

1 容積率の上限を決める2つの要素

容積率（％）＝延べ面積／敷地面積×100

敷地内に建てることができる建築物の容積率は，**ア 都市計画で定められた容積率**，**イ 前面道路の幅員による容積率のいずれか厳しい方**で制限される。

図-Ⅵ.2.1

ア 都市計画に定める容積率（法52条1項） 都市計画に定められたもので，**指定容積率**と呼ばれている。指定できる容積率は法52条1項に用途地域ごとに定められ，その中から都市計画で指定する[*3]。

用途地域の指定のない区域は，5/10，8/10，10/10，20/10，30/10，40/10の内から，都道府県都市計画審議会の議を経て特定行政庁が定める。

イ 前面道路が12m未満の場合（法52条2項） 容積率は，道路幅員の0.4倍（住居系地域）又は0.6倍（それ以外の地域）以下とする。

＊3 図中の地域のほか，高層住居誘導地区内の建築物，特定用途誘導地区内の建築物に制限がある（52条1項5号，6号）。

2 2以上の地域(区域)にまたがる場合

それぞれの敷地に対する延べ面積の限度の合計／敷地面積の合計

（法52条7項）

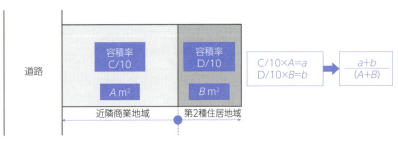

図-Ⅵ.2.2

3 前面道路等の状況による容積率の緩和

1）特定道路に接続する道路を前面道路とする場合（法52条9項，令135条の6）

都市部で指定容積率は高いものの，広い道路に直接は面しない敷地の容積率の緩和を図った規定である。

敷地の前面道路の幅員が6m以上，12m未満で，その前面道路が幅員15m以上の道路（特定道路）に接続し，かつその特定道路から延長70m以内に敷地があるときは，図- Ⅵ.2.3に示すWを，前面道路の幅員とみなして容積率の最高限度を算定する。ただし，指定容積率のほうが厳しい場合は，指定容積率を採用する。

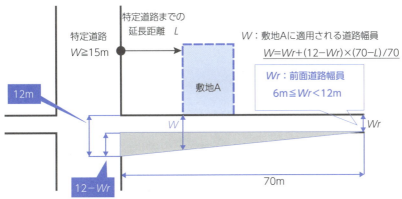

図- Ⅵ.2.3

2）都市計画で定められた計画道路[*4]が敷地内にある場合（法52条10項）

特定行政庁が交通上，安全上，防火上及び衛生上支障がないと認め，建築審査会の同意を得て許可した場合は，その計画道路を前面道路とみなして容積率の制限が行われる。この場合，計画道路の部分は敷地面積に算入しない。計画道路が敷地に接する場合も同様である。

[*4] 42条1項4号に該当するものを除く

3）壁面線の指定がある場合（法52条11項）

道路の前面の境界線又はその反対側の境界線より後退して壁面線[*5]が指定されている場合で，特定行政庁が建築審査会の同意を得て許可した場合は，壁面線を道路境界線とみなして容積率の制限が行われる[*6]。

[*5] 壁面線が定められた場合，建築物の壁や柱，高さ2mをこえる門や塀は壁面線を越えて建築できないが，地盤面下の部分等は除かれる。

[*6] 前面道路と壁面線との間の部分の面積は，敷地面積等に算入しない。

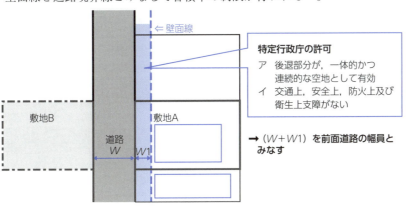

図- Ⅵ.2.4

4）住居系用途地域等で壁面線の指定がある場合（法52条12項，13項）

　下記の条件を満たす場合は，壁面線までを道路とみなすことができる。この場合，前面道路と壁面線との間の部分は敷地面積に算入しない。

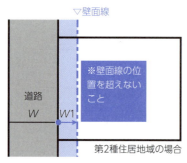

条件
①前面道路による容積率制限が幅員(m)×4/10とされている建築物
②前面道路の境界線から後退して壁面線の指定がある場合又は地区計画の規定に基づく条例で定める壁面の位置の制限がある場合
③壁面線等（壁面線又は壁面の位置の制限として定められた限度の線）を越えないもの（ひさし等の部分を除く。令135条の19）
④建築物の容積率
　≦当該前面道路の幅員(m)×6/10。

図 - Ⅵ.2.5

5）その他の特例許可（法52条14項）

　特定行政庁が交通上，安全上，防火上及び衛生上支障がないと認め，建築審査会の同意を得て許可した場合は，容積率の限度を超えることができる。

① 機械室等の床面積の割合が著しく大きい建築物
② 敷地の周囲に広い公園，広場，道路その他の空地がある建築物
③ 建築物のエネルギー消費性能の向上のため必要な外壁に関する工事その他

4 容積率の緩和[*7]

＊7 延べ面積，建築面積を算定する場合は，緩和されないので注意する必要がある。

表 - Ⅵ.2.1　容積率の算定の基礎となる延べ面積に算入しない部分

不算入となる部分	規模[※1]	備考
自動車車庫等の部分❶	1/5 まで	令2条1項4号，3項
備蓄倉庫部分	1/50 まで	令2条1項4号，3項
蓄電池設置部分	1/50 まで	令2条1項4号，3項
自家発電設備設置部分	1/100 まで	令2条1項4号，3項
貯水槽設置部分	1/100 まで	令2条1項4号，3項
宅配ボックス❷	1/100 まで	令2条1項4号，3項
エレベーターの昇降路❸	すべて	法52条6項，令135条の16
住宅・老人ホーム等[※2]の地階❹	1/3 まで[※3]	法52条3項
共同住宅，老人のホーム等[※2]の共用廊下，階段❺	すべて	法52条6項
住宅・老人ホーム等[※2]の機械室等（認定を受けたもの）	認定された範囲[※4]	法52条6項

※1 敷地内の建築物の延べ面積の合計（対象となる部分を含む）に対する割合
※2 老人ホーム等：老人ホーム，福祉ホームその他これに類するもの
※3 その用途に供する床面積に対する割合
※4 建築物の他の部分から独立していることが明確である機械室等の部分

❶ 自動車車庫等

　建築物の延べ面積の合計[*8]の 1/5 を限度として容積率の算定の基礎となる延べ面積に算入しない。

＊8 不算入の対象となる部分を含む。

❷ 宅配ボックス

宅配ボックス（配達された物品の一時保管のための荷受箱）は延べ面積の合計[*8]の1/100まで容積率の算定の基礎となる延べ面積に算入しない。

宅配ボックスの利用のために設けられた室や，荷物の預け入れや取り出しをする部分も含まれる。

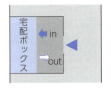

図-Ⅵ.2.6

❸ エレベーター[*9]昇降路

エレベーターの昇降路の部分は用途を問わず，容積率の算定の基礎となる延べ面積に算入しない。なお，機械室の床面積は算入する。

また，対象となるのはエレベーターであり，エスカレーター等は含まれない。

❹ 住宅，老人ホーム等の地階

地階を住宅（共同住宅の住宅部分も含む），老人ホーム等の用途として使用する場合は，その用途に供する床面積の合計[*10]の1/3を限度として，容積率の算定の基礎となる延べ面積に算入しない。

この場合の対象となる地階は，天井面が地盤面から1m以下のものに限られる[*11]（図-Ⅵ.2.7）。

図-Ⅵ.2.7

❺ 共同住宅，老人ホーム等の共用廊下等

共用廊下，エレベーターホール，エントランスホール，共用階段等は，容積率の算定の基礎となる延べ面積に算入しない。なお，外気に有効に開放されている屋外階段は，建築物の用途を問わず，容積率の算定の基礎となる延べ面積に算入しない。

❻ 住宅・ホーム等の機械室等（認定を受けたもの）

建築物のエネルギー消費性能の向上に資する給湯設備等[*12]で，特定行政庁が認めた[*13]ものは，容積率算定の基礎となる延べ面積に算入しない。

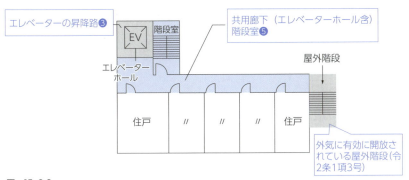

図-Ⅵ.2.8

[*9] エレベーターは「人又は人及び物を運搬する昇降機並びに物を運搬するための昇降機でかごの水平投影面積が1m²を超え，又は天井の高さが1.2mを超えるもの」と定義されている（令129条の3）。エスカレーターや小荷物専用昇降機（かごの面積が1m²以下で天井の高さが1.2m以下のもの）は除かれる。

[*10] ❺で示す部分を除く

[*11] 一般に，地階はその階の天井高の1/3以上が地盤面以下にあるものをいう。⇨Ⅳ7❷

[*12] R5告209に規定する給湯設備（各給湯設備の貯湯部分を含む。）を設置する機械室等が認定の対象となる。

[*13] 規則10条の4の5各号に規定する全ての基準に適合するものが認定の対象となる。

Ⅵ 用途と規模による制限

3 建蔽率による制限

1 用途地域と建蔽率の上限

建蔽率（％）＝建築面積[*14]／敷地面積×100

*14 同一敷地内に2以上の建築物がある場合は，その建築面積の合計

敷地内に建てることができる建築物の建蔽率の上限は，法53条に示された数字の内，都市計画で定められたものを指し，「指定建蔽率」と呼ばれている。

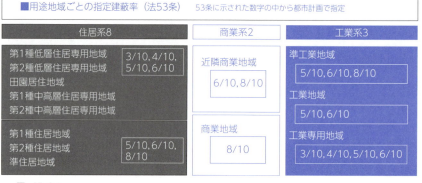

図 - Ⅵ.3.1

用途地域の指定のない区域については，3/10，4/10，5/10，6/10，7/10から特定行政庁が土地利用の状況を考慮して指定する。

2 2以上の地域（区域）にまたがる場合

加重平均をとる（53条2項）。
それぞれの区域ごとに算出した建築可能な建築面積の上限を算出し，その合計を敷地面積で除したものとなる。

図 - Ⅵ.3.2

3 建蔽率の緩和規定

建蔽率が緩和される場合を表 - Ⅵ.3.1にまとめている（法53条3項〜6項）。
表中3項は，建蔽率が10％緩和される敷地，建築物を示している。ここで示す耐火建築物等と準耐火建築物等は以下による。なお，耐火建築物，準耐火建築物，延焼防止性を有する建築物についてはⅩ章で説明する。

　ア　**耐火建築物等**　耐火建築物又はこれと同等以上の延焼防止性能[*15]を有するものとして令135条の20第1項で定める建築物

　イ　**準耐火建築物等**　準耐火建築物又はこれと同等以上の延焼防止性能[*15]を有するものとして令135条の20第2項で定める建築物（耐火建築物等を除く）

*15 延焼防止性能：通常の火災による周囲への延焼を防止するために壁，柱，床その他の建築物の部分及び防火戸その他の政令で定める防火設備に必要とされる性能

また，表中4項と5項は，壁面線の指定がある場合の緩和規定であり，特定行政庁の許可の範囲で建蔽率の限度を超えることができる。

表-Ⅵ.3.1　建蔽率が緩和される場合（法53条）

法53条		敷地，建築物の条件	緩和内容
3項	1	防火地域内にある耐火建築物等[※1]又は，準防火地域内の耐火建築物等，準耐火建築物等[※2]（建蔽率の限度が8/10とされている地域外）	10％緩和
	2	角地又はこれに準ずる敷地で特定行政庁が指定するもの	
	※	上記の両方　1かつ2	20％緩和
4項		隣地境界線側に壁面線が指定されている場合（法46条又は条例）	特定行政庁の許可の範囲
5項	1	前面道路からの壁面線が指定されている場合	
	2	特定防災街区整備地区内で，特定防災機能の確保を図るため必要な壁面の位置の制限が定められた場合	
	3	条例により，防災街区整備地区計画の区域[※3]で壁面の位置の制限が定められた場合	
	4	建築物のエネルギー消費性能の向上のため必要な外壁に関する工事その他の場合	
6項	1	指定建蔽率の限度が8/10かつ防火地域内にある耐火建築物等[※1]	適用除外
	2	巡査派出所，公衆便所，公共用歩廊等	
	3	公園，広場，道路，川その他これらに類するものの内にある建築物で特定行政庁が許可したもの	

※1　建築物の敷地が防火地域と準防火地域にわたる場合で全て耐火建築物等であるときは，全て防火地域内にあるものとみなす。
※2　建築物の敷地が準防火地域と防火・準防火以外の区域にわたる場合で全て耐火・準耐火建築物等であるときは全て準防火地域内にあるものとみなす。
※3　特定建築物地区整備計画又は防災街区整備地区整備計画が定められている区域

☐建蔽率の限度を求めてみよう。

（耐火建築物を建築。敷地は特定行政庁の指定を受けた角地）

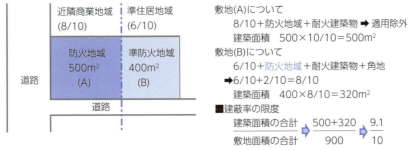

図-Ⅵ.3.3

4　防火地域と準防火地域，法22条区域

1　防火地域等の指定

図-Ⅵ.4.1

1）「防火地域」，「準防火地域」（都計法9条21項）

　市街地の建築物の防火性能を高め，火災の延焼・拡大を抑制することを目的として，都市計画で指定される区域である。

　なお，地域地区は，都市計画区域のマスタープランに基づき，指定基準等を策定し，設定する方法が一般的である。例えば，東京都の指定基準[*16]では防火地域について次のような基準を設定している。

*16「用途地域等に関する指定方針及び指定基準」令和元年10月

> 「防災上重要な地域を対象に，原則として400％以上の容積率が指定された区域に防火地域を指定する。特に，避難場所や避難道路の安全性を高めるため，都市防災不燃化促進事業，沿道地区計画等の活用に合わせて防火地域を指定する。
> また，都市計画で外壁の後退距離の限度や一定規模以上の敷地面積の最低限度が定められた場合など，防災上の措置が講じられた区域を除き，50％以上の建蔽率が指定された区域に準防火地域を指定する。」

2）法22条区域（法22条）

　防火地域及び準防火地域以外の市街地について特定行政庁が定める区域で，屋根の不燃化等の規制がされている。

　区域の指定にあたっては，都道府県都市計画審議会の意見を聴く必要がある。また，都市計画区域外でも定めることができるが，この場合は市町村の同意が必要となる。

2　防火地域・準防火地域の建築制限

1）主要構造部と外壁開口部設備の制限（法61条，令136条の2）

　防火地域及び準防火地域では，壁や柱等の建築物の部分及び外壁の開口部で延焼の恐れのある部分に設ける防火設備について，それぞれ地域別，規模別に技術的基準が設定されている[*17]（図-Ⅵ.4.2，図-Ⅵ.4.3）。

　ここでいう耐火建築物（1号イ）とは，特定主要構造部[*18]が耐火構造[*19]で外壁開口部設備[*20]が20分火炎を出さないもの，準耐火建築物（2号イ）は，主要構造部が準耐火構造で外壁開口部設備が20分火炎を出さないものを指す。

*17 ただし，門又は塀で高さ2m以下のもの，準防火地域内の木造建築物等以外の建築物に付属するものは除かれている。
*18 特定主要構造部：主要構造部のうち，防火上及び避難上支障がない部分（令108条の3で規定）を除いた部分
*19 耐火構造⇒Ⅹ
*20 外壁開口部設備：延焼の恐れのある部分にある開口部に設けられる設備

ア　防火地域の規制

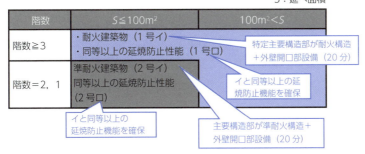

図 - Ⅵ.4.2

イ　準防火地域の規制

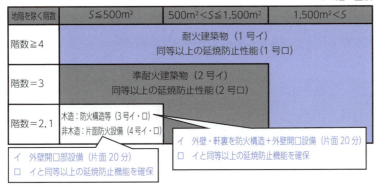

図 - Ⅵ.4.3

ウ　階数のとらえ方

　階数のとらえ方が防火地域と準防火地域で異なるので注意する必要がある。

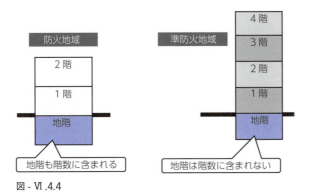

図 - Ⅵ.4.4

2）屋根の制限（法 62 条，令 136 条の 2 の 2，H28 告 693）

屋根には，市街地での火災を想定した火の粉による火災の発生を防止することができる性能が求められる。この性能は政令で，①通常の火災による火の粉で，防火上有害な発炎をしない，②通常の火の粉により，屋内に達する防火上有害な溶融，亀裂等の損傷を生じないものとされ，さらに，告示で詳しく規定されている。

なお，国土交通大臣の認定を受けることで，これらのもの以外も使用可能となる。

3）看板等の制限（法 64 条）

防火地域にある看板，広告塔，装飾塔等の工作物で，以下の場合は，主要な部分を不燃材でつくり又は覆う必要がある。

・建築物の屋上に設けるもの　　　・高さ 3 m を超えるもの

4）建築物が地域の内外にわたる場合（法 65 条）

建築物の全部について厳しい方の地域の規制が適用される。ただし，建築物が制限の緩い地域内で防火壁で区画されている場合は，防火壁までの部分については厳しい方の制限がかからない。

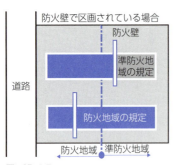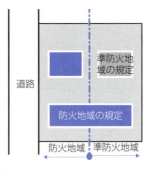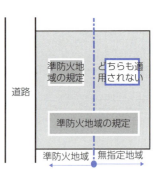

図 - Ⅵ.4.5

3 法 22 条区域の建築制限

法 22 条区域では延焼防止のために，屋根，外壁，及び軒裏に制限がかけられている[*21]（表 - Ⅵ.4.1）。

*21 あずまや等，延べ面積 10m² 以内の物置等で，延焼のおそれのある部分以外は対象とならない。

表 - Ⅵ.4.1　法 22 条区域の建築制限

部位	対象	求められる性能等	技術的基準
屋根 （法 22 条）	建築物	火の粉による建築物の火災の発生を防止するために屋根に必要とされる性能	① 屋根が火の粉により防火上有害な発煙をしない ② 屋根が火の粉により屋内に達する防火上有害な溶解，亀裂等を生じない
外壁（延焼の恐れのある部分） （法 23 条）	木造建築物等	準防火性能（建築物の周囲において発生する通常の火災による延焼の抑制に一定の効果を発揮するために外壁に必要とされる性能）	① 耐力壁：加熱後 20 分構造耐力上支障のある変形，溶解，破壊等を生じない ② 外壁：同上 　それ以外の壁：屋内の温度が可燃物燃焼温度以上に上昇しない

このほか，延べ面積 1,000 m² 以上の木造建築物については，その外壁と軒裏で延焼の恐れのある部分を防火構造とし，屋根を法 22 条 1 項によるものとする必要がある（法 25 条）。

5 その他

1 敷地面積の最低限度

敷地面積の最低限度は，200 m² を超えない規模で，用途地域に関する都市計画に定めることができる。ただし，以下の場合は除かれる（法53条の2）。

- ア 防火地域内（建蔽率8/10の地域）にある耐火建築物等
- イ 公衆便所，巡査派出所等公益上必要なもの
- ウ 敷地の周囲に広い公園，広場，道路その他の空地を有する建築物で，特定行政庁が許可したもの
- エ 特定行政庁が用途上又は構造上やむを得ないと認めて許可したもの
- オ 都市計画で敷地面積の最低限度が定められる以前から建築物の敷地として使用されていた場合等[22]

*22 従前から違反していた場合等は除かれる。

敷地面積の最低限度の例（目黒区）

目黒区では，指定建蔽率に応じて，新たに敷地を分割し建築する場合の敷地面積の最低限度が指定されています（表）。

ただし，敷地面積の最低限度が定められた時点で最低限度に満たない敷地は，敷地を分割しない限り建物の建築が可能です（建築基準法53条の2）。

●表 敷地面積の最低限度の規制値

指定建蔽率	規 制 値	
50%	第一種低層住居専用地域	80m² ※1
60%	第一種低層住居専用地域	70m² ※1
	（上記以外の住居系，工業系用途地域）	60m² ※2
80%	近隣商業地域（防火地域を除く）	55m² ※2
	商業地域	─

※1）16年6月24日指定　※2）21年3月6日指定

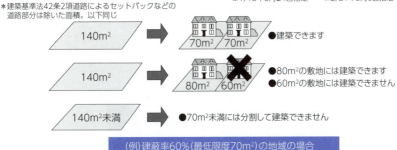

図-Ⅵ.5.1

2 特定行政庁による壁面線の指定

壁面線の指定は地区計画によることが多いが，特定行政庁も指定することができる。街区内建築物の位置を整え，その環境の向上を図ることを目的としたもので，指定にあたっては利害関係を有する者の出頭を求めて公開による意見の聴取を行い，建築審査会の同意を得る必要がある[23]（法46条）。

*23 壁面線を超えて，建築物の壁，柱，高さ2mを越える門，塀を建築することはできないが，地盤面下の部分，歩廊の柱等で特定行政庁が建築審査会の同意を得て許可したものは建築が可能である。

Ⅵ 用途と規模による制限

□建築基準法による壁面線の例（札幌市真駒内地区）

凡例（道路境界線等からの壁面線の距離　単位：メートル）
＊　隅切部分は除く

――― 3.0　　――― 2.5　　----- 2.0　　――― 1.5　　――― 1.0

図-Ⅵ.5.2

3 立体道路制度

　道路の区域を立体的に定め，それ以外の空間利用を可能にすることで，道路の上下区間での建築を可能にし，道路と建築物等との一体的整備を実現する制度。道路法，都市計画法，建築基準法の3つの法律を一体的に運用する（平成元年創設）。

図-Ⅵ.5.3

埼玉県和光市（デュプレ西大和）

大阪市福島区（梅田出路）

図-Ⅵ.5.4

VII 高さの制限

　隣地斜線制限にみられる 20 m，31 m という数値は，建築基準法の前身である市街地建築物法において，住居地域内は 65 尺，それ以外の地域は 100 尺と定めた高さ制限を受け継いでいる。この数字の根拠ははっきりしないが，日照や通風等を確保し，快適な住環境維持の観点から，当時の建築状況に合わせて設定されたものと考えられている。

　建築基準法の制定以降，高さ制限は規制と緩和の両面から改正されてきている。例えば，マンション等の建設による日照紛争の激化を受けて日影規制が導入された一方，道路斜線について，道路境界線から後退した分だけ，前面道路の反対側の境界線も後退しているとみなすとした緩和も図られてきた。また，天空率の手法が各種斜線制限にかかる性能規定として登場したことで，合理的な設計が可能となり，設計の自由度も増している。

　この章では，建築物の高さに対する主な制限を紹介する。

再開発と区画整理の一体的施行で変貌する大手町　　　　　　　　　　©UR 都市機構

1 高さの制限のしくみ

1 高さに関する4つの規定

建築基準法では，隣接地や近隣に対する影響を考慮して①〜④までの高さの制限が設定されている。

・隣接地や近隣に対する影響を考慮したもの　①②③④
・街並みを規制，制限することを目的としたもの　①②③

＊1 第1種・第2種低層住居専用地域，田園住居地域

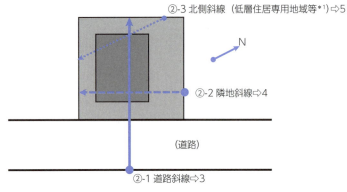

図-Ⅶ.1.1

① **絶対高さ**　低層住居専用地域等＊1を対象に，最高の高さを制限することで，住環境を保全しようとするもの。⇨2
② **斜線制限**　道路境界線や隣地境界線から建築物までの距離，及び真北方向の建築物から敷地境界線までの距離による高さ制限がある。これらの制限は天空率によることもできる。
③ **日影規制**　建築物が敷地周辺に落とす影についての制限。（商業地域，工業，工業専用地域を除く）⇨7
④ **高度地区**　都市計画に定める建築物の高さの制限。⇨8

2 用途地域と高さ制限

高さの制限は，建築物が立地する用途地域がめざすところに合わせてかけられている。

例えば，第1種低層住居専用地域等は低層住宅地として良好な住環境を保護する地域として設定されているため，絶対高さの制限が残されているほか，他の地域と比較して制限が厳しくなっている。

注）絶対高さ制限は，基準法制定時は住居地域で20m，それ以外の地域で31mとして規定されていたが，1970年に第1種住居専用地域の10mを除き廃止されている。（用途地域名は当時のもの）

2 低層住居専用地域等の高さ等の制限

1 絶対高さの制限

低層住居専用地域等[*1]では，良好な環境を維持するために「絶対高さ」，「北側斜線」の制限がある。⇨5

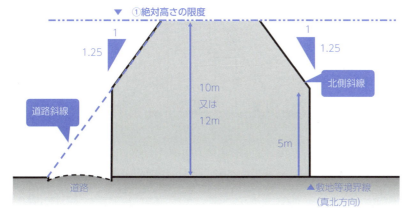

図-Ⅶ.2.1

絶対高さは 10m 又は 12m から都市計画で定められる。なお，絶対高さ 10 m と指定された区域内でも，特定行政庁の認定[*2]を得ることで，12 m までの範囲で制限が緩和される（法 55 条 2 項，令 130 条の 10）。

また，特定行政庁が建築審査会の同意を得て許可[*3]した場合には，適用が除外される。

2 壁面の位置の制限

低層住居専用地域等では，都市計画により 1 m 又は 1.5 m の外壁の後退距離を定めることができる（令 135 条の 22）。

なお，以下の場合はこの後退距離を超えることができる。

ア 外壁等の長さが 3 m 以下のもの（出窓などの部分も規制される）。
イ 物置等で軒の高さが 2.3 m 以下かつ床面積が 5 m² 以内のもの。

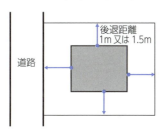
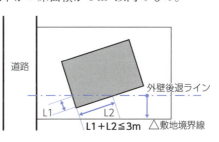

図-Ⅶ.2.2

[*2] 認定の条件は①かつ②。
①空地面積の割合が (1－建蔽率) ＋ 1/10 以上（建蔽率が定められていない場合は空地の割合が 1/10 以上）
②敷地規模：1,500 m² 以上

[*3] 許可の条件は①～③のいずれか。
①周囲に広い公園，広場，道路その他の空地を有し，低層住宅に係る良好な住居の環境を害するおそれがない。
②学校その他の建築物で用途上やむを得ない。
③再生可能エネルギー源の利用に資する設備の設置で，良好な住居の環境を害するおそれがない。

VII　高さの制限

3　道路からの制限

1 勾配と適用距離

　前面道路の反対側の境界線から敷地側に向かって一定の勾配（法別表3*4（に）欄）でひかれた斜線の内側の範囲に建築物の高さが制限される（法56条）。

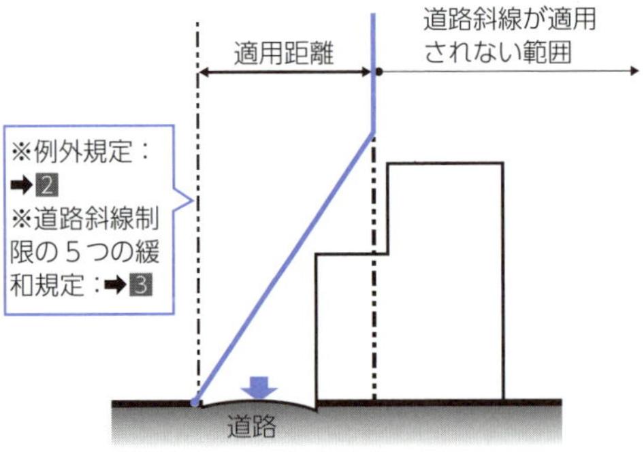

ア　高さの基点　前面道路の中心の高さ。

イ　適用距離　斜線制限を受ける範囲のことで，用途地域や指定された容積率ごとに定められている（法別表3*4（は）欄）。

図-VII.3.1

＊4　法別表3について（い欄）は用途地域等,（ろ欄）は容積率の限度,（に）欄は斜線の勾配を示している。勾配は，住居系地域で1.25，住居系以外の地域では1.5，指定のない区域は1.25又は1.5から特定行政庁が指定する。

表-VII.3.1　前面道路との関係についての建築物の各部分の高さの制限（法別表第3）

	（い） 建築物がある地域，地区又は区域	（ろ） 容積率の限度（法52条1項, 2項，7項及び9項）	（は） 距離	（に） 数値
一	第1種・第2種低層住居専用地域 第1種△・第2種△中高層住居専用地域△，田園住居地域 第1種※▲・第2種住居地域※▲，準住居地域※▲ （四に掲げる建築物を除く）	容積率 ≦ 20/10	20 m	1.25
		20/10 ＜容積率 ≦ 30/10	25 m	
		30/10 ＜容積率 ≦ 40/10	30 m	
		40/10 ＜容積率	35 m	
二	近隣商業地域 商業地域	容積率 ≦ 40/10	20 m	1.5
		40/10 ＜容積率 ≦ 60/10	25 m	
		60/10 ＜容積率 ≦ 80/10	30 m	
		80/10 ＜容積率 ≦ 100/10	35 m	
		100/10 ＜容積率 ≦ 110/10	40 m	
		110/10 ＜容積率 ≦ 120/10	45 m	
		120/10 ＜容積率	50 m	
三	準工業地域（四の項に掲げる建築物を除く 工業地域，工業専用地域	容積率 ≦ 20/10	20 m	1.5
		20/10 ＜容積率 ≦ 30/10	25 m	
		30/10 ＜容積率 ≦ 40/10	30 m	
		40/10 ＜容積率	35 m	
四	高層住居誘導地区（住宅の用途に供する部分の床面積の合計が延べ面積の2/3以上）		35 m	1.5
五	用途地域の指定のない区域	容積率 ≦ 20/10	20 m	1.25 又は1.5 ※
		20/10 ＜容積率 ≦ 30/10	25 m	
		30/10 ＜容積率	30 m	

※特定行政庁が土地利用の状況等を考慮し当該区域を区分して都道府県都市計画審議会の議を経て定める

注）法別表3についての留意点
(1)建築物が2以上の地域等にわたる場合⇨「建築物の部分」ごと
(2)建築物の敷地が2以上の地域等にわたる場合の適用距離（は）の適用⇨令130条の11
(3)△で容積率が40/10の地域，▲で特定行政庁が都道府県都市計画審議会の議を経て指定する区域内の建築物については，以下のとおり読み替える。
・(は)欄一の項「25m」→「20m」，「30m」→「25m」，「35m」→「30m」
・(に)欄一の項中「1.25」→「1.5」

90

2 塔屋等の取り扱い

1）階段室・昇降機塔等⇨Ⅲ 6 **1** 1）
屋上部分の水平投影面積の合計が当該建築物の建築面積の 1/8 以内の場合は，高さ 12 m までは算入しない。

2）物置等⇨Ⅲ 6 **1** 1）
水平投影面積が建築面積の 1/8 以内であっても高さに算入する。

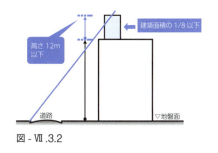

図 - Ⅶ.3.2

3 道路斜線制限の主な緩和規定

- 道路境界線から後退した場合⇨ 1）
- 前面道路が 12 m 以上ある場合（住居系用途地域内[*5]）⇨ 2）
- 2 以上の前面道路に接する場合⇨ 3）
- 前面道路の反対側に公園，広場，水面等がある場合⇨ 4）
- 敷地の地盤面が道路より 1 m 以上高い場合⇨ 5）

[*5] 第 1 種・第 2 種中高層住居専用地域，第 1 種・第 2 種住居地域，準住居地域（高層住居誘導地区を除く）

1）道路境界線から後退した場合
建築物を道路境界線から「a」だけ後退して建築する場合は，反対側の道路境界線も「a」だけ後退して存在しているものとみなされる。

後退による緩和を受ける場合には，後退部分（a）には原則として建築物は建てられない[*6]（法 56 条 2 項，令 130 条の 12）。

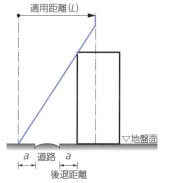

図 - Ⅶ.3.3

2）前面道路が 12 m 以上ある場合
（住居系用途地域内[*5]）

前面道路の反対側の境界線から，水平距離 1.25A 以上の範囲では，勾配 1.5 が適用される。

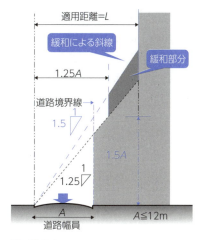

図 - Ⅶ.3.4

[*6] 除外規定
(1)物置，自転車置場等
イ 軒高≦ 2.3m かつ，床面積の合計≦ 5m²
ロ 当該部分の水平投影の前面道路に面する長さ÷敷地の前面道路に接する部分の水平投影の長さ≦ 1/5
ハ 当該部分から前面道路の境界線までの水平距離のうち最小のもの≦ 1m
(2)ポーチ等
・高さ≦ 5m かつロ，ハ
(3)道路に沿って設けられる門・塀 高さ≦ 2m
(1.2m 以上の部分が網状等)
(4)隣地境界線に沿って設けられる門・塀
(5)歩廊，渡り廊下等の建築物の部分（特定行政庁が規則で定める）
(6)建築物の部分で高さ≦ 1.2m

3）2以上の前面道路に接する場合

図-Ⅶ.3.5に示す方法で道路斜線制限が適用される（法56条6項, 令132条）。

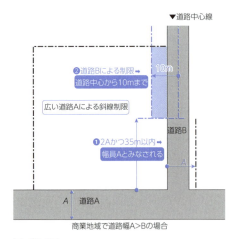

図-Ⅶ.3.5

4）前面道路の反対側に公園，広場，水面等がある場合

公園等の反対側の境界線を，その前面道路の反対側の境界線とみなして斜線制限が適用される。この場合，適用距離（L）も公園等の反対側の境界線からとる（法56条6項, 令134条）。

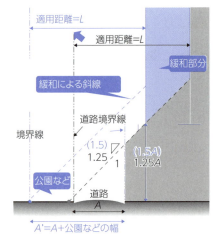

図-Ⅶ.3.6

5）敷地が道路より1m以上高い場合

敷地と道路の高低差から1mを引いたものの1/2（$=(H-1)/2$）だけ高い位置にあるものとみなして，道路斜線が適用される[*7]（法56条6項, 令135条の2）。

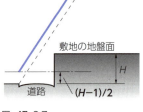

図-Ⅶ.3.7

*7 高低差が1m以内の場合及び敷地が道路より低い場合は，緩和されない

4 隣地からの制限

1 隣地斜線の考え方

建築物の各部分から隣地境界線までの水平距離に応じて高さを制限するもので，地域地区ごとに勾配[*8]等の制限が定められている。(表-Ⅶ.4.1)

高さの基点は地盤面からとなる。なお，低層住宅専用地域等には絶対高さ制限が適用されるため，隣地斜線制限は適用されない。(法 56 条 1 項 2 号)。

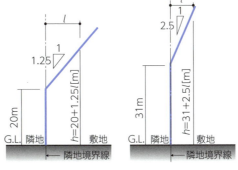

*8 勾配は表-Ⅶ.4.1 による。

図-Ⅶ.4.1

表-Ⅶ.4.1 用地地域と隣地斜線制限

	用途地域	制限
イ	第 1 種中高層住居専用地域，第 2 種中高層住居専用地域 第 1 種住居地域，第 2 種住居地域，準住居地域内 (ハを除く)	$H = 20 + 1.25L$ ※ 1
ロ	近隣商業地域，準工業地域内 (ハを除く) 商業地域，工業地域，工業専用地域	$H = 31 + 2.5L$
ハ	高層住居誘導地区	$H = 31 + 2.5L$ ※ 2
ニ	用途地域の指定のない区域	※ 3

※ 1　特定行政庁が都市計画審議会の議を経て指定する区域内は $H = 31+2.5L$
※ 2　当該地区内の建築物で住宅の用途部分の床面積の合計が延べ面積の 2/3 以上あるもの
※ 3　特定行政庁が都市計画審議会の議を経て指定する

2 塔屋等の取り扱い

1) 階段室・昇降機塔等

屋上部分の水平投影面積の合計が当該建築物の建築面積の 1/8 以内の場合は，高さ 12 m までは算入しない。

2) 物置等

水平投影面積が建築面積の 1/8 以内であっても高さに算入する。

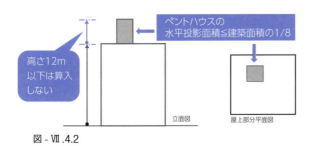

図-Ⅶ.4.2

3 隣地斜線制限の主な緩和規定

- 建築物の敷地が公園などに接する場合 ⇨ 1)
- 高さ20m(31m)を超える部分を後退させる場合 ⇨ 2)
- 建築物の敷地の地盤面が隣地より1m以上低い場合 ⇨ 3)

1) 建築物の敷地が公園などに接する場合

敷地が公園,広場,水面,その他これらに類するものに接する場合は,隣地境界線がその幅の1/2だけ外側にあるものとみなして,隣地斜線制限が適用される(令135条の3第1項1号)。

注)(20mを超える場合)
第1種,第2種中高層住居専用地域,第1種,第2種住居地域
準住居地域内
(31mを超える場合)
近隣商業地域準工業地域,商業地域,工業地域,工業専用地域内
(高層住居誘導地区内で住宅用途が2/3以上の場合)

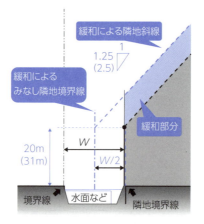

図 - Ⅶ.4.3

2) 高さ20m(31m)を超える部分を後退させた場合

隣地境界線から後退した距離「a」と同じ距離だけ隣地境界線が後退したものとみなして,隣地斜線制限が適用される(法56条1項2号)。(図 - Ⅶ.4.4)

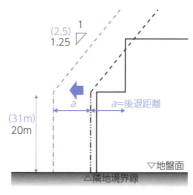

図 - Ⅶ.4.4

3) 敷地が隣地より1m以上低い場合

隣地と敷地の高低差から1mを引いたものの1/2($=(H-1)/2$)だけ高い位置にあるものとみなして,隣地斜線制限が適用される(令135条の3第1項2号)。

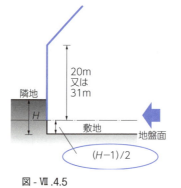

図 - Ⅶ.4.5

5 北側からの制限

1 北側斜線制限の考え方

住居系の地域では，隣地に与える日影の影響が大きい北側で建築物の高さが制限される。

具体的には，用途地域に応じて前面道路の境界線又は隣地境界線までの真北方向の水平距離「L」により制限される（法56条1項3号）。（表-Ⅶ.5.1）

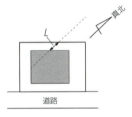

図-Ⅶ.5.1

表-Ⅶ.5.1 用途地域と北側斜線制限

用途地域	制限
第1種・第2種低層住居専用地域，田園住居地域	$H = 5 + 1.25L$
第1種・第2種中高層住居専用地域	$H = 10 + 1.25L$ [*9]

＊9 第1種・第2種中高層住居専用地域で日影時間が指定された区域では北側斜線は適用されない

2 塔屋等の取り扱い

北側斜線制限では，屋上の階段室等もすべて建築物の高さに算入する。

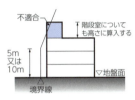

図-Ⅶ.5.2

3 北側斜線制限の緩和

- 建築物の敷地の北側に水面，線路敷き等がある場合 ⇒ 1)
- 敷地の地盤面が隣地より1m以上低い場合 ⇒ 2)

1) 北側に水面，線路敷き等がある場合

隣地境界線は，これらの幅員の1/2だけ外側にあるものとみなされる[*10]（令135条の4第1項1号）。

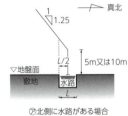

図-Ⅶ.5.3

＊10 公園の場合は緩和されない

2) 敷地が隣地より1m以上低い場合

敷地の地盤面が$(H-1)/2$mだけ高い位置にあるものとみなされる（令135条の4第1項2号）。

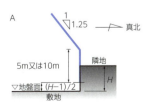

図-Ⅶ.5.4

6 天空率

1 天空率の考え方

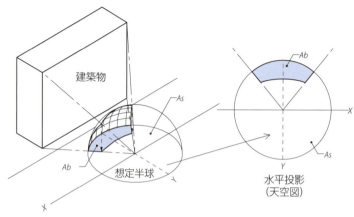

$$Rs = (As - Ab)/As$$

(Rs) 天空率
(As) 天空図全体の面積
(Ab) 天空図で建築物等による影の面積

図 - Ⅶ.6.1

　天空率は建築物周囲の採光, 通風等を確保するための新たな指標として, 2002年の法改正で導入された規定である。

　天空率 (Rs) は, 天空を水平面に正投射した場合の, 全天 (As) に対する空の見える部分 ($As-Ab$) の割合として定義される。

　計画する建築物 (以下「計画建築物」という。) の天空率が, 斜線制限[*11]に適合するものとして想定する建築物 (以下「適合建築物」という。) の天空率以上である場合には, 斜線制限が適用されない (法56条7項, 令135条の5〜135条の11)。

[*11] 法56条1〜6項による高さ制限

2 算定の手順

① 適合建築物と計画建築物について, 天空率を算定する測定点(以下「算定位置」という。)を設定する。
② すべての算定位置で計画建築物の天空率が適合建築物の天空率以上であることを確かめる。

3 算定上の留意点

・天空率では, 各種斜線制限で建築物の高さに算入しない階段室, 棟飾り等もすべて含めて算定する。
・そのほか, 敷地内のもの全てを算入する (手すり, 建築設備, 塀・フェンス, 地盤等)[*12]。

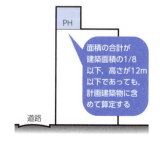

図 - Ⅶ.6.2

[*12] 屋上に設置される看板等の工作物は除く

7 日影による高さの制限

1 日影規制の考え方

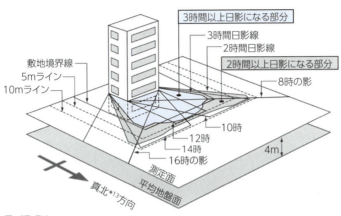

図-Ⅶ.7.1

日影規制は，日照を確保し，日照にかかわる紛争を防ぐために，建築物が周辺の土地に落とす日影が一定時間以上にならないように高さを制限する制度である。原則として高さが10mを超える建築物[*14]が対象となり，商業地域，工業地域，工業専用地域及び高層住宅誘導地区の建築物には適用されない。

測定面と日影時間の限度は，用途ごとに定められた**表-Ⅶ.7.1**中の（は），（に）の数値から地方自治体が条例により定める。

なお，建築物が影を落とす先の区域の規定値が適用されることに留意する（法56条の2，法別表4）。（**表-Ⅶ.7.1**）

*13 真北と磁北
磁北は磁石が示す「北」。東京都内では7°40'程度東側に補正したものが真北とされている。真北の測定方法には，①日時計を用いて計算する方法，②トータルステーション等（トランシット等の測量機器）で太陽を観測して計算する方法，③測量を行って平面直角座標系の座標を計算し，国土地理院のシステムで真北を計算する方法などがある。なお，地形図や都市計画図は真北を上につくられている。

*14 低層住居専用地域等の場合は，軒高7m又は地階を除く階数が3以上の建築物が対象となる。

表-Ⅶ.7.1 日影規制の対象と日影時間

(い) 地域・区域	(ろ) 対象建築物	(は) 平均地盤面からの高さ		(に) 日影時間 敷地境界線からの水平距離が10m以内	敷地境界線からの水平距離が10m超
第1種低層住居専用地域 第2種低層住居専用地域 田園住居地域	軒高7m超 又は 階数が3以上（地階を除く）	1.5m	(一)	3時間（道の区域内は2時間）	2時間（道の区域内は1.5時間）
			(二)	4時間（道の区域内は3時間）	2.5時間（道の区域内は2時間）
			(三)	5時間（道の区域内は4時間）	3時間（道の区域内は2.5時間）
第1種中高層住居専用地域 第2種中高層住居専用地域	高さが10m超	4m or 6.5m	(一)	3時間（道の区域内は2時間）	2時間（道の区域内は1.5時間）
			(二)	4時間（道の区域内は3時間）	2.5時間（道の区域内は2時間）
			(三)	5時間（道の区域内は4時間）	3時間（道の区域内は2.5時間）
第1種住居地域，第2種住居地域，準住居地域，近隣商業地域 準工業地域	高さが10m超	4m or 6.5m	(一)	4時間（道の区域内は3時間）	2.5時間（道の区域内は2時間）
			(二)	5時間（道の区域内は4時間）	3時間（道の区域内は2.5時間）
用途地域の指定のない区域	イ 軒高7m超 又は 階数が3以上 （地階を除く）	1.5m	(一)	3時間（道の区域内は2時間）	2時間（道の区域内は1.5時間）
	ロ 高さが10m超	4m	(二)	4時間（道の区域内は3時間）	2.5時間（道の区域内は2時間）
			(三)	5時間（道の区域内は4時間）	3時間（道の区域内は2.5時間）

2 測定の方法と留意点

ア　測定時間帯　冬至日の真太陽時による午前8時から午後4時[*15]

＊15 北海道は午前9時から午後3時

イ　測定水平面

・低層住居専用地域等：平均地盤面から 1.5 m

・その他の地域　　　：平均地盤面から 4 m 又は 6.5 m[*16]

＊16 地方公共団体が条例で定める。

ウ　測定範囲　敷地境界線から水平距離で以下の距離の部分

・5 m を超え 10 m 以内の部分　　・10 m を超える部分

エ　日影時間の限度　表-Ⅶ.7.1（に）欄から地方自治体が条例で指定

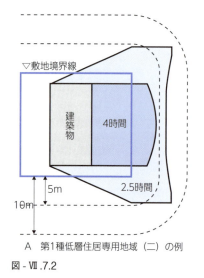
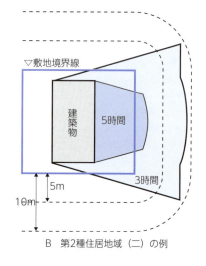

A　第1種低層住居専用地域（二）の例　　　B　第2種住居地域（二）の例

図-Ⅶ.7.2

3 日影規制の高さの起点等

同一敷地内に建築物が複数ある場合は，建築物ごとに地盤面を算定後，それらの平均を出す。これを「平均地盤面」という。

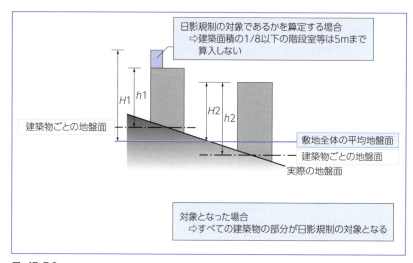

図-Ⅶ.7.3

4 日影規制の主な緩和規定

1) 敷地が道路，水面，線路敷き等（以下「道路等」という。）に面する場合

ア　道路等の幅員が10m以下の場合

敷地境界線が道路等の中心にあるものとみなして5m及び10mラインを定める。

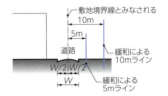

図-Ⅶ.7.4

イ　道路等の幅員が10mを超える場合

道路等の反対側の境界線から敷地側に5mの線を敷地境界線とみなして，5m及び10mのラインを定める。

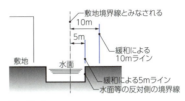

図-Ⅶ.7.5

2) 敷地が隣地より1m以上低い場合

敷地と隣地との高低差から1mを減じたものの1/2だけ高いうちにあるものとみなし，測定面を算定する。

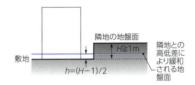

隣地に建築物がない場合は，その平均地表面

図-Ⅶ.7.6

コラム　集団規定を適用する上での留意点

事項	法文	敷地が2区域にまたがる場合	高さの起点	除外される塔屋等	天空率
用途地域	法48条	敷地の過半	法91条　原則は過半の属する区域による		
容積率	法52条	加重平均			
建蔽率	法53条	加重平均			
外壁後退	法54条	各部分ごと			
高さの限度	法55条	各部分ごと	地盤面	建築面積の1/8以内かつ5m以下	
道路斜線	法56条	各部分ごと	前面道路の路面の中心	建築面積の1/8以内かつ12m以下	可
隣地斜線	法56条	各部分ごと	地盤面	建築面積の1/8以内かつ12m以下	可
北側斜線	法56条	各部分ごと	地盤面	―	可
日影	法56条の2	日影を生じさせる区域の制限	平均地盤面	※	
高度地区	法58条	各部分ごと	地盤面	都市計画の指定による	
防火・準防火地域	法61条，62条	厳しい方の制限			

※ 日影規制の対象となるかどうかを算定する場合は，建築面積の1/8以下の階段室等は5mまで算入しない

Ⅶ　高さの制限

8　高度地区

　高度地区は日照，通風，採光の確保や都市景観形成などを目的として建築物の高さを制限するもので，斜線型，併用型，絶対高さ型などがある。また，土地の高度利用を図ることを目的として，建築物の最低の高さを定める場合もある。

　具体的には，各地方自治体が地域の状況に合わせて，それぞれ都市計画に定めている（法58条1項，都計法9条18項）。

　例　目黒区の高度地区

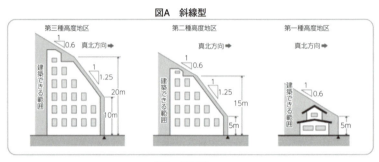

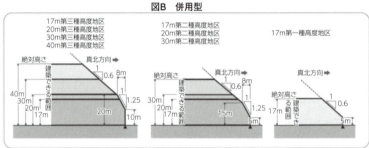

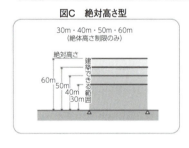
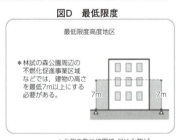

▲北側の敷地境界線，又は北側が
　道路の場合は道路の反対側の境界線
△敷地境界線

図 - Ⅶ.8.1

VIII
一般構造にかかる規定

　建築基準法には，建築物を守るとともに，建築物を利用する人々の生命，健康を守るために必要となる技術的な基準が定められており、「単体規定」と呼ばれている。この規定はすべての建築物等に対して適用される。
　単体規定は大きくは、一般構造規定、構造規定、防火避難規定から構成され、この章で扱う「一般構造規定」は，人々が建築物を使用する上で，衛生上，安全上必要となる最低限の基準として設定されたものである。

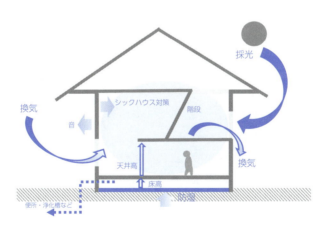

　一般構造規定の中でも、室内環境に関する規定は、採光、換気の他、天井の高さ、遮音性など多岐にわたっている。また、衛生面に関しても、防湿に関する規定のほか、アスベストによる健康被害、ホルムアルデヒド等の化学物質がもたらすシックハウス症候群の存在が明らかになり、その対策としての規定が追加されてきている。そのほか、廊下、階段のように日常の安全性にかかる規定も存在する。なお、建築設備については換気に関するものを除き、第XII章で取り上げている。

Ⅷ　一般構造にかかる規定

1　室内環境にかかる規定

1　自然採光が必要な居室

　住宅や学校などで健康な生活環境を確保するため，自然採光を確保する必要がある居室[*1]については，用途ごとに，居室の広さに対する開口部の割合が定められている（**表-Ⅷ.1.1**）（法28条1項，令19条）。

　ただし，地階[*2]や地下工作物に設ける居室などや，温湿度調整を必要とする作業を行う作業室その他用途上やむを得ない居室[*3]は除かれている。

*1 居室⇒Ⅲ4**5**

*2 住宅の居室などを地階に設ける場合は防湿措置などの基準がある⇒2**2**。

*3 住宅の音楽練習室等防音装置の必要のある居室，病院等で細菌・ほこりの進入を防ぐ必要のある居室など。

注) 建築基準法制定時には事務所にも1/10の採光割合が必要とされたが，照明等4の技術向上等により昭和45年の改正で廃止されている。

表-Ⅷ.1.1　自然採光が必要となる居室と居室の広さに対する開口部の割合

対象となる居室	採光割合
(1) 幼稚園，小学校，中学校，高等学校などの教室	1/5
(2) 保育所などの保育室	
(3) 病院，診療所の病室	1/7
(4) 住宅の居室	
(5) 寄宿舎の寝室，下宿の宿泊室	
(6) 児童福祉施設等の寝室（入所者用），訓練室など	
(7) 大学，専修学校などの教室	1/10
(8) 談話室，娯楽室 　　（病院・診療所の入院患者や，児童福祉施設などの入所者用）	

注) 表中 (1) (2) (4) の値は，照明設備の設置をするなど S55 告 1800 により緩和できる

2　採光上有効な開口部の面積の算定

　居室ごとに，必要となる採光上有効な開口部の面積（以下「必要採光面積」という。）を算定し，採光上有効な開口部の面積（以下「有効採光面積」という。）が計画上確保されているか確認する。

　1）必要採光面積　$\boxed{\text{居室の床面積×割合}}$（令19条3項）（**表-Ⅷ.1.1**）

　　採光面積は居室ごとに算定する。

　2）有効採光面積　$\boxed{\Sigma（開口部面積×採光補正係数）}$（令20条1項）

　　有効採光面積は，窓の開口部面積に開口部の明るさに応じた**採光補正係数**を乗じたものの合計をいう。採光補正係数は，地域ごとに定められた計算式に**採光関係比率**を適用して算出する。

　3）採光関係比率（D/H）

　　　D：水平距離

　　　H：開口部の直上にある建築物の各部分から開口部中心までの垂直距離。

水平距離 (D) の算定方法

　　ア　開口部が同一敷地内の他の建築物に面する場合，又は同一建築物の他の部分に面する場合

　　　➡それぞれ対向する部分までの水平距離。

102

イ　開口部が道に面する場合➡道の反対側まで
ウ　公園又は水面に面する場合➡その幅の1/2まで

4）採光補正係数　採光関係比率×A－B （令20条2項）

採光補正係数は，「隣地境界線等までの水平距離」や「敷地内の別の建築物との離隔距離」「用途地域」などの影響を考慮した「光の取り入れやすさ」を示す数値である。用地地域ごとに計算式と限界条件（図-Ⅷ.1.1）が定められている。

取り扱い

ア　3を超える場合➡3
イ　窓が道に面する場合で計算結果が1未満➡1
ウ　窓が道に面しない場合で水平距離が限界条件以上，かつ計算結果が1未満の場合➡1
エ　窓が道に面しない場合で水平距離が限界条件未満，かつ計算結果が負の場合➡0（採光上無効な開口部）。
オ　窓の外側に幅90 cm以上の縁側[*4]➡×0.7（間接的に光が入る）
カ　天窓（トップライト）➡×3

[*4] 濡縁を除く。

5）まとめ

以下に採光補正係数について整理した。

注）ふすま，障子など随時開放できる仕切りのある2つの居室は1室として居室の床面積を合計できる。

採光関係比率 = 開口部の直上にある建築物の各部分から隣地境界線などまでの水平距離(D) / 開口部の直上にある建築物の各部分から開口部の中心までの垂直距離(H)

D_1/H_1　又は　D_2/H_2 の小さい方

採光補正係数は用途地域ごとに計算式で算定※

用途地域	計算式	限界条件
① 住居系	$D/H×6-1.4$	7m
② 工業系	$D/H×8-1$	5m
③ 商業系，指定無	$D/H×10-1$	4m

※　3を超える場合は3とする

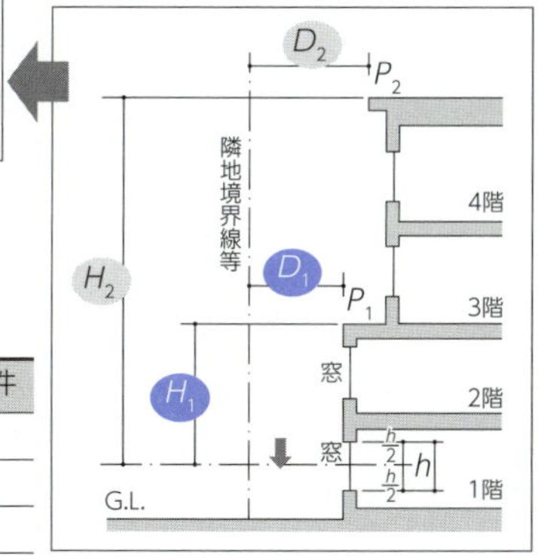

図-Ⅷ.1.1

図-Ⅷ.1.2

3　換気

換気とは新鮮な外部の空気を室内に導入し，人間が不快に感じる若しくは健康に影響のある臭気，熱，二酸化炭素，一酸化炭素その他汚染物質を排出することで室内環境を良好に保つことをいう。

換気は，窓などの開口部による換気を基本としているが，換気量が不足する場合は換気設備により補うことになる。人が廃棄する炭酸ガス[*5]を排出し，室内環境基準（1,000 ppm）を担保するには，一人あたり20 m³/hの外気（300 ppm）を取り入れ希釈する「換気」が必要となる⇨表-Ⅷ.1.3左表。

[*5] 安静時で0.0132 m³/h・人とのデータがある。新潟大学大学院自然科学研究科赤林研究室資料より。

1）換気上有効な開口部面積（法28条2項）

居室には，換気上有効な部分の面積（以下「換気上有効な開口部面積」という。）がその居室の床面積の 1/20 以上となる開口部を設ける必要がある。

換気上有効な開口部面積は窓やドアなどの開口部で直接外気に開放できる部分の面積をいい，開口部が複数ある場合は合算できる[*6]。なお，開口部の形状に応じて，面積を算定するための係数が便宜的に使われている[*7]。

なお，換気上有効な開口部面積が取れない居室は「無窓居室」と呼ばれる。
⇨ XI 6（コラム）（法28条2項，令20条の2）

2）換気設備を設けなければならない居室等 （令20条の2，3）

換気が不十分であると，頭痛が起こるなど不快な室内環境が発生する可能性があるほか，燃焼器具などの火を使用する室では不完全燃焼により一酸化炭素が発生する危険もある。そのための特殊建築物の居室及び火を使用する室には換気の方法が定められている。

表-Ⅷ.1.2 換気設備を設けなければならない居室等と換気設備の種類

設置が義務付けられている場合	換気設備の種類
■無窓居室 （有効開口面積がその居室の床面積の 1/20 未満）	・自然換気設備　・機械換気設備
	・中央管理方式の空気調和設備
	・上記以外で大臣認定を受けたもの
■特殊建築物 劇場，映画館，演芸場，観覧場，公会堂，集会場の居室　（法別表第1(い)欄(1)項）	・機械換気設備
	・中央管理方式の空気調和設備
	・上記以外で大臣認定を受けたもの
■火を使用する室 調理室，浴室，その他の室でコンロ等の設備又は器具を設けたもの	・機械換気設備
	・中央管理方式の空気調和設備
	・上記以外で大臣認定を受けたもの

表中，無窓居室には，換気設備（自然換気設備，機械換気設備，中央管理方式の空気調和設備のいずれか）を設ける必要がある。特殊建築物の居室及び火を使用する室については，前述の換気上有効な開口部の有無にかかわらず換気設備を設けなければならない（法28条3項，令20条の2，令20条の3）。

また，火を使用する室であっても，以下の条件を満たす場合は除外される（令20条の3）。

ア　密閉式燃焼器具等[*8]のみを設けた室

イ　床面積の合計が 100 m^2 以内の住宅又は住戸に設けられた調理室で，発熱量の合計が 12 kW 以下，かつ床面積の 1/10（0.8 m^2 未満のときは，0.8 m^2）以上の有効開口部を設けたもの

ウ　発熱量の合計が 6 kW 以下の設備を設けた室（調理室を除く）で，換気上有効な開口部を設けたもの

　　（イ，ウの発熱量には，密閉式燃焼器具又は煙突を設けた設備を除く）

[*6] ふすま，障子など随時開放できる仕切りのある2つの居室は1室として居室の床面積を合計できる。

[*7] 引違い窓は窓面積の約 1/2，嵌め殺し窓は全面無効とする。

[*8] 火を使用する設備又は器具で，直接屋外から空気を取り入れ，かつ，廃ガスその他の生成物を直接屋外に排出する構造を有するものその他室内の空気を汚染するおそれがないもの

4 換気設備

1）換気設備の技術的基準と構造

ア　不快な室内環境にならない条件（令20条の2第1号ニ）
二酸化酸素濃度を 1,000 ppm 以下，一酸化炭素濃度を 10 ppm 以下。

イ　火を使用する室（令20条の3第2項1号ロ）
酸素濃度 20.5 % 以上に保つような換気量を確保。

ウ　換気設備の構造
ア，イの基準を満たすように，自然換気設備，機械換気設備又は中央管理方式の空気調和設備の構造等が定められている。大臣の認定を受けたものも用いることができる。

2）自然換気設備

高さの違いによる気圧差を利用して換気量を確保する換気設備である（令20条の2第1号イ，令129条の2の5第1項）。

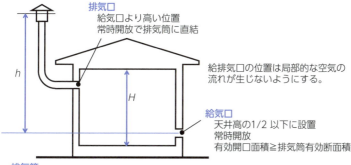

図 - Ⅷ.1.3

3）機械換気設備

機械換気設備は，図 - Ⅷ.1.4 のいずれかの方式により，機械力を利用して換気量を確保するものである。汚染された室があり，周囲に汚染を広げないようにする場合は第3種，周囲の室の汚染が侵入しないようにする場合は第2種，のように使い分ける。それぞれ給気口，排気口の位置，構造が定められている（令129条の2の5第2項）。

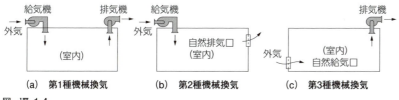

図 - Ⅷ.1.4

4）中央管理方式の空調設備

中央管理方式の空気調和設備は，機械換気設備の規定による構造（**表 - Ⅷ.1.3左表**）とし，室内環境基準（**表 - Ⅷ.1.3右表**）に適応するよう空気を浄化し，温度，湿度又は流量などを調節して供給できる性能を持ち，安全上，防火上，衛生上支障のない構造とする（令20条の2第1号ハ，令129条の2の5第3項）。

表 - Ⅷ.1.3 機械換気設備と中央管理方式の空気調和設備の室内環境基準

機械換気設備の基準	
換気等	第1種換気，第2種換気，第3種換気のいずれか
主な基準	①室内の空気分布を均等にする。 ②給気口，排気口は雨，ねずみ，虫，ほこり等衛生上有害なものを防ぐものとする。 ③換気扇は外気の流れで能力が低下しない構造とする。 ④ダクト等は空気を汚染しない材料とする。 ⑤換気経路の全圧力損失を考慮した送風機とする。
有効換気量（一般の居室）	$V=20Af/N$※ Af：居室の床面積（換気上有効な開口部がある場合は，居室の床面積 $-(20 \times$ 有効開口面積$)$とできる。） N：1人当たりの占有面積（10を超えるときは10）
有効換気量（特殊建築物の居室）	$V=20Af/N$ Af：居室の床面積 N：1人当たりの占有面積（3を超えるときは3）

中央管理式の空気調和設備の室内環境基準	
浮遊粉じん量	$0.15\,mg/m^3$ 以下
一酸化炭素	6 ppm 以下
二酸化炭素	1,000 ppm 以下
温度	18〜28℃ 居室の室温を外気より低くする場合は外気との差を著しくしない。
相対湿度	40〜70 %
気流	0.5 m/sec 以下
その他	S45告1832参照

※ 令20条の2第1項1号ロ

5）火を使用する室の換気設備（法28条3項，令20条の3，S45告1826）

火を使用する室では，排気フードの形状ごとに算出された有効換気量を確保する。排気フードがない場合は $V=40KQ$ とする。

$$\boxed{V=NKQ}$$

V：有効換気量(m^3/h)
N：フードの形状による定数（下図(a)(b)以外のフード若しくはフードがない場合は $N=40$）
K：燃料の単位燃焼量当たりの理論廃ガス量(m^3/kW，又は m^3/kg）
　　都市ガス・LPガスの場合は $0.93\,m^3/kW$，灯油の場合は $12.1\,m^3/kg$
Q：火を使用する設備・器具の燃料消費量(kW，若しくは kg/h)

注）図 - Ⅷ.1.5 (b) の排気フードの場合，作業性が低下するので建築主等と調整が必要である。

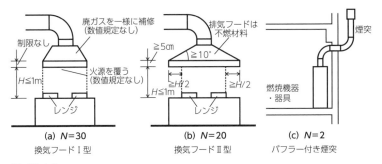

図 - Ⅷ.1.5

5 天井の高さ

居室の天井の高さ（床から天井までの高さ）はどの居室も 2.1 m 以上を確保する。天井高が一定でない場合は平均の高さを算定する（令 21 条）。

例　$h = \dfrac{h_1 \times S_1 + h_2 \times S_2}{S_1 + S_2}$

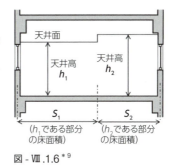

図 - Ⅷ.1.6 [*9]

*9 S_1, S_2 は各部分の床面積を指す。

6 遮音

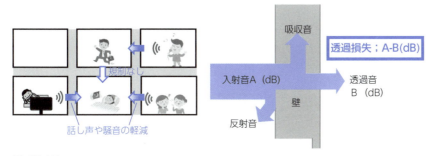

図 - Ⅷ.1.7

長屋[*10]や共同住宅では，隣接する住戸からの日常生活音を防ぐため，遮音性能のある界壁[*11]を，小屋裏又は天井裏に達するように設置するか，界壁と天井で構成されるものとし，音の振動数（高低）ごとに界壁や天井を介して低減される音の大きさが定められている（法 30 条，令 22 条の 3）。

なお，建築基準法では，上下階間の床衝撃音は規制されていない。

界壁は，大臣が定めた構造方法によるが，大臣の認定を受けた材料を用いることもできる。

*10 長屋：1 棟に 2 以上の住戸を横に連ねた住宅。
*11 界壁：長屋や共同住宅で各住戸の間を仕切る壁をいう。

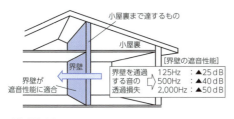

図 - Ⅷ.1.8

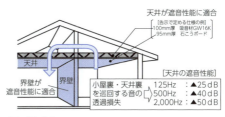

図 - Ⅷ.1.9

VIII　一般構造にかかる規定

2　衛生にかかる規定

1　床の高さ

　最下階の居室の床が木造である場合は，地面から発生する水蒸気により腐食しないように，床の高さを直下の地盤面から 45 cm 以上とし，床下換気孔を設置する。

　外壁の床下部分には，壁の長さ 5 m 以下ごとに有効面積 300 cm² 以上の換気孔を設け，ねずみの侵入を防ぐための設備を設ける。ただし，床下をコンクリートなどの材料で覆うことで十分に防湿がされている場合は，床の高さと換気孔の規定は適用されない（令 22 条）。

2　地階の居室

　住宅の居室，学校の教室，病院の病室，寄宿舎の寝室で地階に設けるものは，衛生上の理由から壁及び床の防湿の措置その他について技術的基準が設けられている（法 29 条，令 22 条の 2，H12 告 1430）。

　1）防湿の措置（以下のいずれか）

　ア　からぼり（ドライエリア）などの空地に面する開口部を設ける（**図 - VIII.2.1**）。

　イ　換気設備（20 条の 2）を設ける。

　ウ　居室内の湿度を調節する設備を設ける。

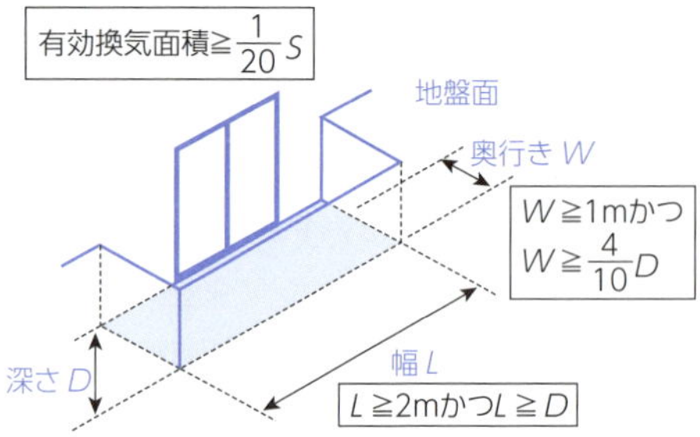

有効換気面積 $\geq \dfrac{1}{20} S$

地盤面
奥行き W

$W \geq 1\text{m}$ かつ $W \geq \dfrac{4}{10} D$

深さ D　幅 L

$L \geq 2\text{m}$ かつ $L \geq D$

図 - VIII.2.1

　2）防水の措置

　ア　外壁等[*12] が常水面下にある場合：水の浸透を防止するための防水層を設ける。

　イ　外壁又は床の直接土に接する部分：耐水材料で造り，二重構造とする[*13]。

　ウ　外壁等が常水面以上にある場合：耐水材料で造り，材料の接合部やコンクリート打継ぎに防水措置をする。

＊12 外壁等：直接土に接する外壁，床及び屋根又はこれらの部分
＊13 二重壁の隙間に浸透した水をそこから排出する設備を設ける。

3　石綿の発散にかかる措置

　アスベスト繊維を吸引することによって，石綿肺（じん肺の一種），肺がん，悪性中皮腫などの疾患を発症する可能性があることが知られている。そのため，建築基準法では石綿等（吹付石綿，吹付ロックウール（含有石綿が重量 0.1 ％以上のもの））の建築材料への添付や，石綿等をあらかじめ添加した材料の使用禁止及び増改築，大規模修繕・模様替の際の除去が義務づけられている（法 28 条の 2 第 1 号，2 号）。

注）石綿（アスベスト）は，天然に産する繊維状けい酸塩鉱物で，「せきめん」「いしわた」と呼ばれ，かつては保温断熱の目的で屋根，壁，天井に使用する建築材料に多く使用されていた。

108

4 ホルムアルデヒド，クロルピリホスの発散に対する措置

1）シックハウス症候群と対策

建材や調度品などから発生する化学物質やカビ・ダニなどによる室内空気汚染による健康への影響は「シックハウス症候群[*14]」と呼ばれている。

建築に使用される建材の中には，化学物質を発散させるものがあり，建築物の高気密化に伴い，十分な換気を行わないと，健康被害を及ぼすことが知られている。

建築基準法では，このような化学物質の内，クロルピリホス，ホルムアルデヒドを対象に，建材への添付の禁止や，発散する化学物質を有効に排出するための換気設備の設置が義務付けられている。

[*14] 医学的に確立した単一の疾患ではなく，居住に由来する様々な健康障害の総称を意味する用語とされている。

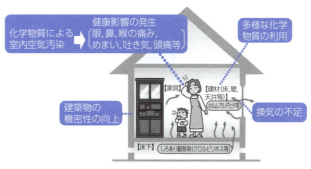

図-Ⅷ.2.2

2）建材への使用制限

ア　クロルピリホス　シロアリ駆除剤等に用いられていたクロルピリホスを添加した材料は添加後5年以上経過したものを除き使用できない（令20条の6）。

イ　ホルムアルデヒド　塗料，合板，壁紙の接着剤などに含有されている。室内の空気1 m³ 中の量が0.1 mg以下に保たれることを基準に，内装に使用される面積が制限され，ホルムアルデヒドを排出するための機械換気設備の設置が必要となる（令20条の7，8）。

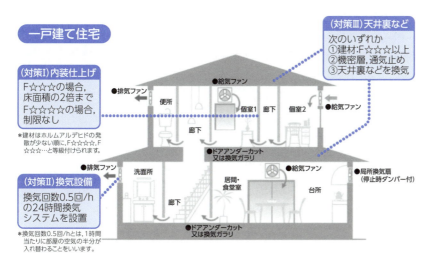

図-Ⅷ.2.3

VIII 一般構造にかかる規定

3）ホルムアルデヒドの内装制限

表 - VIII.2.1 ホルムアルデヒド発散材料の区分と内装仕上制限

区分	ホルムアルデヒド発散速度	JIS JAS 記号	内装仕上制限
（規制対象外建材）		F ☆☆☆☆	なし
第 3 種ホルムアルデヒド発散建築材料	小	F ☆☆☆	使用面積制限あり
第 2 種ホルムアルデヒド発散建築材料	↓	F ☆☆	（⇨表 - VIII .2.2）
第 1 種ホルムアルデヒド発散建築材料	大	―	使用禁止

表 - VIII.2.2 第 2 種，3 種ホルムアルデヒド発散材料の使用面積制限

居室の種類	換気回数 n（回 /h）	N_2	N_3
住宅等の居室※	$0.7 \leq n$	1.2	0.2
	$0.5 \leq n < 0.7$	2.8	0.5
上記以外の居室	$0.7 \leq n$	0.88	0.15
	$0.5 \leq n < 0.7$	1.4	0.25
	$0.3 \leq n < 0.5$	3	0.5

$$S_2 \times N_2 + S_3 \times N_3 \leq A$$

S_2：第 2 種ホルムアルデヒド発散建築材料の使用面積
S_3：第 3 種ホルムアルデヒド発散建築材料の使用面積
A ：居住床面積

※住宅の居室，下宿の宿泊室，寄宿舎の寝室，家具等の物販店

4）ホルムアルデヒドを排出させるための換気設備

居室には，建材から発散したホルムアルデヒドを室外へ排出させるための 24 時間換気設備の設置が義務付けられている。換気設備の必要能力は，居室の種類ごとに下式により算定する（令 20 条の 8）。

$$n = \frac{V}{Ah}$$

n ：1 時間あたりの換気回数
A ：居室の床面積（m²）
h ：居室の天井高さ（m）
V ：換気設備の有効換気量（m³/h）

表 - VIII.2.3 24 時間換気設備の換気回数

居室の種類	換気回数 (n)
住宅等の居室※	0.5 回 /h 以上
上記以外の居室	0.3 回 /h 以上

※住宅の居室，下宿の宿泊室，寄宿舎の寝室，家具等の物販店

注）界壁の建具にアンダーカットやがらりがある場合は，換気計画上は 1 室とみなされる。

コラム　アスベストの撤去について

1955〜1970 年代頃に耐火被覆材料として使われてきた吹付石綿や石綿含有ロックウールは，建築物の解体や修理工事に伴って飛散し，じん肺などの健康被害を及ぼす可能性が高い。そのため，建築基準法による規定のほか，建設リサイクル法，労働安全衛生法，大気汚染防止法，廃棄物処理法などによっても，石綿の使用禁止，建物解体時の石綿の除去等の措置とその方法，撤去した石綿等の管理などが義務付けられている。

例えば，労働安全衛生法に基づく石綿障害予防規則では，「吹き付けられたアスベストが劣化等により粉じんを発散させ，労働者がその粉じんにばく露するおそれがあるときは，除去，封じ込め，囲い込み等の措置を講じなければならない」としている。

110

3 日常の安全にかかる規定

1 階段

建築物を上下方向に移動する際の安全を確保するため，用途や規模に応じて，階段の幅や蹴上げ，踏面（ふみづら）の寸法，手すり，踊場の基準が定められている。

1）階段の各部名称

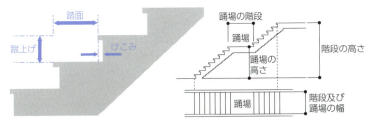

図 - Ⅷ.3.1　　　　　　　　　　　　　　　　　　　　図 - Ⅷ.3.2

2）階段の各部寸法

例えば小学校のように多くの児童がいる建築物では，児童の体格や一斉に利用する場合の混雑などを考慮し，児童用の階段について，階段と踊場の幅を広くし，蹴上げを低く抑え，踏面を大きくすることで安全を確保している（令23条，24条）（表 - Ⅷ.3.1）。また，回り階段の踏面寸法は，踏面の小さい方から30 cmの位置で測った数値をとる（令23条2項）（図 - Ⅷ.3.2）。

表 - Ⅷ.3.1　建築物の用途別の階段の仕様

	階段種別　代表例	階段・踊場幅	蹴上寸法	踏面寸法	踊場
(1)	小学校の児童用	≧ 140	≦ 16	≧ 26	階段の高さが3 mを超える場合は3 m以内ごと（直階段に設ける場合の踏面は1.2 m以上）
(2)	中学校・高校・中等教育学校の生徒用 劇場・映画館・演芸場・観覧場・公会堂・集会場の客用 物販店舗で床面積合計 >1,500 m²		≦ 18		
(3)	直上階の居室の床面積合計 > 200 m²の地上階用 居室の床面積合計 > 100 m²の地階又は地下工作物内のもの	≧ 120	≦ 20	≧ 24	階段の高さが4 mを超える場合は4 m以内ごと（直階段に設ける場合の踏面は1.2 m以上）
(4)	(1)〜(3)以外の住宅以外	≧ 75	≦ 22	≧ 21	
(5)	住宅（共同住宅の共用階段を除く）	≧ 75	≦ 23	≧ 15	

厳↑

・屋外階段の階段幅：直通階段（令120条，121条）の場合は90 cm以上，その他の場合は60 cm以上とすることができる（令123条）。
・両側に手すりを設けるなどの大臣が定めた構造方法による場合は，(1)の階段は蹴上げを18 cm以下に，(4)の階段は蹴上げを23 cm以下，踏面を19 cm以上とすることができる（令23条4項，H26告709）。

3）手すり

　高さが 1 m を超える階段や踊場には，両側に手すり[*15]又は側壁等を設ける。少なくとも一方には手すりを設けなければならない。また，階段幅が 3 m を超える場合は，中間にも手すりが必要である（蹴上げ 15 cm かつ踏面 30 cm 以上の場合を除く）（令 25 条）。

4）階段に代わる傾斜路

　勾配は 1/8 を超えないものとし，表面を粗面又はすべりにくい材料で仕上げるなどの規定がある。幅員，踊場，手すり等は階段の規定に準じる（令 26 条）。

5）特殊用途の階段

　昇降機機械室用階段，物見塔用階段など特殊用途専用の階段には前述 2），3) の規定は適用されない（令 27 条）。

[*15] 手すりを設けた場合の階段幅は，手すりの出が 10cm までは手すりがないものとして扱える。

2 廊下

　用途に応じて，中廊下とその他の廊下の幅が規定されている（令 119 条）。

表 - Ⅷ.3.2　廊下の幅

廊下の用途	中廊下	その他の廊下
小学校，中学校，義務教育学校，高等学校又は中等教育学校（児童・生徒用）	2.3 m 以上	1.8 m 以上
病院（患者用）	1.6 m 以上	1.2 m 以上
共同住宅の共用廊下（その階の住戸若しくは住室の床面積の合計が 100 m² を超える場合）		
居室の床面積の合計が 200 m²（地階は 100 m²）を超える階の廊下（3 室以下の専用のものを除く）		

Ⅸ 構造強度

　建築物には自重など常時かかる力（長期荷重）のほか，地震・風など外部から一時的に働く力（短期荷重）がかかる。これらの力に対して安全な構造とするために，構造規定が定められている。この構造規定についても，様々な要因から見直しが行われ，現在の規定に至っていることはⅢ章で述べたとおりである。⇨Ⅲ

　建築基準法の制定当初は，鉄骨の規定などで建築学会基準に準拠するとされていた部分も多かったが，現在では詳細に仕様が規定されている。また，一定規模等以上の建築物に義務付けられている構造計算の方法についても，大地震時の被害の検証や経験などから見直しが進み，1981年に「新耐震基準」が導入され現在に至っている。この新耐震基準は建築物の強度と靭性に着目したもので，中地震時には主として一定以上の水平剛性保持により，建築物の変形を抑えるとともに耐震強度を保ち，大地震時にはさらに部材の剛性が低下した後も靭性，粘り強さを確保できるようにし，人命に危害を及ぼす倒壊などの大被害を防ごうとする考え方が取り入れられている。ここでは，このような構造規定の概要を紹介する。

阪神淡路大震災の被害

出典：「阪神・淡路大震災 写真から見る震災」（神戸市）
（https://www.city.kobe.lg.jp/a44881/bosai/disaster/earthquake01/earthquake03/）

IX 構造強度

1 構造規定の構成と構造設計

1 構造設計と構造規定

建築物の構造設計は，建築物をその自重や地震等の外力などに対して安全な構造とするため，建築物の用途，高さ，規模，構造種別などの諸条件に考慮しながら行われる。そのため，建築基準法では，①すべての建築物に共通する構造上の一般的な規定，②木造，鉄骨造，鉄筋コンクリート造などの構造ごとに定められた規定，③高さなどの条件に応じた構造計算の方法などが規定されている（法20条，令3章）。

①，②は建築物の各部の寸法，部材の形状や使用材料，接合方法などのあり方について定めた規定で，仕様規定と呼ばれている（令3章1〜7節の2）。

③は建築物の規模等に応じて定められた計算の基準であり，荷重や外力により柱などの構造耐力上主要な部分に生じる力の計算を行い，それぞれの部材が生じる力に耐えられる強さを持つことを確かめるものである（令3章8節）。

具体的には，規模などに応じて建築物を分類（法20条1項1〜4号）し，各号ごとに適用する構造方法と構造計算が定められている[*1]（**表 - IX.1.1**）。

＊1 上位の構造計算方法をとることも可能である。

＊2 大臣認定プログラム 大臣の認定を受けた一貫構造計算プログラム。
　このプログラムを用いて計算を行い一定の方法で申請した場合は，確認申請添付図書の省略，審査の簡略化などの特例がある。

表 - IX.1.1　建築物の構造計算の方法と仕様規定

建築物の区分		構造計算	仕様規定	方法等
法20条		令81条	令36条	☆適判対象
1号	❶超高層建築物　$h>60$ m	時刻歴応答解析	耐久性等関係規定	大臣認定
2号	❷大規模建築物　$h≦60$ m			
	木造：地上階数≧4又は$h>16$ m S造：地上階数≧4 RC造等：$h>20$ m 政令で定める建築物[*1]	$h>31$ m		大臣が定めた方法☆ 大臣認定プログラム[*2]☆
		❷-1 限界耐力計算	耐久性等関係規定	
		❷-2 保有水平耐力計算 （ルート3）	一部除く	
		$h≦31$ m		
		❷-3 許容応力度等計算 （ルート2）	すべて	
3号	❸中規模建築物　❶❷以外で[*2] 木造地上階数≧3又は$S>300$ m² 木造以外：階数≧2又は$S>200$ m²	許容応力度計算＋ 屋根ふき材の計算 （ルート1）	すべて	大臣が定めた方法 大臣認定プログラム[*2]☆
4号	❹小規模建築物　❶❷❸以外	―	すべて	―

※1　令36条の2：㋐地階を除く階数が4以上の組積造又は補強CB造，㋑地階を除く階数が3以下の鉄骨造で$H>16$ m，㋒RC造とSRC造との併用で，$H>20$ m，㋓木造，組積造，補強CB造，鉄骨造のうち2以上の構造の併用又はこれらとRC造又はSRC造との併用で，階数≧4又は$h>16$ mのいずれか，㋔H19告593

2 構造計算規定と仕様規定

　構造計算の方法により仕様規定の一部が免除され，極めて詳細な計算をする場合[*3]は耐久性などに関係する一部の構造方法（耐久性等関係規定[*4]）のみが適用される（**表 - Ⅸ.1.1**）。

　表中❸に適用される「許容応力度計算」は「ルート1」，❷−3 に適用される「許容応力度等計算」は「ルート2」と呼ばれ，これらの計算方法をとった場合は仕様規定も満足させる必要がある。

　❷−2「保有水平耐力計算」は「ルート3」と呼ばれ，仕様規定の一部を適用しないことができる（令36条2項1号）。

　❷−1「限界耐力計算」⇨2 **4** アによる場合は，耐久性等関係規定のみが適用される。

　このほか，免震構造やプレストレストコンクリート造などの特殊な工法に対しては，大臣が定めた構造方法や構造計算方法の技術基準が適用される（令80条の2，令81条2，3項）。

　また，高さが60mを超える建築物の場合は，「時刻歴応答解析」等[*5]を行い，大臣認定を取得する必要がある。この場合は耐久性等関係規定のみ適用される。

　なお，エキスパンションジョイントなど相互に応力を伝えない構造方法で接続されている建築物は，構造上は別の建築物とみなして，それぞれに規定を適用する（法20条2項，令36条の4）。

---

3 構造設計の考え方

　建築物の構造設計にあたっては，その用途，規模，構造の種別，敷地とその周辺の状況などの条件に応じて，柱，壁，はりなどを有効に配置し，構造耐力上安全であるように計画する。地震力などの水平力に対しては，構造耐力上主要な部分をつりあいよく配置し，偏心によって建築物全体がねじられることがないよう防ぐ必要がある[*6]（令36条の3第1項，2項）。

　構造部材の剛性が低いと，荷重や外力が加わったときに建築物の一部や配管などが変形して壊れる可能性がある。また，部材がもろいと急激に破損することもあるため，構造耐力上主要な部分には，変形又は振動が生じないような剛性と瞬間的破壊が生じないような粘り強さ（靭性）を持たせる必要がある（令36条の3第3項）。

---

*3 表 - Ⅸ.1.1 の❶「時刻歴応答解析」❷-1「限界耐力計算」を行った場合

*4 耐久性等関係規定　令36条1項に該当するもので，木造の防腐措置や鉄筋に対するコンクリートの被り厚さの確保など，計算では代替えできない耐久性などにかかる規定の総称。例えば，木造（第3節）の場合，木材の品質（令41条），外壁の防腐措置（令49条）がこれにあたる。

*5 時刻歴応答解析と許容応力度計算の名称は，法で定義されていない。⇨2 **4** イ

*6 宮城県沖地震(1978)では，偏心の大きい建築物の被害が大きかった。

2 構造計算の方法

1 概要

　高さが60 mを超える建築物の構造計算は，大臣が定める計算方法で安全性を確かめ，大臣の認定を受けなければならない（法20条1項1号，令81条1項）。高さが60 m以下の建築物の構造計算は，原則として「ルート1, 2, 3の構造計算*7」，又は「限界耐力計算」による（法20条1項2, 3号，令81条2, 3項）。

2 ルート1, 2, 3の構造計算の手順

　「一次設計」では中地震程度に対して部材の応力度を許容応力度計算以内になるよう設計する。法20条1項3号の場合はここで終了する（ルート1）。それ以外の場合は「二次設計」を行い，さらに極めて稀に発生する大地震に対して建築物が倒壊しないことを確かめる（ルート2, 3）。

1）一次設計の手順

　ア　荷重と外力により構造耐力上主要な部分に生じる力（応力）を計算する。
　イ　各力の組み合わせにより部材の断面に生じる長期と短期の各応力度を計算する。
　ウ　応力度が材料の許容応力度を超えないことを確認する。
　エ　大臣が定める場合は，構造耐力上主要な部分の変形や振動によって，建築物の使用上の支障が起こらないことを確認する。

*7［ルート1］：強度依存タイプ(許容応力度計算による)
　［ルート2］：構造部材のバランスよい配置を考慮する比較的簡便な計算で大地震に対する安全性を確保する方法(令82条の6)
　［ルート3］：靭性などを詳細に考慮して建築物が倒壊しないことを確かめる方法(令82条の3)。

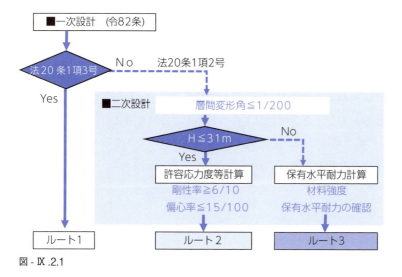

図 - Ⅸ.2.1

注）設計者の判断により，より上位の計算方法をとることができる。ルート1の場合はルート2, 3を，ルート2の場合はルート3を選択してもよい。
　また，どの場合も，限界耐力計算や時刻歴応答解析を選択することもできる。
　左の計算のほか屋根ふき材などの計算が必要となる。⇨ 3）

2 構造計算の方法

2）二次設計の手順（令82条の2，82条の3，82条の6）

　ア　**層間変形角**　地上部分について，地震力により各階に生じる層間変形角（$\theta_1 = \delta_1/h_1$，$\theta_2 = \delta_2/h_2$）が1/200以内であること確かめる（支障のない場合は1/120とできる）。

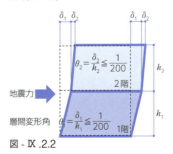

図-Ⅸ.2.2

　イ　**高さが31 m以下の建築物の場合（許容応力度等計算：ルート2）**

　　地上部分の各階の「剛性率≧6/10」及び「偏心率≦0.15」を確かめるほか，大臣が定めた基準による構造計算を行う[*8]（S55告1791）。

　　　剛性率（R_s）＝$r_s/\overline{r_s}$≧6/10

　　　　r_s：各階の層間変形角の逆数

　　　　$\overline{r_s}$：その建築物のr_sの相加平均

　　　偏心率（R_e）＝e/r_e≦15/100

　　　　e：各階の常時荷重時の重心と剛心との距離（cm）

　　　　　それぞれ同一平面に投影させて結ぶ線を計算しようとする方向と直行する平面に投影させた線の長さ

　　　　r_e：大臣が定める方法（H19告594第5）により算出した各階の剛心周りのねじり剛性の数値（K_R）を当該各階の計算しようとする方向の水平剛性の数値で除した数値の平方根（cm）

＊8 これらの計算に代えてウの保有水平耐力の計算を行うこともできる。

注）多雪区域にあっては積雪荷重時

　ウ　**高さが31 mを超える建築物の場合（保有水平耐力計算：ルート3）**[*9]

　　ⅰ）地震力に対する各階の必要保有水平耐力 Q_{un} を計算する。

　　　$Q_{un} = D_s \cdot F_{es} \cdot Q_{ud}$

　　　　$D_s \cdot F_{es}$：告示の数値

　　　　Q_{ud}：地震力によって各階に生じる水平力

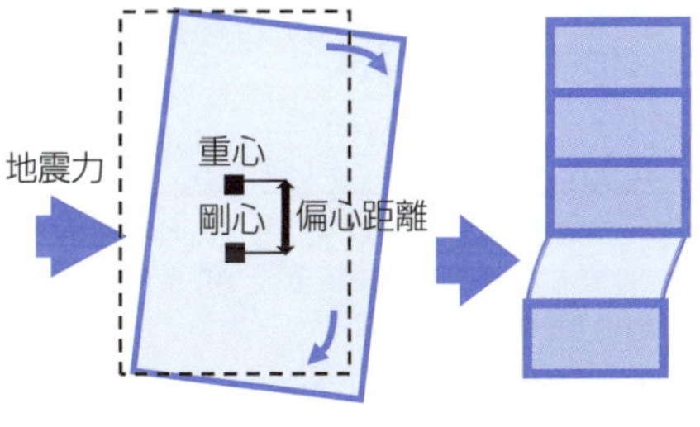

図-Ⅸ.2.3

＊9 保有水平耐力計算：ルート1の計算のほか，保有水平耐力を計算し，建築物のエネルギー吸収能力を地震入力エネルギーより大きくして大地震に対する安全性を確保する方法。

　　ⅱ）保有水平耐力≧必要保有水平耐力であることを確かめる。

3）屋根ふき材等の計算

　大臣が定める基準により，屋根ふき材等は，風圧に対して構造耐力上安全であることを確かめる（令82条の4）。

3 荷重と外力

　荷重として固定荷重，積載荷重，積雪荷重，外力として風圧力，地震力が定められている（令83条～88条）。

　ア　積雪荷重＝（積雪の単位荷重）×（屋根の水平投影面積）×（その地方の垂直積雪量[*10]）

　　　積雪の単位荷重[*11]：積雪量1 cmごとに20 N/m² 以上

＊10 垂直積雪量：各地方ごとに特定行政庁が規則で定める。

＊11 特定行政庁は規則で多雪地域を指定し，これと異なる単位荷重を定めることができる。

イ 風圧力＝（速度圧）×（風力係数）

Q：速度圧 (N/m^2)

$$Q = 0.6EV_0^2$$

E：市街地の状況（地表面粗度区分[*12]）を考慮して国土交通大臣の定める方法により算出した数値

V_0：地方ごとに 30 m/s から 46 m/s までの範囲で国土交通大臣が定める基準風速 (m/s)

C_f：風力係数　風洞試験の結果に基づくか，大臣が定める次式による。

$$C_f = C_{pe} - C_{pi}$$

C_{pe}：建築物の外圧係数　C_{pi}：内圧係数

ウ 地震力＝（固定荷重＋積載荷重）×（地震層せん断力係数）

多雪区域の場合は積載荷重を加える。

C_i：地震層せん断力係数

$$C_i = Z \cdot R_t \cdot A_i \cdot C_o$$

Z, R_t, A_i：告示の数値（Z：地震地域係数，R_t：振動特性係数，A_i：地震力の高さ方向分布係数）

C_o：標準せん断力係数　一次設計・層間変形角計算では原則 $C_o \geqq 0.2$，指定された軟弱地盤では $C_o \geqq 0.3$，必要保有水平耐力計算時では $C_o \geqq 1.0$。地下の部分の地震力は別に定める式による。

> *12 地表面粗度区分
> 地表面の粗さ，すなわち，都市化している状況を表す用語。
> 　4ランクに分けられ，市街化が進んだ区域になるほど E の数値を小さく設定できる。

表 - IX.2.1　外力の組み合わせ

	状況	一般の場合※1	多雪区域の場合		備考
長期	常時	$G+P$	$G+P$		
	積雪時		$G+P+0.7S$		
短期	積雪時	$G+P+S$	$G+P+S$		
	暴風時	$G+P+W$	$G+P+W$	$G+P+0.35S+W$	※2
	地震時	$G+P+K$	$G+P+0.35S+K$		

※1　G, P, S, W, K はそれぞれの荷重や外力によって生じる次の力（軸方向力・曲げモーメント'・せん断力など）を表す。G：固定荷重(84条)，P：積載荷重(令85条)，S：積雪荷重(令86条)，W：風圧力(令87条)，K：地震力(令88条)

※2　建築物の転倒，柱の引き抜き等を検討する場合において，P については建築物の実況に応じて積載荷重を減らした数値によるものとする。

4 その他の構造計算方法

ア 限界耐力計算[*13] 地震力を受けた際の各階の変形を算出し，それをもとに，より詳細な計算をする方法で，以下の特徴がある。

　ⅰ）ルート1, 2, 3と比較して，極めてまれに発生する大地震等に対して倒壊等しないことを直接確認する。

　ⅱ）地震により建築物に生じる力や変形量を求めて，その状態における建築物の各部の安全性を確認する。

イ 時刻歴応答解析 地震によって建築物に生じる力や変形を連続的に把握し，限界値を超えないことを確認する高度な計算方法で，大臣の認定が必要である。

> *13 限界耐力計算と同等の計算方法としてエネルギー法がある。

3 仕様規定

1 構造の種別に関わりなく共通する規定

1）部材の耐久性

・構造部材のうち，特に錆や腐り，摩耗などの可能性が高い構造部材には，腐食等の措置をした材料を使用しなければならない（令37条）。

2）基礎

建築物の基礎は，地盤の沈下又は変形に対して構造耐力上安全なものにしなければならない（令38条1項）。具体的には以下のような規定がある[*14]。

・異なる形式の基礎[*15]の併用の禁止（令38条2項，4項）。これは，異なる形式の基礎を併用した場合，各部の地盤の変形量が大きく異なる危険性があり，不同沈下の原因となる場合が多いことによる。

・構造計算を必要としない規模のものであっても，地盤の長期許容応力度に対応した構造の基礎としなければならない（H12告1347）。

・$h > 13\,\mathrm{m}$ 又は $S > 3{,}000\,\mathrm{m}^2$ の建築物で，最下階の床面積 $1\,\mathrm{m}^2$ あたりの荷重 $> 100\,\mathrm{kN}$ の建築物は，基礎の底部を良好な地盤に到達させる[*16]。

・そのほか，打撃や振動等で施工する杭，木ぐいなどの規定がある。

[*14] 大臣が定める構造計算方法で確認された場合を除く（令38条4項，H12告1347第2など）

[*15] 基礎の種類：直接基礎（べた基礎，独立基礎，布基礎），杭基礎

[*16] 基礎ぐいを使用する場合は基礎ぐいの先端を到達させる（令38条3項，4項）。

3）屋根ふき材などの緊結

屋根ふき材，内装材，外装材，帳壁，建築物の外側に取りつける広告塔等は，風や地震等によって脱落しないような措置が必要である（令39条）。このうち，「屋根ふき材」「外装材」「地上階数3以上の建築物の屋外に面する帳壁」については構造方法が定められている（S46告109）。特定天井[*17]がある場合は，大臣が定めた構造方法又は大臣認定を受けたものを用いる。

[*17] 特定天井（H25告771）吊り天井で $H > 6\,\mathrm{m}$，水平投影面積 $> 200\,\mathrm{m}^2$，天井面構成部材 $> 2\,\mathrm{kg}/\mathrm{m}^2$ で，人が日常立ち入る場所にあるもの。

2 構造種別ごとの規定

建築物には，構造種別に応じた仕様規定が定められている（令3章）。木造（3節），組積造（4節），補強コンクリートブロック造（4節の2），鉄骨造（5節），鉄筋コンクリート造（6節），鉄骨鉄筋コンクリート造（6節の2），無筋コンクリート造（7節）のほか，7節の2において壁式鉄筋コンクリート造，枠組壁工法，免震構造，プレストレストコンクリート造等の規定が告示により定められている。ここでは木造，鉄骨造，鉄筋コンクリート造の主な規定を紹介する。

3 木造

木造建築物には2階建て以下の住宅など構造計算を必要としないものが多いため，必要な構造耐力が確保できるように仕様規定が定められている。

1）土台及び基礎

最下階の柱の下には原則として土台を設け，鉄筋コンクリートの基礎に，アンカーボルトなどで緊結する（令42条）。

2）柱の小径

柱は細長いほど座屈しやすくなるため，柱の小径の最低限度等が定められている（令43条1項）。以下の式で算出する。

また，柱の材料や計画条件から，より精緻に柱の小径等を算出する必要がある場合は，別途検証してもよい。具体的には，設計支援[18]ツールにより算出することが可能である。

図-Ⅸ.3.1

[18] 日本住宅・木材技術センターのHPに掲載されている。

$$\frac{de}{l} = 0.027 + 22.5 \times Wd/l^2$$

de：必要な柱の小径（mm）
l：横架材の相互間の垂直距離[19]（mm）
Wd：当該階が負担する単位面積あたりの固定荷重と積載荷重の和（N/m²）

・座屈防止のための，柱の有効細長比[20] ≦ 150の確保（令43条6項）
・隅柱を原則として通し柱とすること（令43条5項）　などがある。

[19] はり・けた・土台などとその横架材相互間の垂直距離

[20] 有効細長比：断面の最小二次率半径に対する座屈長さの比をいう。

3）はり等の横架材

はり，けたなどの横架材には，中央部附近の下側に構造耐力上支障のある欠込みをしてはならない（令44条）。これは，①横架材は床版や小屋組などの長期荷重を受けるため，部材の中央附近では常時その部材断面の下部に引張力が作用すること，②このとき中央部の下側部分に欠込みがあると部材の強度はかなり低下することによる。

4）筋かい

地震力や風圧力などの水平力に対しては，軸組に水平方向の抵抗力をもたせるため，壁や筋かいを設ける。引張力を負担する筋かいは1.5 cm × 9 cm以上の木材か径9 mm以上の鉄筋とするか，これらと同等以上に引張力を負担できるものとし，圧縮力を負担する筋かいは3 cm × 9 cm以上の木材とするか，これらと同等以上に圧縮力を負担できるものとするほか，端部の緊結する位置や方法，欠き込みの禁止などが規定されている（令45条1～4項，令46条，S56告1100）。

5）防腐措置等

柱，筋かい及び土台の地面から1 m以内の部分には防腐措置等を講じるなどの規定がある（令49条）。

6）構造耐力上必要な軸組

階数が2以上又は延べ面積が50 m²を超える木造建築物については，地震力や風圧力に対して安全となるように，各階の張り間方向及びけた行方向のそれぞれについて，壁又は筋かいを入れた軸組を設ける（令46条1項，4項）。

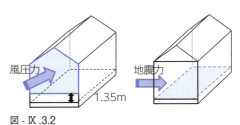

図-Ⅸ.3.2

軸組の計算方法は「壁量計算」とも呼ばれ，具体的には建築物の計画図から「必要壁量」と「存在壁量」を算出し，「存在壁量」が「必要壁量」を上回ることを確認（ⅰ～ⅲ）し，その上で「軸組」のバランスを確認する（ⅳ）。

■ステップⅰ　必要壁量の算定

張り間方向とけた行方向のそれぞれについて，地震力と風圧力に対する必要な軸組長さ（必要壁量）を以下の式で求め，大きい方をその階のその方向の必要軸組長さとする。

　ア　地震力用：必要壁量＝（その階の床面積）×（床面積あたりの必要壁量 L_w）

$$L_w = (A_i \cdot C_o \cdot \Sigma W_i) / (0.0196 \cdot Af_i)$$

L_w：床面積あたりの必要壁量（cm/m²）

A_i：層せん断力分布係数

　$A_i = 1 + \{(1/\sqrt{\alpha_i}) - \alpha_i\} \times 2T/(1+3T)$

　α_i：建築物の A_i を算出しようとする高さの部分が支える部分の固定荷重と積載荷重との和を当該建築物の地上部分の固定加重と積載荷重との和で除した数値

　h：建築物の高さ（m）

　T：建築物の設計用一次有周期（S）

C_o：標準せん断力係数 0.2（令 88 条 2 項の規定により指定した区域の場合は 0.3）

ΣW_i：当該階が地震時に負担する固定加重と積載荷重の和（kN）

Af_i：当該階の床面積（m²）

床面積あたりの必要壁量を算定するための設計支援ツール[*21]が用意されている。

*21 日本住宅・木材技術センターのHPに掲載されている。

表-Ⅸ.3.1　見付面積に乗ずる数値（単位：cm/m²）

一般区域	50
特定行政庁が指定した強風地域	50～75

　イ　風圧力用：必要壁量＝（その階の見付面積）×（表-Ⅸ.3.1 の数値）

風圧力は，見付面積（図-Ⅸ.3.3 に示した部分）に比例する。

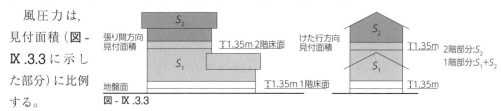

図-Ⅸ.3.3

■ステップⅱ　存在壁量の算定

計画建築物に存在する軸組長さ（存在壁量）を求める。

軸組の種類に応じて右図の倍率をかけて算定する。たすき掛けのように複数の軸組を採用する場合は，倍率は合計できるが，倍率が7を超える場合は7とする。

表 - IX.3.2　軸組の種類による倍率の例

軸組種類	筋かい 鉄筋(径9mm)	筋かい 木材	土塗壁	木ずり下地壁	構造用合板
倍率	1.0	断面積に応じて 1.0〜3.0 たすきがけは ×2（上限は5）	0.5	片面　0.5 両面　1.0	2.5 ほか

■ ステップiii　必要壁量と存在壁量の比較

各階の張り間方向とけた行方向について、存在壁量が必要壁量以上であることを確認する。

■ ステップiv　軸組のバランスを確認

次のどちらかの検討方法によりバランスを確認する（令46条4項、S56告1100）[*22]。

① 平面を4分割し、両端の1/4部分について、それぞれの部分の壁量充足率（存在壁量÷必要壁量）を算出し、小さい方の値が大きい方の値の1/2以上、又はそれぞれの部分の壁量充足率がいずれも1を越えることを確認する。

② 構造計算により偏心率が0.3以下であることを確認する。

[*22] 実態上の倍率が7を超える軸組については、7及び実態上の倍率の両方を用いて、いずれも基準を満たすことを確認する。

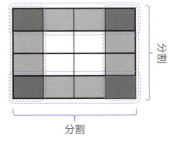

図 - IX.3.4

4　鉄骨造

鉄骨の部材に用いられる鋼材（指定建築材料[*23]）は、日本産業規格（JIS）に適合するもの又は大臣認定を取得したものが使われるため、品質証明がなされており、一般に安定した高い品質を持っている（法37条）。

しかしながら、柱と梁の接合部などは個々の条件に応じた設計が必要となるため、その強度は、鉄骨加工の品質管理能力に大きく依存する。この接合部については、詳細な仕様規定が定められている。また、鉄骨造は火災に弱いため、防火被覆の規定がある。主な規定は以下のとおりである（令3章5節）。

[*23] 指定建築材料：建築物の基礎、主要構造部その他安全上、防火上又は衛生上重要である政令で定める部分に使用する木材、鋼材、コンクリートその他の建築材料として国土交通大臣が定めるもの

1）材料

構造耐力上主要な部分には、鋼材（炭素鋼、ステンレス鋼）を用いなければならない。鋳鉄は引張力には弱いので、曲げ応力や引張り応力が生じる部分には使用できない（令64条）。

2）圧縮材の有効細長比

座屈を防ぐため[*24]、柱は200以下、柱以外は250以下とする（令65条）。

3）柱の柱脚、部材の接合、ボルトなど

原則としてアンカーボルトその他の方法で基礎に緊結する（令66条）。

鋼材相互の接合方法は、原則として鋼材の接合部材料に応じて、高力ボルト接合、溶接接合、リベット接合（ステンレス鋼を除く）又は大臣の認定を

[*24] 鉄骨は部材が細長すぎると軸方向に圧縮力を受けた場合に座屈するおそれがあるため。

受けた接合方法とする必要がある。

接合部は，大臣が定めた構造方法，又は大臣が認定した接合方法による（令67条）。

孔間の鋼材の破断を防止する観点から，ボルト等の径ごとに，ボルト相互間の中心間距離（令68条1項）が，施工性や接合部強度を確保する観点から孔径が定められている（同条2項，4項）。

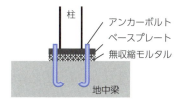

例　露出形式柱脚

図- IX.3.5

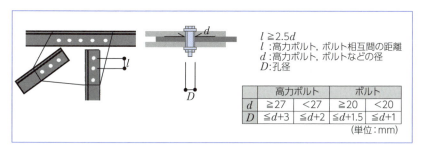

図- IX.3.6

4）斜材，壁等の配置

すべての水平力に安全となるよう，形鋼等の斜材（ブレース）や鉄筋コンクリート造の壁・床版等を釣り合いよく配置する（令69条）。

5）耐火被覆

地階を除く階数3以上の建築物で，柱のうち1本が火熱を受けることで耐力が低下し，建築物全体が容易に倒壊するおそれのある場合は，通常の火災による火熱に対して30分以上の非損傷性を有する構造方法（大臣が定めるもの又は大臣認定を受けたもの）とする必要がある（令70条，H12告1356）。

耐火被覆の例

図- IX.3.7

5 鉄筋コンクリート造

鉄筋コンクリート造は鉄筋を組み立て，その周囲を型枠で覆い，コンクリートを打ち込んで施工するものであるため，鉄筋の継ぎ手や定着，コンクリートの材料，調合，強度試験などの仕様規定が定められている（令3章6節）。

1）コンクリートの強度，養生方法，型枠など

コンクリートは圧縮力を負担する。コンクリートの材料や品質を適切に保

ち，必要な材料強度や耐久性を確保するため，強度の下限値，養生方法や型枠除去の時期等が定められている（令74条，75条，76条）。

ア　コンクリートの圧縮強度　4週圧縮強度[*25]の下限値は原則として $12\,\text{N/mm}^2$ 以上とし，強度試験により設計基準強度等の必要な強度以上であることを確認する。

＊25 打ち込んでから28日後のコンクリートの圧縮強度

イ　コンクリートの打込み中と打込み後5日間　原則としてコンクリートの温度を2℃以上に保つ。

ウ　型枠と支柱　コンクリートの自重や工事中の荷重により著しい変形，ひび割れ等の損傷を受けることがない強度になるまで取り外さない。
など

2）鉄筋の継手と定着

鉄筋（丸鋼，異形鉄筋）は引張力を負担するため，コンクリートから引き抜かれないように定着させる（**図-Ⅸ.3.8**）。

継手の部分は引張力を伝えるため，主筋等は引張力が最も小さい部分に設け，重ね長さを主筋等の径の25倍以上とする。継手の長さは，設置位置，コンクリートの種類に応じて決められている（令73条）[*26]（**図-Ⅸ.3.9**）。

＊26 継手は大臣の定める構造方法によることもできる（H12告1463）。
・圧接継手
・溶接継手（突合せ溶接）
・機械式継手（スリーブ圧着継手その他）

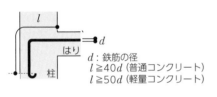

図-Ⅸ.3.8

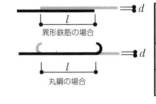

図-Ⅸ.3.9

	l	
	引張力最小の部分	左記以外
普通コンクリート	≧25d	≧40d
軽量コンクリート	≧30d	≧50d

3）鉄筋のかぶり厚さ

鉄筋はコンクリートの中性化による錆の発生や，火災時の鉄筋の強度低下を防ぐ必要があることから，構造部位ごとに鉄筋のかぶり厚さが決められている（令79条1項）（**図-Ⅸ.3.10**）。ただし，同等以上の耐久性，強度を有する部材で，大臣が定める構造方法によるもの，又は大臣の認定を受けたものはこれによらないことができる（令79条2項）。

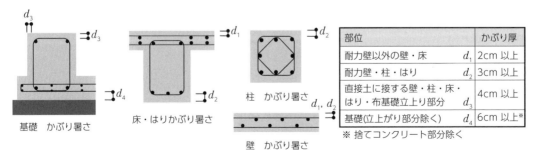

図-Ⅸ.3.10

4）柱，床版，はり，耐力壁の構造

これらの部材には，①固定荷重に耐えること，②地震力や風圧力などを他の部位に伝えることができるような強度と剛性を持つことが求められるため，詳細な仕様規定が定められている（令77条～78条の2）。

コラム　補強コンクリートブロック造

敷地境界によく用いられる補強コンクリートブロック塀は，法で高さや鉄筋の補強間隔，控壁，基礎などが定められている（令3章4節の2）。

2018年に発生した大阪北部地震では小学校のブロック塀が倒壊し，通行していた児童が亡くなるいたましい出来事があった。倒壊したブロック塀には法令違反があり，その後文科省が学校の塀について点検したところ，その1/4に安全性に問題があることがわかった。これを受け，各地の自治体では既存のブロック塀の改修を促進している。

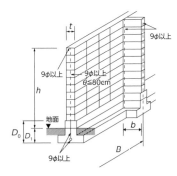

- 鉄筋を縦，横80 cm以下の間隔で配筋し，端部はかぎ状に折り曲げて鍵かけとする
- 塀の高さ（h）は，2.2 m以下
- 塀の厚さ（t）は，10 cm以上（高さ2 m超は厚さ15 cm以上）
- 基礎のたけ（D_0）は，35 cm以上
- 根入れ（D_1）は30 cm以上
- 控え壁の間隔（B）は，3.4 m以下
- 控え（b）は，$h/5$以上

IX　構造強度

構造に関する用語

ア　自重（固定荷重）（令84条）　　建築物自体の重さのことをいい，実況に合わせて算出するが，法に定められた数値を使うこともできる。

イ　積載荷重（令85条）　建築物を利用するときに新たにかかる重さをいい，実況に合わせて算出するが，法に定められた数値を使うこともできる。

ウ　長期荷重（令82条）　原則として固定荷重＋積載荷重

エ　短期荷重（令82条）　想定状態（積雪時，暴風時，地震時）に応じて，長期荷重に積雪荷重[*27]，風圧力，地震力をそれぞれ足した，3種類の短期荷重がある。⇨2 **3**

       *27 多雪区域は長期荷重に積雪荷重を一部含む。また，暴風時，積雪時の短期荷重に積雪荷重を一部含む。

オ　構造耐力上主要な部分[*28]（令1条）（⇨III 4 **6**）　　基礎，基礎ぐい，壁，柱，小屋組，土台，斜材（筋かい，方づえ，火打材など）で，建築物の自重若しくは積載荷重，積雪荷重，風圧，土圧若しくは水圧又は地震その他の振動及び衝撃を支えるものをいう。

       *28 主要構造部との違いに注意する。

カ　許容応力度（令89条〜令94条）
材料ごとの設計上許容される応力度の限度をいい，材料強度を安全率で除して算出される。長期応力と短期応力それぞれに対して，圧縮，引張り，曲げ，せん断等の許容応力度が定められている。

応力
降伏点
破断
許容応力度
ひずみ
例　鉄骨の応力ひずみ線図

キ　材料強度（令95条〜令99条）保有水平耐力等を計算するために使用するもので，材料ごとの計算上の最大応力度で，材料が実際に塑性[*29]するまでの強度をいう。

       *29 変形したままで元の形に戻らないこと。

ク　剛性　　建築物の変形しにくさ，かたさをいう。

ケ　靱性　　建築物が強度を保ちながら変形し，エネルギーを吸収することができる粘り強さをいう。そのため，粘り強い構造は地震にも強い。

コ　重心　　剛体に作用するすべての重力の合力の作用点をいう[*30]。

サ　剛心　　構造物の床位置に水平力が作用するとき，ある層の床の水平面内における回転中心をいう。剛心と重心が一致しないとねじりが生じる[*30]。

       *30 日本建築学会編『建築学用語辞典 第2版』，岩波書店，1999

シ　座屈　　圧縮力を受ける部材あるいは構造物が圧縮力に直交する方向にはらみだす曲がる現象[*29]。

ス　プレストレストコンクリート造　構造上主要な骨組部分にプレストレストコンクリートを用いた構造。プレストレストコンクリートは鋼材によってコンクリートに圧縮力を導入した一種の鉄筋コンクリート（引張応力が生じるコンクリートにあらかじめ圧縮力を与え，見掛けの引張強度の増加により部材の強度が増大する。）。

セ　構造計算適合性判定制度　特定構造計算基準(ルート2[*31]，ルート3，限界耐力計算)及び大臣認定プログラムによる構造計算を用いた場合に，都道府県知事又は指定構造計算適合性判定機関がその判定を行う制度。⇨IV 3 **2** 4) オ

       *31 ルート2審査対応機関に確認申請する場合は除く。

126

X 火災に強い建築物をつくる

　近年，建築物の大規模化・高層化が進んでおり，このような建築物で火災が発生し，拡大した場合，さらに大きな被害がもたらされる可能性がある。

　火災を防ぎ，そして火災による被害を抑えるために，建築基準法と消防法により，各種の安全対策が義務付けられている。そのうち，建築基準法には主として，火災の拡大を防止する，延焼を遅らせる，避難路を確保する等の規定が設けられている。これらの規定は，近年，火災に対する知見が増えてきたこと，建築材料や解析方法等の技術が発達してきたことなどから，法改正が相次ぎ，その結果，複雑化し，詳細なものとなってきている。

　この章では，これらの防火避難規定の構成と建築物の構造制限について紹介する。

2017年に埼玉県で発生した大規模倉庫の火災。感知器にかかる電気配線の短絡によって多数の防火シャッターが作動しなかったことで鎮火まで長時間を要した。

X 火災に強い建築物をつくる

1 建築基準法と消防法

1 建築物の火災

　火災の原因はさまざまである。タバコの消し忘れのような小さな発火が大きな火災へとつながることも多く，また，地震後の電源復旧時に，ブレーカーが落ちていなかった家屋から多数の発火がみられたことも問題となった。

　炎が大きくなると，室内の温度が上昇して可燃物が一斉に発火する，あるいは，可燃ガスなどが発生して爆発的に燃焼する「フラッシュオーバー」に至る。窓ガラスが割れて外気が流入すると，火勢は強まり廊下等にも煙があふれだすため，避難が困難となる。さらに火災が上階に広がり，隣接する建築物へ燃え移り，火災が市街地へ拡大していった事例も見受けられる。建築基準法と消防法の規定は，このような火災の現象を踏まえて，設定されている。

2 建築基準法と消防法

　建築基準法では火災の発生時に，①建築物の倒壊を防ぐ，②在館者が建築物から安全に避難できる，③消防隊が消火活動を行なえるようにする，という視点から規定が設けられている。

　①については，建築物自体を火災時に燃えにくくすることで対応する。そのため，建築物の用途や規模，立地する地域に応じて必要とされる性能が設定されており，「防火規定」と呼ばれている。②については，火災時に在館者が建築物から避難する際の経路となる階段や廊下などの性能が定められており，「避難規定」と呼ばれている。③は火災時に消防隊が消火救助活動を行うための非常用進入口や非常用エレベーターなどの設置にかかる規定である。

　これに対して，消防法は火災の発見や消火活動のための機能に重点が置かれ，火災の発生を知らせる警報装置や消火器具の設置，消火栓や連結送水管など消火活動のための設備について規定されている。

　なお，建築確認とも連動しており，建築着工前に消防同意[*1]を得て確認済証が交付されるしくみになっている（法93条）。⇨Ⅳ 3 2 4）

*1 防火地域，準防火地域以外に建設される住宅（長屋，共同住宅を除く）の場合は通知。

図-Ⅹ.1.1

2 防耐火にかかる用語

1 耐火建築物等

1）耐火建築物

特定主要構造部[*2]が耐火構造[*3]であるもの，又は耐火性能検証法[*4]により火災が終了するまで耐えられることが確認されたもので，外壁の開口部で延焼のおそれのある部分に防火戸等を有する建築物をいう（法2条9号の2）。

2）準耐火建築物

耐火建築物以外の建築物で，主要構造部が準耐火構造[*5]（法2条9号の3イ）又はそれと同等の準耐火性能を有するもの（法2条9号の3ロ）で，外壁の開口部で延焼のおそれのある部分に防火戸等を有する建築物をいう。

3）防火戸等の防火設備

通常の火災による火熱が加えられた場合に20分間火熱を遮るものとして国土交通大臣が定めたもの（H12告1360）又は国土交通大臣の認定を受けたものをいう（令109条，109条の2）。

2 延焼のおそれのある部分

建築物相互の延焼を防ぐため，防火対策をしなければならない建築物の部分をいい，道路の中心線あるいは隣地境界線から，1階は3m以内，2階以上は5m以内の範囲がこれにあたる（法2条6号）。

ア　同一敷地内に2以上の建築物がある場合は，相互の外壁の中心線からの距離（建築物の延べ面積の合計が500m²以内の場合は，建築物が複数あっても1つの建築物とみなされる）。

イ　一定の空地（防火上有効な公園，川等）がある場合，延焼のおそれがない場合（耐火構造の壁等[*6]）は，それらに面する建築物の部分は除かれる。

*2 部分的な木造化の促進を図る観点から，主要構造部のうち「防火上及び避難上支障がない部分」を除いたものを特定主要構造部と定義された。その部分的に木造とすることができる「防火上及び避難上支障がない部分」の基準は，火災により損傷・崩落した場合であっても，火災が一定の区画部分にとどまり，火災による火熱によって建築物全体が倒壊，延焼しないことなどが定められている（令108条の3，R6告231）。
*3 ⇨ 4 1
*4 ⇨ Ⅺ 6 3
*5 ⇨ 4 3

*6「建築物の外壁面と隣地境界線等との角度に応じて火熱により燃焼するおそれのないものとして国土交通大臣が定める部分」を含む。

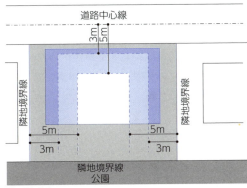

図-Ⅹ.2.1

3 防火設備

防火戸等で，通常の火災時において火災を有効に遮るための性能（遮炎性能）を持ったものをいう。火災時に開口部からの火災拡大や隣棟への延焼を防ぐもので，延焼のおそれのある部分の外壁や，内部の防火区画の開口部等に設置される（図 - Ⅹ.2.2[防火戸の例（防火シャッター）]）。防火設備の種類と機能は以下のとおりである。

ア 防火設備（基本形） 通常の火災による火熱が加えられた場合に，加熱開始後 20 分間当該加熱面以外の面（＝屋内・屋外の両面）に火炎を出さない（令 109 条の 2）。

イ 20 分間防火設備 通常の火災による火熱が加えられた場合に，加熱開始後 20 分間当該加熱面以外の面（＝屋内面）に火炎を出さない（令 137 条の 10 第 1 号，R 元告 196）。

ウ 10 分間防火設備 通常の火災による火熱が加えられた場合に，加熱開始後 10 分間当該加熱面以外の面（＝屋内・屋外の両面）に火炎を出さない（令 112 条 12 項，R2 告 198）。

エ その他の防火設備 30 分間防火設備（R 元告 194 第 2 第 4 項），75 分間防火設備（R 元告 193 第 1 第 9 項）がある。

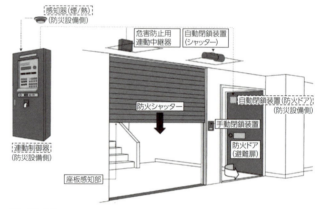

図 - Ⅹ.2.2

4 建築材料

図 - Ⅹ.2.3

不燃材料等として扱われる建築材料は，その不燃性能に応じて 3 種類に区分される。それぞれ，通常の火災による火熱が加えられた時間（20 分，10 分，5 分）に応じて，①燃焼しない，②防火上有害な変形，溶融，き裂などを生じない，③避難上有害な煙やガスを発生しないものをいう（法 2 条 9 号，令 1 条 5 号，6 号）。

3 耐火構造等の考え方

1 はじめに

火災に対する建築物の構造は，火災に対する性能の高さから順に，「耐火構造」，「準耐火構造」，「防火構造」を基本として設定されている。

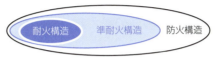

図-Ⅹ.3.1

近年，火災による被害の検証等による知見の集積や建築材料等の生産にかかる技術の発展，解析方法の発達などから見直しが進み，「同等の性能」や「これらに準じる性能」が認められるところとなった。

前述の「耐火構造」はいわば万能選手的な位置づけになる。

2 耐火構造等の構成

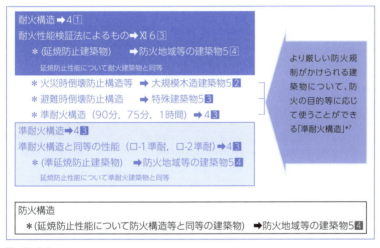

図-Ⅹ.3.2

*7 適用にあたって条件が付加される場合が多い。

耐火構造は「壁，柱，床その他の建築物の部分の構造のうち，耐火性能[*8]に関して技術的基準（令107条）に適合する鉄筋コンクリート造，れんが造その他の構造で，国土交通大臣が定めた構造方法を用いるもの又は国土交通大臣の認定を受けたもの」として定義されている（法2条7号）。このほか，耐火性能検証法によりその性能を確かめたものがある。

また，前述のように火災が建築物やその周囲に及ぼす影響から見直しが進み，火災時倒壊防止構造，避難時倒壊防止構造，延焼防止建築物等が設定されている。このうち，火災時倒壊防止構造，避難時倒壊防止構造は準耐火構造に包括されるものではあるが，条件等に応じて，前者は大規模木造建築物に，後者は特殊建築物で使うことができる構造として設定されている。なお，条件や用途，規模等によっては，「準耐火構造（90分，75分，1時間）」が使用できる場合も設定されている。

*8 通常の火災が終了するまでの間，当該火災による建築物の倒壊及び延焼を防止するために当該建築物の部分に必要とされる性能。

131

また，延焼防止建築物は，延焼防止性能が耐火建築物と同等の建築物として設定されたものである。

準耐火構造（45分）には，主要構造部を準耐火構造としたイ準耐のほか，イ準耐と同等の準耐火性能があるものとして設定されたロ－1準耐，ロ－2準耐がある（法2条9の3号，令109条の2）。

3 主要構造部に求められる機能の考え方

防火上重要な「主要構造部」に対する法令上の規制は，規模，用途，立地の3つの観点からなされている（図-Ⅹ.3.3）。

具体的な基準は，それぞれ政令で定められ，国土交通大臣が定めた構造によるか，国土交通大臣の認定を受ける必要がある。

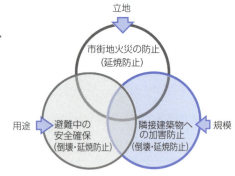

図-Ⅹ.3.3

規模の観点	大規模な木造建築物等[*9]	周囲の建築物を著しく損傷させるおそれ	防止するもの ・建築物の「**倒壊**」そのもの ・倒壊に繋がる「**内部延焼**」
用途の観点	特殊建築物	在館者の避難が困難になるおそれ	・早期の建築物の「**倒壊**」 ・避難経路の利用を制限するような「**内部延焼**」
立地の観点	防火地域等	建築物火災が繰り返され，市街地全体の大規模火災へと拡大するおそれ	・建築物間の「**外部延焼**」 　貰い火による延焼 　隣接する建築物への延焼

図-Ⅹ.3.4

[*9] 木造建築物等：主要構造部（床，屋根及び階段を除く）の自重又は積載荷重（多雪区域では自重，積載荷重又は積雪荷重）を支える部分の全部又は一部に木材，プラスチックその他の可燃材料を用いたもの。

1）規模の観点からの規制

大規模な木造建築物等[*9]には，「通常火災終了時間」が経過するまでの間，建築物の倒壊や倒壊に繋がる内部延焼を防止する性能が求められる（法21条）。

　ア　通常火災終了時間　建築物の構造，建築設備及び用途に応じて通常の火災が消火の措置により終了するまでに通常要する時間

　イ　求められる性能　通常の火災による建築物の倒壊及び延焼を防止するために主要構造部に必要とされる性能に関して，技術的基準[*10]（令109条の5）に適合するもので，国土交通大臣が定めた構造方法を用いるか，国土交通大臣の認定を受けたもの（⇨5 **2**）。

[*10] 表-Ⅹ.5.1の基準又は，耐火性能に関する技術基準（令107条各号）又は耐火建築物の主要構造部に関する技術基準（令108条の3第1項1号イ，ロ）。

２）用途の観点からの規制

特殊建築物に対しては「特定避難時間」が経過するまでの間，建築物の倒壊及び延焼を防止するために特定主要構造部に必要とされる性能が求められる（法27条）。

ア　特定避難時間　在館者の全てが当該特殊建築物から地上までの避難を終了するまでに要する時間

イ　求められる性能　通常の火災による早期の建築物の倒壊及び，避難経路の利用を制限する内部延焼を防止するために主要構造部に必要とされる性能（⇨5 **3**）。延焼のおそれのある部分の外壁の開口部には防火設備（遮炎性能）が必要となる。

３）立地の観点からの規制

防火地域又は準防火地域内にある建築物には，もらい火や隣棟への延焼を防止する「延焼防止性能」[*11]が必要とされる（法61条）。

ア　延焼防止時間　通常の火災による周囲への延焼を防止することができる時間。

イ　延焼防止性能　通常の火災による周囲への延焼を防止するために壁，柱，床その他の建築物の部分[*12]及び当該防火設備に必要とされる性能をいう。延焼のおそれのある部分の外壁の開口部には防火設備（遮炎性能）が必要である。

　地域別，規模別に設定される。

> *11 延焼防止性能：法令で規定された用語ではないが，国が法改正説明にあたって用いた用語。

> *12 門又は塀で，高さ2m以下のもの又は準防火地域内にある建築物（木造建築物等を除く）に附属するものについては除かれる。

4 耐火構造と準耐火構造の違い

１）耐火性能の種類

ア　非損傷性　構造耐力上支障のある変形，溶融，破壊その他の損傷を生じないこと

イ　遮熱性　加熱面以外の面（屋内面に限る）の温度が当該面に接する可燃物が燃焼するおそれのある温度以上に上昇しないこと

ウ　遮炎性　屋外に火災を出す原因となるき裂その他の損傷を生じないこと

２）相違点

耐火構造と準耐火構造のどちらにも，一定の耐火性能が求められる点は同じである。すなわち，1）で述べた通常の火災による火熱が加えられた場合の「非損傷性」，「遮熱性」，屋内において発生する通常の火災による火熱が加えられた場合の「遮炎性」である。しかし，耐火構造には加熱が終了した後も引き続き壊れない性能が求められるのに対して，準耐火構造には加熱中に壊れないことのみが規定され，加熱終了後の性能は規定されていない点で異なっている。

4 耐火構造，準耐火構造，防火構造等

1 耐火構造

耐火性能を有する構造をいう。階数と主要構造部の部位に応じて，耐火性能が必要とされる時間が決められている（令107条）（**図-Ⅹ.4.1**）。
具体的に告示に示される仕様と国土交通大臣の認定によるものがある。

1）耐火構造に求められる耐火性能の基準
　ア　**非損傷性**　通常の火災の火熱に対する30分から3時間の非損傷性能（**表-Ⅹ.4.1**）（非耐力壁の外壁で延焼のおそれのある部分以外の部分は30分）。
　イ　**遮熱性に関する基準（壁・床）**　通常の火災の火熱に対する1時間の遮熱性能。加熱面以外の面の温度が，①最高200℃，②平均160℃以上に上昇しない。
　ウ　**遮炎性に関する基準（外壁・屋根）**　通常の屋内火災による火熱による1時間（非耐力壁の外壁で延焼のおそれのある部分以外の部分及び屋根は30分）の遮炎性能。

2）部位に応じて求められる時間

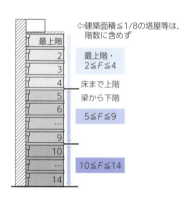

図-Ⅹ.4.1

2 耐火建築物

特定主要構造部を「耐火構造又は耐火性能検証法で検証したもの」とし，延焼のおそれのある開口部を「防火設備」としたものをいう。

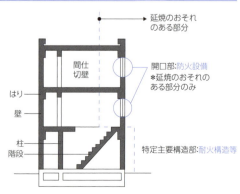

図-Ⅹ.4.2

3 準耐火構造

準耐火性能[13]を有する構造をいう。壁，柱，床その他の建築物の部分の構造が，技術的基準に適合するもので，国土交通大臣が定めた構造方法を用いるものと国土交通大臣の認定によるものがある。

[13] 準耐火性能は，通常の火災による延焼を抑制するために当該建築物の部分に必要とされる性能をいう。
[14] H12告1358
[15] R元告195

1）準耐火構造（45分）[14]と準耐火構造（1時間）[15]

表-X.4.1 準耐火構造（45分，1時間）に求められる準耐火性能

建築物の部分		準耐火（45分）			準耐火（1時間）		
		通常の火災による加熱時間					
		非損傷性	遮熱性	遮炎性	非損傷性	遮熱性	遮炎性
外壁（耐力壁）		45	45	45	60	60	60
外壁（非耐力壁）	延焼部分	−	45	45	−	60	60
	非延焼部分	−	30	30	−	30	30
間仕切壁（耐力壁）		45	45	−	60	60	−
間仕切壁（非耐力壁）		−	45	−	−	60	−
柱		45	−	−	60	−	−
はり		45	−	−	60	−	−
床		45	45	−	60	60	−
屋根		30	−	30	30	−	30
軒裏※	延焼部分	−	45	30	−	60	30
	非延焼部分	−	30	30	−	30	30
階段		30			30		

※ 外壁で小屋裏又は天井裏と防火上有効にさえぎられているものを除く
− 要求なし
注）外壁で遮熱性と遮炎性に時間が示されている部分は，屋外において発生する通常の火災による屋内への遮熱性と，屋内において発生する通常の火災による屋外への遮炎性を示す。

2）準耐火構造（45分）と同等の構造

通称「ロ準耐」と呼ばれる構造で，次の2種類がある（令109条の3）。

ロ-1　外壁を耐火構造とし，屋根を法22条の構造などとしたもの。

ロ-2　柱，はりを不燃材料（その他の主要構造部は準不燃材料）でつくり，外壁の延焼のおそれのある部分を防火構造とし，屋根を法22条の構造などとしたもの。

3）準耐火構造（75分）

壁，柱，床，はり，軒裏を告示の仕様にした構造をいう（法21条，R元告193）。

4）準耐火構造（90分）

壁，軒裏を告示の仕様にした構造をいう（法61条，R元告194）。

4 準耐火建築物

耐火建築物以外の建築物のうち次のいずれかに該当する構造のもので、延焼のおそれのある外壁の開口部に「防火設備」を設けたものをいう。

1) **イ準耐**　主要構造部を準耐火構造（45分）とし、建築物の地上部分の層間変形角を1/150以内としたもの（主要構造部が防火上有害な変形、き裂その他の損傷を生じないことが計算又は実験によって確かめられた場合を除く）（令109条の2の2）。

2) **ロ準耐**　イ準耐以外の建築物で、イ準耐と同等の準耐火性能を有するものとして、主要構造部の防火措置その他が技術的基準（令109条の3）に適合するもの。

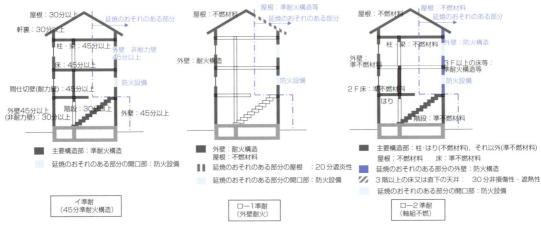

図-Ⅹ.4.3

5 防火構造

防火性能を有する構造をいい、告示に示される仕様とするか、国土交通大臣の認定によるものとする（令108条、H12告1359）。

1) **外壁（耐力壁）**

通常の火災の火熱が30分加えられた場合、非損傷性を有する。

2) **外壁、軒裏**

通常の火災の火熱が30分加えられた場合、遮熱性を有する。

コラム　大規模な木造建築物等に係る制限のただし書き

ただし書きに除外規定がおかれる場合も多い。

この場合は、「その周囲に延焼防止上有効な空地で政令で定める技術的基準に適合するものを有する建築物については、この限りでない」とされている。政令（109条の6）では、「建築物の各部分から当該空地の反対側の境界線までの水平距離が各部分の高さに相当する距離以上であること」と規定している。これを図に表すと右図のようになる。

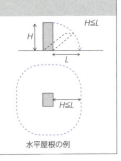

水平屋根の例

5　特殊建築物等の防火上の構造制限

1　耐火建築物等としなければならない建築物

耐火建築物等とすることが求められるのは，次の3種類の建築物である。

◇大規模木造建築物等（法21条）

◇特殊建築物（法27条）

◇防火地域・準防火地域に立地する建築物（法61条）

2　大規模木造建築物等の防火上の制限

1）階数，高さによる制限

①地階を除く階数が4以上のもの，②高さが16mを超えるもの，③高さが13mを超える倉庫，自動車車庫，自動車修理工場などについては，通常火災終了時間[16]までの建築物の倒壊及び延焼を防止するために特定主要構造部に必要とされる性能が求められる（法21条1項）。なお，その周囲に延焼防止上有効な空地がある場合は除かれる。⇨コラム p.136

その性能を満たす構造には，耐火構造と**火災時倒壊防止構造**[17]がある（令109条の5，R元告193）。

表-Ⅹ.5.1　大規模木造建築物等に求められる防火性能

要件	特定主要構造部の部分	要求時間
非損傷性	耐力壁の間仕切壁 耐力壁の外壁 柱，床，はり	通常火災終了時間[1]
	屋根（軒裏除く） 階段	30分
遮熱性	壁[2]，床 軒裏[3]	通常火災終了時間
遮炎性	外壁[2]	通常火災終了時間
	屋根	30分

※1　通常火災終了時間が45分未満の場合は45分
※2　非耐力壁である外壁の延焼のおそれのある部分以外は30分
※3　外壁によって小屋裏等と防火上有効にさえぎられているものを除き，延焼のおそれのある部分以外は30分

2）火災時倒壊防止構造

通常の火災が終了するまでに建築物の倒壊や延焼を防止する性能をもつ構造をいい，準耐火構造に包含される（**表-Ⅹ.5.1**）。

3）延べ面積3,000m²を超える場合（法21条2項）

延べ面積が3,000m²を超える場合は，①耐火構造，②火災時倒壊防止構造（階数4以上），③周辺危害防止構造[18]（階数3以下）のいずれかとするか，④延焼防止上必要な性能を有する壁等で3,000m²以内ごとに区画する必要がある。

壁の基準は次のとおりである（令109条の7）。

i)　通常の火災による火熱が火災継続予測時間[19]加えられた場合に，当該壁等に非損傷性，当該加熱面以外の面に遮熱性がある。また，通常の屋内火災による火熱が火災継続予測時間加えられた場合に遮炎性を有する。

ii)　通常の火災による当該壁等以外の建築物の部分の倒壊によって生ずる応力が伝えられた場合に倒壊しない。

iii)　通常の火災時に当該壁等で区画された部分から屋外に出た火炎による区画外の部分への延焼を有効に防止できる[20]。

*16 通常火災終了時間　⇨3 **3** 1)ア
*17 火災時倒壊防止構造（R元告193第1）

*18 周辺危害防止構造　⇨5 **2** 4)

*19 火災継続予測時間（建築物の構造，建築設備及び用途に応じて火災が継続することが予測される時間）

*20 当該壁等の部分を除く。

X　火災に強い建築物をつくる

4）周辺危害防止構造

　屋根や外壁の外殻を強化し，建物内部を中規模区画等により，通常の火災による建築物の周囲への放射熱量を一定以下に抑制し，避難上，消火上必要な機能の確保に支障を及ぼさないものとなる構造をいう（令109条の7第1項1号）。

3 特殊建築物と構造制限

1）耐火建築物等としなければならない建築物

　特殊建築物は規模や用途等に応じて，特定主要構造部を**特定避難時間**[*21]，**通常の火災による建築物の倒壊及び延焼を防止するために特定主要構造部に必要とされる性能**とし，かつ，**延焼のおそれのある部分の外壁開口部**[*22]に，**20分間防火設備**（令110条の3）を設けたもの等とする必要がある（法27条1項）。特定主要構造部に必要とされる性能は，①技術的基準に基づくもの（避難時倒壊防止構造（令110条，H27告255）），②耐火構造又は耐火性能検証法によるもののどちらかとする。なお，規模等一定の条件を満たす場合は，準耐火構造等とすることができる（**表-X.5.2**）。

　また，法27条2，3項に掲げる用途の建築物は，規模等により耐火建築物又は準耐火建築物とする（**表-X.5.3**）。

*21 特定避難時間
⇨3 ▪3 2）ア
*22 他の外壁の開口部から通常の火災時の火炎が到達するおそれがあるものとして大臣が定めるもの⇨告示を含む。

表-X.5.2　耐火建築物等としなければならない特殊建築物（法27条1項，法別表第1ほか）

	用途	用途に供する階	規制内容
(1)	劇場，映画館，演芸場，観覧場，公会堂，集会場他[※1]	3階以上の階 客席が200 m²以上（屋外は1,000 m²以上） 劇場，映画館，演芸場で主階が1階以外	耐火構造・耐火検証法 避難時倒壊防止構造
(2)	病院，診療所（患者の収容施設あり），ホテル，旅館，下宿，共同住宅，寄宿舎，児童福祉施設等[※2, ※3]	3階以上の階	同上
		2階が300 m²以上（患者の収容施設あり）	➡準耐火構造 又はロ準耐
	下宿，共同住宅，寄宿舎（防火地域以外）[※2]	地階を除く階数3で3階	➡1時間準耐火[※4]
(3)	学校，体育館，博物館，美術館，図書館，ボーリング場，スキー場，スケート場，水泳場，スポーツ練習場	3階以上の階	耐火構造・耐火検証法 避難時倒壊防止構造
		2,000 m²以上	➡準耐火構造又はロ準耐
		地階を除く階数3で3階	➡1時間準耐火[※5]
(4)	百貨店，マーケット，展示場，キャバレー，遊技場，公衆浴場，飲食店，物販店舗（床面積＞10 m²）	3階以上の階	耐火構造・耐火検証法 避難時倒壊防止構造
		3,000 m²以上	
		2階500 m²以上	➡準耐火構造又は ロ準耐

※1　階数が3で，延べ面積が200 m²未満のものを除く
※2　階数3で延床面積が200 m²未満で，一定の警報装置を設けたものを除く
※3　ただし入居する者の寝室がない児童福祉施設等は規模用件のみで緩和され，警報装置の設置は要しない
※4　バルコニー，通路，防火設備について所定の要件を満たすもの
※5　道路について指定の要件を満たすもの

138

表 - Ⅹ.5.3 耐火建築物又は準耐火建築物としなければならない特殊建築物（法27条2項, 3項, 法別表第1ほか）

用途	耐火建築物（2項）	耐火・準耐火建築物（3項）
	用途に供する階 用途に供する床面積の合計	用途に供する床面積の合計
(5) 倉庫	3階以上の部分 ≧ 200 m²	≧ 1,500 m²
(6) 自動車車庫, 自動車修理工場, 映画・ＴＶスタジオ	3階以上	≧ 150 m²※1
ー 令116条の表の数値を超える危険物の貯蔵又は処理場		全部

※1　ロー1準耐を除く（令115条の4, 令109条の3）。

2）避難時倒壊防止構造

火災時に在館者全員が避難を終了するまでの時間, 建築物の倒壊や内部延焼を防止する性能を有する構造をいい, 準耐火構造に包含される（**表 - Ⅹ.5.4**）。

なお, 避難時倒壊防止構造とする場合には, 特定主要構造部の規制の他, 以下の条件等がある（H27告255第1第1項1号）。

- i）特別避難階段の設置*23
- ii）上階延焼抑制防火設備*24
- iii）居室に自動火災報知設備を設置
- iv）建築物周囲に幅員3m以上の通路を確保*25
- v）スプリンクラー設備の設置等*26

表 - Ⅹ.5.4　避難時倒壊防止構造に求められる性能

要件	特定主要構造部の部分	要求時間
非損傷性	耐力壁の間仕切壁 耐力壁の外壁 柱, 床, はり	特定避難時間※1
	屋根（軒裏除く） 階段	30分
遮熱性	壁※2, 床 軒裏※3	特定避難時間
遮炎性	外壁※2	特定避難時間
	屋根	30分

※1　特定避難時間が45分未満の場合は45分
※2　非耐力壁である外壁の延焼のおそれのある部分以外は30分
※3　外壁によって小屋裏等と防火上有効に遮られているものを除き, 延焼のおそれのある部分以外は30分

＊23　2階以上の階に居室を有する場合
＊24　他の外壁から火炎が到達するおそれのある開口部に限る
＊25　居室に設けられた開口部がある外壁に限る。道に接する部分を除く。
＊26　用途地域未指定の場合

3）準耐火構造（1時間）（⇨4 **3**）とすることができる特例

防火地域以外に立地する地上3階建て共同住宅や学校等で, **表 - Ⅹ.5.5** の条件を満たす場合は, 準耐火構造（1時間）とすることができる。

（H27告255第1第1項3号→共同住宅等, 同4号→学校等）

表 - Ⅹ.5.5　準耐火構造（1時間）とする特例を受けるための条件

用途	地域	条件		
		①※1	②※2	③
共同住宅	防火地域以外	○	○	○
下宿, 寄宿舎	防火地域・準防火地域以外	○	○	
学校など	ー		○	※3

① 地上への避難経路➡避難上有効なバルコニー
※1　各宿泊室等から地上に通じる廊下等が直接外気に開放される等で緩和される。
② 道路への避難経路➡建築物周囲に幅員3m以上の通路（道に接する部分を除く）
※2　各宿泊室等に避難上有効なバルコニーがあり, 延焼部分の外壁開口部に防火上有効なひさし等がある場合は緩和される。
③ 延焼防止措置　　➡外壁開口部等に防火設備（20分：片面遮炎）
※3　他の外壁開口部から通常火災時に火炎が到達するおそれがある開口部には上階延焼抑制防火設備を設けるなど。

X 火災に強い建築物をつくる

4 防火地域・準防火地域の建築物

　都市計画法で定められた防火地域や準防火地域の中にある建築物には，規模に応じて，延焼防止の観点からみた防火性能が求められている（⇨Ⅵ4 2）。

　ここでは，延焼防止性能について耐火建築物と同等の性能を有する建築物を「延焼防止建築物」，準耐火建築物と同等の性能を有する建築物を「準延焼防止建築物」と表記する。

1）延焼防止建築物（令136条の2第1号ロ）の検討方法

　ア　計画建築物の特定主要構造部，防火設備及び消火設備の構造に応じて計画建築物の「延焼防止時間*27」を算出する。

　イ　特定主要構造部等*28が耐火構造又は耐火性能検証法による構造（かつ，外壁開口部に防火設備*29）に適合すると仮定した場合の延焼防止時間を算出する。

　ウ　アの「延焼防止時間」≧イの「延焼防止時間」　を確認する。

2）準延焼防止建築物（令136条の2第2号ロ）

　・計画建築物の主要構造部，防火設備及び消火設備の構造に応じて「延焼防止時間」を算出し，「主要構造部等」が準耐火構造（45分）又はロ－1準耐，ロ－2準耐（かつ，外壁開口部に防火設備*29）に適合すると仮定した場合の延焼防止時間以上であることを確認したもの。

3）防火構造等と同等の延焼防止性能のある建築物（令136条の2第3号ロ）

　・計画建築物の主要構造部，防火設備及び消火設備の構造に応じて「延焼防止時間」を算出し，「特定外壁部分等☆1」が防火構造等☆2の基準に適合すると仮定した場合の延焼防止時間以上であることを確認したもの。

　☆1　「特定外壁部分等」：当該建築物の外壁及び軒裏で延焼のおそれのある部分並びに外壁開口部設備*30

　☆2　防火構造等：①外壁及び軒裏で延焼のおそれのある部分が防火構造*31に適合，②外壁開口部設備*29, *30に，建築物の周囲において発生する通常の火災による火熱が加えられた場合に，加熱開始後20分間当該加熱面以外の面（屋内に面するものに限る）に火炎を出さないもの。

4）片面防火設備と同等の延焼防止性能のある建築物（令136条の2第4号ロ）

　・外壁開口部設備が上記3）と同じ。

　・計画建築物の主要構造部，防火設備及び消火設備の構造に応じて算出した「延焼防止時間」が，当該建築物の外壁開口部設備が（上記3）☆2②）に掲げる基準に適合すると仮定した場合の「延焼防止時間」以上であることを確認したもの。

＊27 ⇨3 3 3）ア
＊28 特定主要構造部等：当該建築物の特定主要構造部及び外壁開口部設備。
＊29 準防火地域の法86条の4に該当するものは除く

＊30 外壁開口部設備：外壁の開口部で延焼のおそれのある部分に設ける防火設備。
＊31 防火構造⇨4 5

140

XI
防火と避難

　建築物で出火した場合は，まず初期消火が行われる。その後，在館者が建築物から避難を開始し，消防による消火活動が行われる，状況によっては周辺への延焼が発生する場合もある。このような流れの中で，火災から人命を守り，また火災の拡大や延焼による被害を少なくしていくために，建築物に求められる機能を整理する。

出典：木造3階建て学校実大実験実行委員会報告書より

　木造3階建ての学校を実現するために行われた実大火災実験の様子（H25本実験）。
　23年の予備実験，H24準備実験を経て行われたこの実験のデータを分析，検討し，法改正が行われ，一定の条件等を満たした場合は準耐火建築物とすることが可能となった。
　防火関係規定についてはこのような実験により得られた知見や火災の被害とその原因の解明などから，法改正が行われてきている。

XI 防火と避難

1 火災の拡大を防ぐための規定

1 出火を防ぐ

火災の発生を防ぐことが，防火対策の第一歩であることはいうまでもない。建築基準法においても，火気使用室の壁や天井の仕上げの制限（令128条の5），煙突の高さや構造（令115条）などの規定が設けられている。

また，消防法では防炎防火対象物[*1]に対して，カーテンやじゅうたんなどを防炎性能[*2]を有するものとする規定が設けられている（消防法8条の3，消防令4条の3）。

2 早期発見と初期消火

火災を早期に発見し，初期消火を行うために，火災を自動的に知らせる自動火災報知設備や消火栓，スプリンクラー設備等の消火設備設置が消防法に定められている。⇨XII

3 4つの防火区画

特殊建築物や高層建築物，大規模建築物に対しては，出火後の延焼拡大を防ぐための区画（防火区画）が求められている。防火の目的や形態により4つの防火区画が設定されており，それぞれ，①**面積区画**，②**高層区画**，③**竪穴区画**，④**異種用途区画**と呼ばれている（法36条，令112条）。

[*1] 防炎防火対象物　高層建築物，地下街，劇場，キャバレー，旅館，病院その他消防令4条の3で定めるもの⇨XII 2 3

[*2]

防炎を有するものであることを示す防炎表示
（出展：東京消防庁HP）

図-XI.1.1

4 面積区画

主要構造部を準耐火構造（特定主要構造部を耐火構造とした建築物を含む）とした建築物等では，建築物の構造や種別，階数などに応じて，原則として一時間準耐火基準に適合する**準耐火構造の床，壁又は特定防火設備**[*3]**で床面積 1,500 m² 以内ごとに区画**する必要がある。さらに，法27条などの制限を受けた準耐火建築物等の場合は，その種別や耐火性能に応じて 500 m² 又は 1,000 m² 以内ごとに区画を行う必要がある（表-XI.1.1）（令112条1，3〜6項）。

なお，スプリンクラー設備などの自動消火装置が設置された部分については，この部分の1/2に相当する床面積を除いて実際の床面積とみなし，これらの規定を適用することができる。

また，面積区画に用いられる特定防火設備[*3]は，火炎を封じ込めることを主たる目的としているので，常時閉鎖式とするか，煙又は火炎による温度上昇で自動的に閉鎖する構造とする必要がある（令112条19項）。

*3 特定防火設備：通常の火災による火熱が加えられた場合に，加熱開始後一時間加熱面以外の面に火炎を出さない防火設備をいい，その構造が（H12建告1369）に定められている。
防火設備については⇨X 2 3，1 8

表-XI.1.1 防火区画（面積区画）の種類と概要

対象建築物（令112条）		区画面積	区画の構造		適用除外・緩和
			床壁	開口部	
1項 延べ面積 >1,500 m²	・特定主要構造部が耐火構造※1 ・準耐火建築物（法2条9号の3イ，ロ） ・延焼防止建築物 ・準延焼防止建築物	1,500 m² 以内	準耐火構造(1h)	特定防火設備	**適用除外：❶**劇場，映画館，体育館，工場等の部分で用途上やむを得ないもの **❷**階段室・EV昇降路（乗降ロビー含む）で，準耐火構造(1h)の床，壁と特定防火設備で区画された部分 **緩和：**自動式スプリンクラー設備等を設置した部分は区画面積を2倍にできる
4項 延べ面積 >500 m²	通常火災終了時間＜1h （法21条，令109条の5第1項）	500 m² 以内	準耐火構造(1h)かつ，防火上主要な間仕切壁※2を準耐火構造(45分)	特定防火設備	**適用除外：**次の❶❷に該当する建築物の部分で天井等と壁の室内側仕上げを準不燃材料としたものは，1,500 m²以内ごとの区画でよい **❶**体育館，工場，倉庫などの部分 **❷**階段室・EV昇降路（乗降ロビーを含む）で準耐火構造(1h)の床，壁と特定防火設備で区画したもの
	特定避難時間＜1h （法27条，令110条）				
	法27条3項により準耐火建築物とした特殊建築物（ロ-2準耐，準耐火構造(1h)を除く☆）				
	準防火地域内の準延焼防止建築物（☆）				
	特定防災街区整備地区の準耐火建築物（☆）（法67条）				
5項 延べ面積 >1,000 m²	通常火災終了時間≧1h	1,000 m² 以内	準耐火構造(1h)	特定防火設備	**防火上主要な間仕切壁**※2**の除外規定：** **❶**床面積が200 m²以下の階 **❷**床面積200 m²以内ごとに準耐火構造の壁，若しくは防火設備で区画し，自動式のスプリンクラー設備等を設けた部分 **❸**H26告860に適合する部分を除く
	特定避難時間≧1h				
	法27条3項により準耐火建築物とした特殊建築物（ロ-2準耐，準耐火構造(1h)に限る★）				
	準防火地域の準延焼防止建築物（★）				
	特定防災街区整備地区の準耐火建築物（★）				

※1 特定主要構造部が耐火構造の建築物で，2以上の部分が吹抜き等の一定規模以上の空間が確保されている部分に接する場合は，その各部分が大臣が定める構造又は大臣認定の構造であれば，特定防火設備で区画されているものとみなされる（令112条3項）

※2 天井裏まで達する間仕切壁としなくてもよい場合：①天井の全部が強化天井である階，②準耐火構造の壁と防火設備で区画されている部分で，天井が強化天井のもの

XI 防火と避難

5 高層区画

11 階以上の高層階では，消火活動が難しくなるため，より小さい面積で区画する（令 112 条 7〜10 項）。

表 - XI.1.2 防火区画（高層区画）の種類と概要

112条	対象建築物	壁※・天井の内装（下地共）	区画面積	区画の構造		適用除外（10項）
				床壁	開口部	
7項	11 階以上の部分	条件なし	100 m² 以内	耐火構造	防火設備	❶階段室・EV 昇降路（乗降ロビーを含む）❷廊下など避難に使う部分，❸ 200 m² 以内の共同住宅の住戸で，耐火構造の床壁と特定防火設備（7 項では防火設備，いずれも遮煙性能）で区画したもの
8項		準不燃材料	200 m² 以内		特定防火設備	
9項		不燃材料	500 m² 以内			

※ 床から 1.2 m 以下は除く

6 竪穴区画

火災時には火煙が煙突効果でより高いところへ拡散するため，上階に火煙が拡大する経路となる階段，エレベーター昇降路，吹抜き等の部分を区画する。区画の開口部には遮煙性能のある防火設備が求められる（令 112 条 11〜14 項）。

表 - XI.1.3 防火区画（竪穴区画）の種類と概要

112条	対象建築物		区画部分	区画方法		適用除外
	規模・階数	構造又は用途		床壁	開口部	
11項	地階又は 3 階以上の階に居室を有するもの	・主要構造部が準耐火構造※1 ・延焼防止建築物	階数 2 以上の住戸（メゾネット型），吹抜き，階段，EV 昇降路，DS 等とその他の部分との区画	準耐火構造	防火設備（法2条9号の2ロ）	❶竪穴区画部分からのみ出入りできる便所，公衆電話所等：それらの部分を含めて防火区画し，竪穴区画部分との境界には区画不要 ❷ 112 条 1 項 1 号のただし書き（第 1 項の適用除外）の部分等で①壁※3，天井の内装仕上げ下地とも準不燃材料でつくり，②用途上区画できないもの ❸避難階の直上階又は直下階のみに通じる吹抜きや階段等で，壁・天井の内装仕上げを下地ともに不燃材料にしたもの ❹階数 ≦ 3，延べ面積 ≦ 200 m² の一戸建ての住宅，長屋や共同住宅の住戸内の吹抜き，階段，EV 昇降路の部分
12項	階数が 3 で延べ面積 < 200 m²	（11 項以外で）3 階が病院，診療所（患者の収容施設あり），児童福祉施設等（入所者の寝室あり）		間仕切壁	防火設備（法2条9号の2ロ）※2	
13項	階数が 3 で延べ面積 < 200 m²	（11 項以外で）3 階がホテル，旅館，下宿，共同住宅，寄宿舎		間仕切壁	ふすま，障子以外の戸	

※1 特定主要構造物を耐火構造とした建築物を含む
※2 居室，倉庫等の部分にスプリンクラー設備等を設けた場合は 10 分間防火設備
※3 床面からの高さ 1.2 m 以下の部分を除く

7 異種用途区画

1 つの建築物に複数の用途が混在すると，利用時間や管理体制の違いなどから火災の危険が増すことが多い。そのため，区画の種類によって建築物の一部に特殊建築物の用途が含まれる場合は，各用途間での延焼を防ぐために区画が必要となる（令 112 条 18 項）。

表 - XI.1.4 防火区画（異種用途区画）の種類と概要

対象建築物	区画部分	区画の構造	
		床壁	開口部
法 27 条に該当する用途が含まれる建築物	当該用途と他の用途を区分する	1 時間準耐火構造	特定防火設備（遮煙性能）

火災の発生を覚知できる措置が講じられている場合は緩和がある（R2 告 250）。

144

8 防火区画の開口部や周辺部の処理

1）防火区画の開口部に設ける防火設備

防火区画に用いられる防火設備は，火炎や煙を閉じ込めることを主な目的として設置される。ここでいう「**防火設備**」とは，20分以上の遮炎性能を持つものをいい，そのうち，1時間以上の遮炎性能を持つものを「**特定防火設備**＊3」という。防火区画に設ける場合は，常時閉鎖式とするか，煙や熱で自動的に閉鎖する随時閉鎖式とする。区画の種類により要求される防火設備の性能が異なるので注意する（令112条19項）。

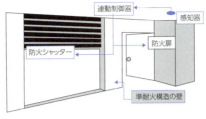

図- XI.1.2

＊3 H12告1369に構造方法等が定められている。

2）防火区画周辺部の処理（スパンドレル）

防火区画に近接して開口部があると，区画を超えて延焼するおそれがあるため，90 cm以上の準耐火構造の外壁の設置が必要となる（令112条16項）。ただし，外壁面から50 cm以上突出した準耐火構造のひさし，床，袖壁等で防火上有効に遮られている場合は除く。

注）スパンドレル：防火区画の周辺部に設ける外部部分，ひさし，床及び袖壁等の総称。

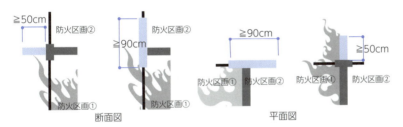

図- XI.1.3

3）防火区画の貫通処理

外壁の開口部や防火区画を貫通するダクト（風道）等から，火煙が拡大し，別区画へ延焼することを防ぐため，区画貫通部分の処理方法が定められている。

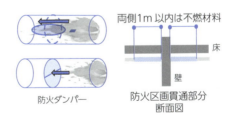

図- XI.1.4

ア　給水管，配電管等（令112条20項　令129条の2の4第1項7号）
- 区画と貫通する配管等との間にできるすき間はモルタル等の不燃材料で埋める。
- 区画を貫通する部分と区画の両側1 m以内の範囲の配管等は不燃材料でつくる。

イ　換気，冷暖房設備のダクト等（令112条21項）
- 防火区画を貫通する部分又は近接する部分に特定防火設備（防火ダンパー）等を設ける＊4。

＊4 これらの構造には，煙が発生した場合又は温度が急激に上昇した場合に自動的に閉鎖し，防火上支障のない遮煙性能が求められる。

9 防火壁と防火床

木造等で延べ面積が 1,000 m² を超える建築物は，1,000 m² 以内ごとに，防火上有効な構造の防火壁又は防火床で区画する必要がある。ただし，耐火建築物又は準耐火建築物とする場合や，火災の発生のおそれが少ない卸売市場の上屋や機械製作工場などで一定の防火措置をした場合などは除かれる（法 26 条，令 113 条，115 条の 2，R 元告 197）（表 - XI.1.5）。

表 - XI.1.5　防火壁と防火床の概要

性能		防火壁	防火床
		・自立する構造とする	・防火床を支持する耐力壁，柱，はりを耐火構造とする
		・木造建築物の場合は無筋コンクリート造，組積造としない	
■延焼防止性能			
	内部区画間の延焼の防止	・耐火構造 ・開口部は，特定防火設備で 2.5 m × 2.5 m 以下とするなど	
	外部に出た火炎が別区画に延焼することを防止	50cm 以上突出させるなど 耐火構造の壁 500m²　500m² 500m²　500m²	1.5 m 以上突出させるなど 耐火構造の床 1,000m² 1,000m²

注）防火壁，防火床，界壁，防火上主要な間仕切壁，隔壁の区画貫通は防火区画にかかる区画貫通に準じる
⇨1 8 3)

10 界壁，間仕切壁，隔壁

長屋その他の建築物については，小屋裏空間での延焼により火災が拡大するのを防ぐために「界壁等」を設ける必要がある（法 30 条，令 114 条）（表 - XI.1.6）。

表 - XI.1.6　界壁等の概要

種類	対象	構造
界壁（法 30 条，令 22 条の 3，114 条 1 項）	・長屋，共同住宅の住戸間[※1]	・遮音性能を確保し，小屋裏又は天井裏に達せしめる（天井に同等の遮音性能を持たせてもよい）。 ・準耐火構造とし，小屋裏又は天井裏に達せしめる。[※2]
防火上主要な間仕切壁（114 条 2 項）	・学校，病院，診療所（患者の収容施設あり），児童福祉施設等，ホテル，旅館，下宿，寄宿舎，マーケット	・準耐火構造とし，小屋裏又は天井裏に達せしめる。[※2]
隔壁（114 条 3 項，4 項）	①建築面積 > 300m² で小屋組が木造の建築物（耐火構造や耐火性能検証法による構造，畜舎等[※3] は除く） ②延べ面積 >200m² で，耐火建築物以外を相互に連絡する渡り廊下（小屋組が木造で，桁行が 4 m を超えるもの）	①小屋裏直下の天井を強化天井とする。又は，桁行間隔 12m 以内ごと小屋裏に準耐火構造の隔壁を設ける。 ②小屋裏に準耐火構造の隔壁を設ける。[※4]

※1　自動スプリンクラー設備等設置部分等を除く。　※2　112 条 4 項各号に該当する場合を除く。
※3　国土交通大臣が定める基準に適合する畜舎，堆肥舎並びに水産物の増殖場及び養殖場の上家。
※4　準耐火構造の隔壁で区画されている小屋裏で，その直下の天井が強化天井であるものを除く。

2 内装制限

1 内装制限の役割

　内装制限は，①建築物内部での出火の防止，②初期火災の成長の遅延，③火災による有害な煙・ガスの発生を抑え，在館者の安全な避難を実現することを目的としている。居室や廊下，階段等の天井，壁が制限の対象となる[*5]。

2 内装制限の対象となる用途と規模

　特殊建築物（別表第1（い）欄），階数が3以上の建築物，無窓居室[*6]，延べ面積が1,000 m²を超える建築物，火気使用室は，その壁及び天井（天井のない場合は屋根）の室内に面する部分の仕上げに制限がかけられている（法35条の2，令128条の3の2，128条の4，128条の5）（表-XI.2.1）。

　なお，以下のものは適用が除外されている。

ア スプリンクラーなど自動式消火設備と排煙設備を設置した建築物の部分など（令128条の5第7項，R2告251）

イ 簡易な構造の建築物（壁のない自動車車庫，屋根を帆布としたスポーツ練習場などで基準に適合したもの）（法84条の2）

[*5] 居室の壁は床から1.2 m以下の部分が除かれるが，避難経路となる廊下・階段等は壁のすべてが対象となる。

[*6] ここでいう無窓居室は，排煙上の無窓居室（50 m²を超える居室に限る）。
注）このほか，無窓居室（採光上の無窓居室，1 m以上の円が内接，0.75×1.2 m以上の外気に接する窓がないもの）の場合は表-XI.2.1★の用途を除き，居室を区画する主要構造部を耐火構造とし，又は不燃材でつくる（法35条の3，令111条）。なお，30 m²以内の居室（就寝の用に供するものを除く）などの除外規定（R2告249）がある。

表-XI.2.1　内装制限の概要

令128条の4	用途		建築物の規模等			内装仕様	
			準耐火建築物（特定主要構造部を耐火構造とした建築物を含む）で1時間準耐火基準に適合	準耐火建築物（1時間準耐火基準に適合しないもの）	その他	居室等	廊下・階段等
1項1号別表第1★	①	劇場，映画館，演芸場，観覧場，公会堂，集会場など	客席床面積≧400 m²	客席床面積≧100 m²		難燃材料（3階以上の天井は準不燃材料）	準不燃材料（令123条）注）避難階段・特別避難階段は下地仕上げが不燃材料
	②	病院，診療所（患者の収容施設あり），ホテル，旅館，下宿，共同住宅，寄宿舎，児童福祉施設等（特定主要構造部を耐火構造としたもの，又はイ準耐火の場合，所定の区画をしたものを除く）	3階以上床面積≧300 m²	2階以上床面積（病院，診療所は患者の収容施設がある場合のみ）≧300 m²	床面積（合計）≧200 m²		
	③	百貨店，マーケット，展示場，キャバレー，カフェー，ナイトクラブ，バー，ダンスホール，遊技場公衆浴場，待合，料理店，飲食店，物品販売店（床面積>10 m²）	3階以上床面積≧1,000 m²	2階以上床面積≧500 m²	床面積（合計）≧200 m²		
1項2号	自動車車庫，自動車修理工場		—			準不燃材料	
1項3号	地階等にある居室（①，②，③）		—			準不燃材料	
2・3項	すべて（学校等を除く）		階数≧3かつ延床面積>500 m² 階数=2かつ延床面積>1,000 m² 階数=1かつ延床面積>3,000 m²			難燃材料	
—	**無窓居室**（令128条の3の2）		—				
4項	**火気使用室**（住宅）		階数 ≧2で最上階以外の階にあるもの（特定主要構造部を耐火構造としたものは除く）			準不燃材料	
	火気使用室（住宅以外）		—（特定主要構造部を耐火構造としたものは除く）				

147

3 避難のための規定

1 火災時の建築物からの避難

1）避難の誘導
　火災が発生した場合には，在館者に対して危険を伝える必要がある。消防法では，建築物の用途や収容人員に応じて，非常ベルなどの非常警報設備などが義務付けられている（消防法施行令24条，同規則25条の2第3項）。

2）避難路の確保
　特殊建築物や大規模建築物に対しては，火災発生時に在館者の避難路を確保するための規制がかけられており，「避難規定」と呼ばれている（令5章2節）。

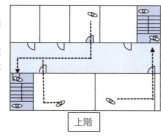
①居室からの出口
②廊下
③階段までの距離
④階段の数・構造

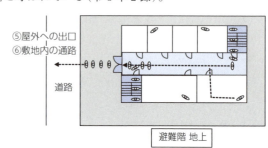
⑤屋外への出口
⑥敷地内の通路

図 - XI .3.1

3）避難規定が適用される建築物と範囲（法35条）
ア　特殊建築物（別表第1（い）欄（1）～（4））
イ　階数が3以上の建築物
ウ　無窓居室*7を有する建築物
エ　延べ面積が1,000 m² を超える建築物
　・同一敷地内に2以上の建築物がある場合は，その合計
　・1棟の建築物であっても，開口部がない耐火構造の床壁で区画されている場合はその部分ごと（令117条）。

*7 以下の①又は②
①有効採光面積
　＜床面積×1/20
②有効排煙面積
　＜床面積×1/50

2 廊下，出口などの安全対策

1）出口の開く方向
　出口の扉は原則として避難方向に開くように設ける。劇場などの客席から出口及び屋外への出口の戸は内開きにしてはならないと規定されている（令118条，令125条2項）。

2）廊下の幅
　用途に応じて廊下の幅を確保する必要がある。
⇨Ⅷ3 2　なお，廊下の幅員の算定方法は，階段の幅員と異なり*8，手すり部分の内側で算定する。

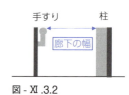
図 - XI .3.2

*8 階段の幅員は，片側につき10cmまでは手すりがないものとみなして算定することができる(令23条)。

4 階段等

1 直通階段

直通階段[*9]は，居室から避難階[*10]又は地上に通じる階段で，居室からの歩行距離が用途や主要構造部の構造等に応じて決められる数値（表-XI.4.1）以下になるように設置する（令120条）。

*9 直通階段の詳細な定義は法文ではなされていない。
*10 避難階：直接地上へ通じる出口がある階（令13条）
*11 特定主要構造部が耐火構造である場合を含む

注）表-XI.4.1の内装範囲
居室と居室から地上に通じる主な廊下・階段の天井・壁（床から1.2m以上）の仕上げをいう。
また，避難階では，避難階段から屋外の出入口の1つを左表の数値以下とするほか，居室から屋外の出入口の1つを左表の数値の2倍以下とする（令125条）。

表-XI.4.1 直通階段までの歩行距離

居室の種類	建物構造	主要構造部が準耐火構造[*11]又は不燃材料				その他
	階数	14階以下		15階以上		
	内装	ー	準不燃	ー	準不燃	ー
① 採光上の無窓居室		30	40	20	30	30
② 百貨店，マーケット，展示場，キャバレー，カフェ，ナイトクラブ，バー，ダンスホール，遊技場，公衆浴場，待合，料理店，飲食店，物販店舗（>10m²）		30	40	20	30	30
③ 病院，診療所（患者の収容施設あり），ホテル，旅館，下宿，共同住宅，寄宿舎，児童福祉施設等		50	60	40	50	30
④ ①②③以外の居室		50	60	40	50	40
⑤ 主要構造部を準耐火構造[*11]としたメゾネット型共同住宅の住戸（③以外）		40				ー

1）歩行距離の測り方

直通階段から最も遠い居室の，居室出入口から最も遠い位置から階段の入口までの距離をとる。該当する居室が2以上ある場合は，最も大きい数値を採用する（図-XI.4.1）。

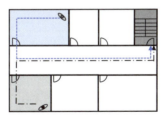

図-XI.4.1

2）直通階段に求められる形状

直通階段は各階で次の階段まで誤りなく到達できるもので，屋内階段では避難階まで，屋外階段では地上まで到達できる階段をいう。階段を下りる途中に扉があったり，各階の階段が連続性に欠けるなど，避難方向がわからなくなるような階段は直通階段とはいえない。

2 2以上の直通階段

大規模な劇場や店舗などの用途で，①客席や売場などがある階，②病院の用途に用いる階（その階の病室の床面積が50m²を超えるもの）など，火災時に一斉避難が想定され，避難が困難となる可能性がある階には，2以上の直通階段を設ける必要がある（令121条1項，2項）（表-XI.4.2）。

表 - XI.4.2　2以上の直通階段を設けなければならない場合

	建築物又は階の用途	対象となる階	対象階の床面積 木造等	対象階の床面積 主要構造部が準耐火構造等※1
(1)	劇場，映画館，演芸場，観覧場，公会堂，集会場	客室，集会室	規模に関係なく適用	
(2)	物販店舗（> 1,500 m²）	売場		
(3)	キャバレー，カフェー，ナイトクラブ，バー等※2	客席，客室		
(4)	病院，診療所	病室	> 50 m²	> 100 m²
	児童福祉施設等	居室		
(5)	ホテル，旅館，下宿	宿泊室	> 100 m²	> 200 m²
	共同住宅	居室		
	寄宿舎	寝室		
(6)	6階以上の階 ※3	居室	規模に関係なく適用	
	5階以下の階（避難階の直上階）	居室	> 200 m²	> 400 m²
	5階以下の階（上記以外の階）	居室	> 100 m²	> 200 m²

注）階数が3以下で延べ面積が200 m²未満の建築物の避難階以外の階（特定階）を表-XI.4.2(4)(5)の用途に供する場合について除外規定がある（令121条4項）。
階段の部分とそれ以外の部分とを間仕切壁若しくは，防火設備（令112条19項2号）で区画されている場合は適用しない。また、防火設備については特定階の用途ごとに規定がある。

※1　主要構造部が準耐火構造（特定主要構造部を耐火構造としたものを含む）であるか不燃材料で造られている建築物
※2　除外されるもの
　①5階以下の階で，その階の居室の床面積の合計≦100 m²，かつ，その階に避難上有効なバルコニー，屋外通路及びその階から避難階又は地上に通ずる直通階段（令123条2項又は3項の規定に適合）が設けられているもの
　②避難階の直上階又は直下階である5階以下の階でその階の居室の床面積の合計≦100 m²
※3　(1)から(4)までの用途に供する階以外の階で，その階の居室の床面積の合計≦100 m²，かつ，その階に避難上有効なバルコニー，屋外通路及びその階から避難階又は地上に通ずる直通階段（令123条2項又は3項の規定に適合）が設けられているものを除く。

3　2以上の直通階段を設けた場合の重複距離

居室の各部分からそれぞれの直通階段まで歩行距離が重複する場合は，その重複部分（重複距離：A）は前述の**表 - XI.4.1**の歩行距離の上限の1/2を超えることができない（令121条3項）。

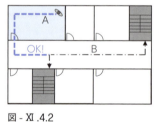 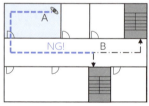

図 - XI.4.2

4　階段の構造

1）屋外階段

屋外に設ける直通階段（令120条，令121条で規定されるもの）は木造にしてはならない（令121条の2）。

2）避難階段と特別避難階段

次の直通階段は原則として避難階段又は特別避難階段とする必要がある。

　ア　建築物の5階以上の階又は地下2階以下の階に通じるもの
　イ　3階以上の階を物販店舗の用途とする建築物の各階の売り場などに通じるもの

また，15階以上の階又は地下3階以下の階に通ずる直通階段等は**特別避難階段**とする必要がある（令122条，123条）。

4 階段等

表 - XI.4.3 避難階段と特別避難階段の概要

	適用対象	対象階	対象階に通じる直通階段	
			避難階段※1	特別避難階段
設置	・特殊建築物(別表1(い)欄(1)〜(4)) ・階数≧3の建築物 ・無窓居室(採光)を有する階 ・延べ面積≧1,000 m²の建築物	・5階以上の階 ・地下2階以下の階	○	−
		・15階以上の階 ・地下3階以下の階	−	○
	3階以上の階を物販店舗 当該床面積 > 1,500 m²※3	・各階の売場 ・屋上広場	○	−
		・15階以上の売り場	−	○
		・5階以上の売り場	1以上の特別避難階段	
免除 ※2	主要構造部が準耐火構造,又は不燃材料	・5階以上の床面積≦100 m² ・地下2階以下の床面積≦100 m²		
	特定主要構造部を耐火構造	・100 m²以内ごとに防火区画 (共同住宅は200 m²以内ごと)		

※1 避難階段又は特別避難階段　　※2 直通階段でよい　　※3 2以上の直通階段が必要

3） 避難階段，特別避難階段の構造

避難階段は避難階まで直通とすることなどの基準がある（**表 - XI.4.4**）。なお，屋外避難階段の場合は外気に有効に接する必要があるため，隣地境界線や当該建築物の他の部分から一定の距離をとる。

また，特別避難階段は，付室又はバルコニー経由で階段室に入る構造とし，屋外に面する開口部③ −2は延焼のおそれのある部分以外に設置する（令123条）。

表 - XI.4.4 避難階段・特別避難階段の基準

階段室の性能	階段室の対象となる部分	階段室の仕様	屋内避難階段 特別避難階段	屋外避難階段
①燃えにくくする	階段	**耐火構造**	○	○
	階段室の壁		○	−
	天井・壁	仕上げ・下地とも**不燃材料**	○	−
②明るさの確保	採光上有効な開口部　又は　予備電源付照明設備		○	−
③外部からの階段への火の回りを防止	1 出入口の戸	**遮煙性能のある防火設備** 常時閉鎖式か随時閉鎖式(煙感知器連動) 直接手で開け，**避難方向に開く**	○	○
	2 屋外に面する開口部	階段室以外の開口部と**90cm以上離す**※1	○	−
	3 屋内に面する窓	**開口部の面積≦1m²**　はめ殺しの防火設備	○※3	−
	4 階段以外の開口部	階段から**2 m以上離す**※2	−	○
④**特別**避難階段 防耐火性能の強化 ⇒付室・バルコニー	付室の壁と天井	**耐火構造，内部の天井，壁は仕上げ・下地とも不燃材料**		
	付室の排煙	規定の窓や排煙設備を設置		
	屋内から付室等への出入口※4	**遮煙性能のある特定防火設備**		
	地上15階以上，地下3階以下の階の付室等の床面積	別表第1(1)(4)の用途の場合　　≧その階の居室床面積×8/100		
		それ以外の用途　　　　　　　≧その階の居室床面積×3/100		

※1 以下のものは除外される。①開口部の面積≦1m²で，はめ殺しの防火設備，②壁・床が耐火構造のもの，③50cm以上突き出した準耐火構造のひさしや袖壁が設けられている場合
※2 開口部の面積≦1m²で，はめ殺しの防火設備は除く。
※3 特別避難階段の場合は開口部を設けないこと。　　※4 特別避難階段の場合は，付室・バルコニー以外は不可

151

XI 防火と避難

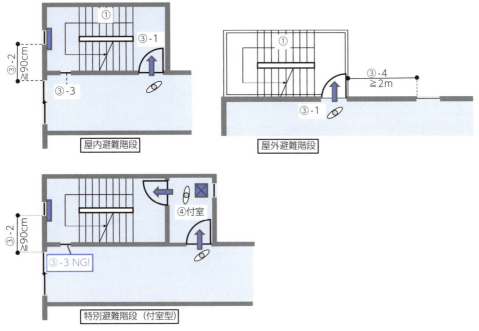

図-XI.4.3

4）屋外避難階段への出口の構造

屋外避難階段への屋内側からの出口，避難階段から屋外に通じる出口などは，屋内から鍵を使わず解錠できるものとし，見やすい箇所に解錠方法を表示する（令125条，令125条の2）。

5）物品販売業を営む店舗の避難階段及び出口の幅員

避難階段や特別避難階段，及びこれらに通じる出口の幅は次の数値以上を確保する（令124条）。

　ア　避難階段や特別避難階段階の幅の合計≧
　　　地上階　直上階以上の階で床面積が最大の階の床面積×60/100（m²）
　　　地下階　当該階以下の階で床面積が最大の階の床面積×60/100（m²）
　イ　避難階段や特別避難階段に通じる出入口幅の合計≧
　　　地上階　その階の床面積100 m²につき27 cm
　　　地下階　その階の床面積100 m²につき36 cm

注）1若しくは2の地上階から，避難階若しくは地上に通ずる避難階段及び特別避難階段又はこれらに通ずる出入口については，その幅が1.5倍あるものとみなすことができる（令124条2項）。また，屋上広場は階とみなす（令124条3項）。

5 避難設備

1 避難設備の体系

火災発生時に人々を速やかかつ安全に避難させるための設備として，煙を排出する排煙設備[*12]，夜間や停電時でも避難できる明るさを確保する非常照明設備，避難口の位置を示す誘導灯，敷地外へ出るための敷地内通路がある。

*12 排煙設備，非常照明，敷地内通路は建築基準法で，誘導灯は消防法で規定されている。
注）消防法においても排煙設備が規定されているが，設置の目的は消防隊が安全に消火活動を行うためである。

基本的に建築基準法で排煙設備を設置していれば，大多数のケースで消防法上の排煙設備の設置を配慮する必要はないが，地階・無窓階の駐車場の場合は注意を要する。

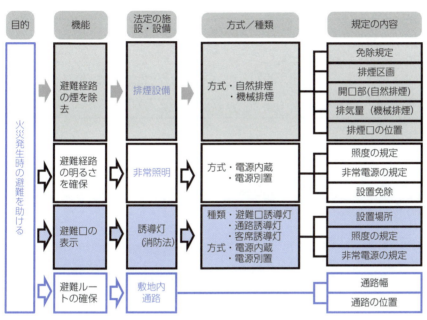

図-XI.5.1

2 排煙設備

1）排煙設備の設置と免除

火災時に安全に避難するために，火災で発生した煙を排出する設備を排煙設備と呼んでいる。その対象と設置が免除される場合は図-XI.5.2のとおりである[*13]（令126条の2）。

*13 排煙設備免除規定がある（令126条の2-1，H12告1436-4）が，この免除規定は消防法の排煙設備には適用されない。

2）防煙区画

排煙設備の設置単位を「防煙区画」と呼び，床面積の500 m² 以内に，防煙壁若しくは防煙たれ壁等で区画する（令126条の3）。

3）排煙設備の方式[*14]

排煙設備には，窓等を開放することで煙を排出する「自然排煙」と，送風機と排煙ダクトで排煙する「機械排煙」の2つの方式がある（表-XI.5.1）。

自然排煙では天井面から80 cm以内の部分が有効開口部となる。回転窓，外倒しの窓のような斜めに開く窓の有効開口部は，窓面積ではなく実際に外部に開放されている面積をとる（図-XI.5.3）（令126条の3）。

*14 自然排煙の防煙区画と機械排煙の防煙区画を隣り合わせに設ける場合，その間には防煙壁が必要となる。防煙たれ壁で自然排煙と機械排煙を区画することはできない。

153

XI 防火と避難

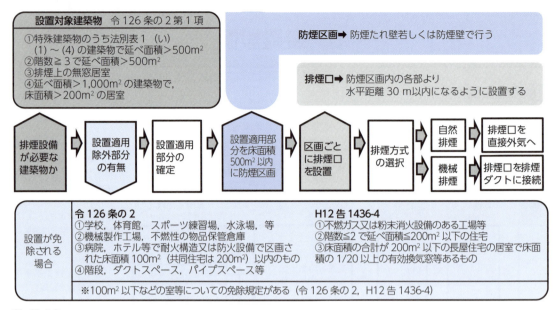

図 - XI.5.2

表 - XI.5.1 排煙設備等の概要

排煙口	自然排煙	機械排煙	排煙機
大きさ	防煙区画の床面積の1/50以上の開口面積	—	・排煙口の開放に伴い自動的に作動 ・排煙容量は120 m^3/分以上かつ防煙区画の床面積1 m^2 に付き1 m^3/分以上 （2つ以上の防煙区画に係る場合は2 m^3/分以上） ・予備電源は必要。排煙機がモーター・エンジン両駆動でもよい
位置	天井から80cm以内で防煙たれ壁の下端より上に設け直接外気に接する	天井から80cm以内で防煙たれ壁の下端より上に設け排煙ダクトに直結	
手動開放装置	必要　ただし、引き違い窓、押出窓等の場合は手掛け等あれば手動開放装置をみなす 壁に設ける場合　　　〜床面から0.8m〜1.5m 天井から吊り下げる場合　〜床面からおおむね1.8m	必要	

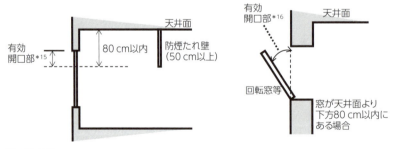

＊15 防煙たれ壁がある場合は、有効開口部はその高さまで
＊16 回転窓で45度以上開く場合は、窓面積のすべてとすることができる。

図 - XI.5.3

3 非常用照明

非常用照明の設置対象と設置が免除される場合は，図 - XI.5.4 のとおりである（令126条の4，5）。

非常用照明には電源内蔵と電源別置の2方式がある。電源内蔵は個々の器具に蓄電池を内蔵し，電源別置は大型蓄電池と非常用発電機から電源を供給する。

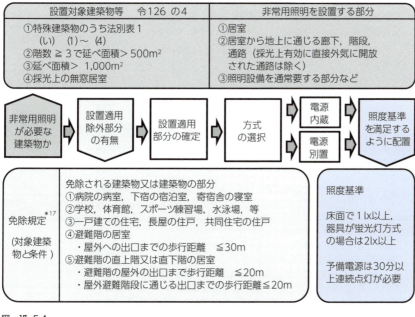

図 - XI.5.4

＊17 H30 改正で免除規定が追加された(H12 告1411)。
　床面積が 30 m² 以下の居室で，以下を満たす場合
1) 地上への出口を有するもの
2) 居室から地上に通ずる建築物の部分で
・非常用照明装置を設けた部分
・採光上有効に直接外気に開放されている部分

4 誘導灯

1) 種類

　ア 避難口誘導灯　避難口の上部若しくは直近に設置し，避難口の位置を明示する。

　イ 通路誘導灯　廊下，階段，通路等に設置し，避難方向を明示するとともに，避難上必要な床面照度を確保する。

　ウ 客席誘導灯　劇場等で避難上必要な床面照度を確保する。

2) 設置基準

　ア 避難口誘導灯，通路誘導灯　原則すべての建築物に設置する。共同住宅，学校，図書館，寺社，工場，スタジオ，車庫，倉庫等については地階，無窓階，11 階以上の部分に設置する。なお，これらの設置場所や個所数は，歩行距離により決められている。

　イ 客席誘導灯　劇場，集会場に設置する。

注）誘導灯は消防法で規定されている(同令 26条)。
　なお，誘導灯の配置に関しては所管する消防長等と調整する必要がある。

5 敷地内通路

　火災時には建築物から敷地外へ出られるよう，建築物の周囲に一定の通路を確保する必要がある（表 - XI.5.2）。

表 - XI.5.2　敷地内通路の概要

対象建築物・適用条件		通路の位置	通路幅
令128条	① 下記の特殊建築物 　・劇場，映画館，演劇場，公会堂，集会所，等 　・病院，診療所，ホテル，共同住宅，児童福祉施設，等 　・学校，体育館，博物館，美術館，スポーツ練習場，等 　・百貨店，マーケット，展示場，飲食店，等 ②階数≧3の建築物 ③延べ面積＞1,000 m² の建築物 ④令116条の2に規定する無窓居室を有する建築物	避難階の出口，及び屋外避難階段から，道路又は公園，広場，その他空地に通じる部分	1.5 m 以上 (0.9 m 以上※1)
令128条の2 大規模な木造建築物等の場合※2	1棟 （ただし，建築物の一部に防火区画された耐火構造部分がある場合は，その部分は算入されない）	1,000 m² ＜延べ面積≦ 3,000 m²	建物の周囲	3 m 以上
^	^	^	隣地に面する部分	1.5 m 以上
^	^	^	道に接する部分	—
^	^	3,000 m² ＜延べ面積	建物の周囲	3 m 以上
^	^	^	隣地に面する部分	3 m 以上
^	^	^	道に接する部分	—

※1　階数が3以下で延べ面積が 200 m² 未満の敷地内の場合
※2　1) 大規模な木造建築物が2棟以上あり，延べ面積の合計が 1,000 m² を超える場合
　　　　（耐火，準耐火建築物で，1棟で延面積＞1,000 m² の建築物は除く）
　　　　→1,000 m² 以内ごとに区画し，区画された部分の周囲に幅員3 m 以上の敷地内通路を確保する。
　　　2) 大規模な木造建築物が2棟以上あり，延べ面積の合計が 3,000 m² を超える場合
　　　　→耐火建築物等で延べ面積の合計 1,000 m² 以内ごとに防火上有効に遮られている場合は，3,000 m² 以内ごとに区画し，他の建築物との間に幅員3 m 以上の敷地内通路を確保する。

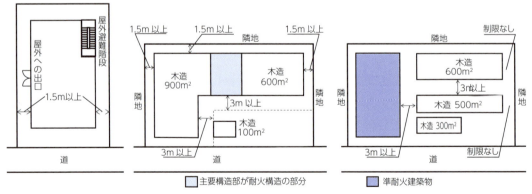

図 - XI.5.5

6 性能の検証

1 検証法

建築物における火災時の避難等の安全性を確保するには，次の方法がある。

| ルートA | 従来の仕様に適合させる。 |

| ルートB | 告示で定められた耐火性能検証法や避難安全検証法により検証。 |

| ルートC | 告示で定められたもの以外の高度な検証方法を用いて国土交通大臣の認定を受ける。 |

ルートB，ルートCのような検証法により火災時の安全に必要な性能が検証された場合は，その内容に応じて従来の仕様への適合が求められなくなる。

2 避難安全検証法

避難安全検証法は，一定の条件下[*18]で避難が可能か検証することで，安全性を確保しようとするものである。

具体的には，建築物の「区画された部分」，「階」若しくは「全体（全館）」において，①告示に示される方法により避難安全を検証する，あるいは，②検証について国土交通大臣の認定を受ける。この検証により安全性があると認められた性能をそれぞれ，「区画避難安全性能」，「階避難安全性能」，「全館避難安全性能」と呼び，仕様規定の一部を適用除外とすることができる（**表 - XI .6.1**）（令128条の7，令129条，令129条の2）。

なお，避難安全検証法を用いると，設計の自由度が増す一方で，完成後に検証条件の変更を伴うような改修を行う場合には再検証が必要となることに留意する必要がある。

注）検証範囲の主要構造部が準耐火構造か不燃材料の場合等に限る。

[*18] 当該区画等の部分の各居室及び各居室から当該区画等以外の部分等に通ずる主たる廊下その他の建築物の部分において，避難上支障がある高さまで煙又はガスが降下しないこと。

注）計画変更する場合でも再検証が必要となる。

表 - XI .6.1 避難安全性能の概要

区画避難安全性能		階避難安全性能		全館避難安全性能	
その区画にいる人全員が，煙にさらされずその区画以外まで避難可		その階にいる人全員が，煙にさらされず直通階段まで避難可		その建築物にいる人全員が，煙にさらされず地上まで避難可	
区画避難安全検証法	国土交通大臣の認定	階避難安全検証法	国土交通大臣の認定	全館避難安全検証法	国土交通大臣の認定
告示の方法による	左記以外	告示の方法による	左記以外	告示の方法による	左記以外
適用除外となる仕様規定					
排煙設備 内装制限の一部 など		左欄に加えて，廊下の幅，直通階段への歩行距離，など		左欄に加えて，防火区画の一部，物販店舗の避難階段等の幅の一部などが加わる。	

157

3 耐火性能検証法

建築物での火災の発生を予測し，主要構造部が通常の火災が終了するまで耐え，耐火構造と同等であることを検証する手法である。耐火性能等が求められる部材でも木材をあらわしで使えるなど，木材の多様な使い方が可能となる（令108条の3）。

図 - Ⅺ.6.1 提供：東京木材問屋協同組合

図 - Ⅺ.6.1

コラム 窓その他の開口部を有しない居室

人が滞在する居室については，健康や防火，避難の面から様々な規制がかけられているが，窓その他の開口部を有しない居室は「無窓居室」として，制限が強化されている。この無窓居室となる要件は，**換気**，**採光**，**排煙**，**避難**及びその組み合わせから設定されており，火災時の避難などにおいて危険性が高いことから，各種の制限がかけられている。

例えば，換気に必要な開口部 ($S/20$) が取れない居室は換気上の無窓居室と呼ばれ，換気設備等を設ける等の措置が必要となる。

種類	無窓居室となる場合（S：居室の面積）	代替措置	関係条例
換気	有効な開口部面積＜$S/20$	自然換気設備 or 機械換気設備 or 空気調和設備	法28条2項，令20条の2
採光	採光上有効な開口部面積＜$S/20$	非常用照明の設置	令116条の2第1項1号，令126条の4
		歩行距離≦30m（直通階段まで）	令120条1項表中(1)，令116条の2第1項1号
排煙	開放できる部分※1の面積＜$S/50$	排煙設備	令116条の2第1項2号，令126条の2
採光・排煙※2	・用途上採光が確保できない居室 ・50m²＜S で開放できる部分※1の面積＜$S/50$	内装制限（居室，地上に通じる主たる廊下，階段を準不燃以上）	令128条の3の2
採光・排煙	・採光上有効な開口部面積＜$S/20$ ・開放できる部分※1の面積＜$S/50$	条例による制限付加（道路の幅員，接道長さなど）	法43条2項，116条の2，令144条の6
採光・避難	・採光上有効な開口部面積＜$S/20$ ・避難上有効な窓　＜1mφ等	耐火構造又は不燃材料で居室を区画（除外規定あり）	法35条の3，令111条，R2告249

※1　天井から下方80cm以内
※2　天井の高さが6mを超えるものを除く
注) 消防法に基づく無窓階の判定は建築基準法に基づく規定とは異なるので留意する（消防法施行規則5条の2）。

XII 消火活動等のための規定と建築基準法に規定される建築設備

　建築基準法と消防法にはそれぞれ消火活動等のために必要となる規定が設けられている。建築基準法が主として避難ルートの確保や消防隊が建築物に入るための施設について定めているのに対して，消防法は，火災の初期拡大の抑制、避難誘導の支援及び消火活動のための規定を設けている。このように建築基準法や消防法の基準が補完し合い、火災への対応を可能としている。

　またこの章では，建築設備についても紹介する。法制定当時は，建築設備についてはあまり多くを規定されていなかったが、建築物の地階躯体を使った受水槽に入ったひび等から汚水が混入したことによる食中毒の発生など、設備に起因する事故などをきっかけに、法令に詳細な基準が付加され，今日に至っている。昇降機についても、利用時や地震時に痛ましい事故が発生しており、その都度、安全性の確保等に必要な基準が付加されてきている。

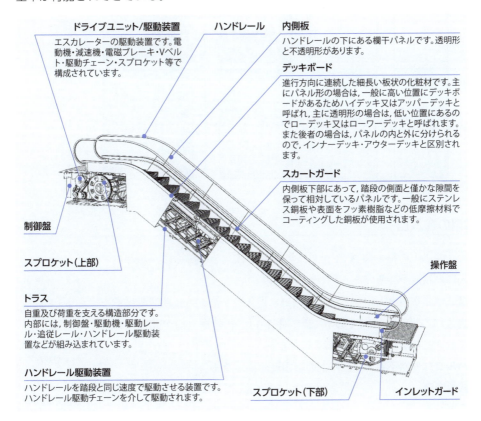

ドライブユニット/駆動装置
エスカレーターの駆動装置です。電動機・減速機・電磁ブレーキ・Vベルト・駆動チェーン・スプロケット等で構成されています。

ハンドレール

内側板
ハンドレールの下にある欄干パネルです。透明形と不透明形があります。

デッキボード
進行方向に連続した細長い板状の化粧材です。主にパネル形の場合は，一般に高い位置にデッキボードがあるためハイデッキ又はアッパーデッキと呼ばれ，主に透明形の場合は，低い位置にあるのでローデッキ又はローワーデッキと呼ばれます。また後者の場合は，パネルの内と外に分けられるので，インナーデッキ・アウターデッキと区別されます。

スカートガード
内側板下部にあって，踏段の側面と僅かな隙間を保って相対しているパネルです。一般にステンレス鋼板や表面をフッ素樹脂などの低摩擦材でコーティングした鋼板が使用されます。

制御盤

スプロケット（上部）

トラス
自重及び荷重を支える構造部分です。内部には，制御盤・駆動機・駆動レール・追従レール・ハンドレール駆動装置などが組み込まれています。

ハンドレール駆動装置
ハンドレールを踏段と同じ速度で駆動させる装置です。ハンドレール駆動チェーンを介して駆動されます。

操作盤

スプロケット（下部）

インレットガード

1 建築基準法の規定

1 消火・救助活動のための規定

建築基準法に規定される消火・救助活動のための施設・設備は，①建築物の低層部分を対象に消防はしご車を利用して消火救助活動を行う際に使用する「非常用進入口」，②主として高層部分を対象とした「非常用エレベーター」から構成されている[*1]。なお，非常用進入口に替わって「進入口に替わる窓など」（以下「代替進入口」という。）を設けることもできる。

*1 このほか敷地内通路の規定がある。⇒XI 5 5

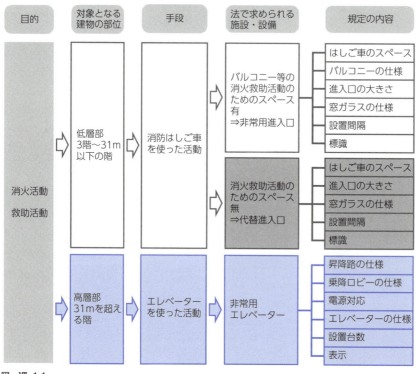

図 - XII .1.1

2 非常用の進入口

建築物の3階以上の階で高さ31 m以下の部分には，その用途にかかわらず非常用進入口の設置が必要である[*2]（令126条の6）。

消防隊はこの非常用進入口から建築物内部に進入し，消火・救助活動にあたる。代替進入口の場合も同様である（表 - XII .1.1）。代替進入口が非常用進入口と異なる点は主に次の4点である。

　　ア　バルコニーが不要　　意匠上の自由度が高くなる。
　　イ　設置間隔　　　　　非常用進入口が40mごとなのに対して，10mごととなる。

*2 非常用エレベーター，代用進入口を設置している場合等は除く。

注）非常用進入口等は意匠上重要なポイントとなるので，設計の初期の段階から反映させておく必要がある。

1 建築基準法の規定

ウ **赤色灯が不要**　　　赤色の▽マークを消防長から求められる場合がある。

エ **許容される窓ガラスについて**　　　窓ガラスを破壊して進入する場合は，使用できるガラスの仕様[*3]が消防法令で決まっている。非常用進入口は，バルコニーという足場が確保されているため，代替進入口と比べて許容されるガラスの種類が多い。

[*3] 破壊できる窓ガラスの仕様については，建設地を所轄する消防長に確認が必要である。

表-XII.1.1　非常用進入口と代替進入口の概要

	非常用進入口	代替進入口
設置する階	3階以上で，建築物の高さ31 m以下の階（非常用エレベーターを設けたものを除く）	
設置位置	各階の外壁面で道又は道に通じる幅員4 m以上の通路・空地に面する部分	
間隔	**40 m以下**	**外壁の長さ10 m以内ごとに1か所**
進入口の大きさ	幅75 cm以上，高さ1.2 m以上　床面より下端の高さ80 cm以下	幅75 cm以上，高さ1.2 m以上又は1 m以上の円が内接するもの
進入方法	外部より開放又は破壊	外部より開放又は破壊　格子その他屋外からの進入を妨げない構造
バルコニー	要　大きさ；奥行1 m以上，長さ4 m以上	不要
標識等	赤色灯及び赤色反射塗料による三角形の表示	不要　ただし三角形の表示を指導される場合がある
緩和	次のものでそれぞれの階の直上階若しくは直下階から進入できる場合は設置が緩和される　① 不燃性の物品の保管など火災の発生のおそれが少ない用途の階　② 特別の理由により屋外からの進入を防止する必要がある階　・進入口を設けると周囲に著しい危害を及ぼすおそれがある場合　放射性物質・有毒ガス・細菌・病原菌・爆発物等を取り扱う建築物・変電所等　・進入口を設けるとその建築物の目的の機能が保てない場合　冷蔵倉庫・留置所・拘置所・人を拘禁する施設・美術品収蔵庫・金庫室・無響室等	

注）　共同住宅の場合の非常用進入口の特例について
　下記ア～ウのいずれかの対応をとれば代替進入口を設置したものと同等の取扱いとなる。
　　ア　各住戸に進入可能なバルコニーを設ける。
　　イ　階段室型共同住宅の場合，各階段室に進入可能な開口部を設ける。
　　ウ　廊下型共同住宅の場合，廊下，階段室その他これらに類する部分に進入可能な開口部を，各住戸から歩行距離20 m以下になるように設ける。

XII 消火活動等のための規定と建築基準法に規定される建築設備

3 非常用エレベーター

　建築物の高さが31mを超える建築物に設置する[*4]。火災時にエレベーターを使用し，消火・救助活動ができるよう，エレベーターの仕様，設置台数のほか，昇降路，乗降ロビーなどの仕様が定められている（法34条2項，129条の13の3）（**表-XII.1.2**）。

　非常用エレベーターを設置した場合は，「中央管理室」を原則として避難階に置き，その制御と作動状態の監視を行う（令20条の2第2項）。

　また，避難階の昇降路出入口（乗降ロビーを設けた場合はその出入口）から屋外への出口までは，30m以下とする必要がある。ここでいう「屋外への出口」とは道又は道に通じる4m以上の通路等をいう。

*4 次のものは除外される。①高さ31mを超える部分を階段室，昇降機，その他の建築設備の機械室等の用途に供する建築物，②高さ31mを超える部分の各階の床面積の合計が500m²以下の建築物ほか（令129条の13の2）。

表- XII.1.2　非常用エレベーターの設置基準

設置台数	高さ31mを超える部分の床面積が最大の階の床面積（令129条の13の3第2項） ① 1,500m² 以下の場合　　：1基以上 ② 1,500m² を超える場合　：3,000m² 以内ごとに①の数に1を加える。
エレベーターの仕様	①定員17人以上，積載量1,150kg以上，速度60m/分以上 ②かごの扉：幅1m以上，高さ2.1m以上　　③予備電源（非常用発電機）の設置 ④呼び戻し装置，中央管理室との連絡装置　　⑤かごが開いたまま昇降できる装置 ⑥かご及び昇降路の出入口の戸は不燃材料
昇降路	非常用エレベーター2基以内ごとに耐火構造の床及び壁で囲む。
乗降ロビー	①各階で屋内と連絡する（避難階の直上階，直下階など除外規定がある。令129条の13の3第3項）。 ②バルコニー又は外気に向かって開くことのできる窓若しくは排煙設備を設ける。(H28 告697) ③出入口（特別避難階段の階段室への出入口，昇降路の出入口を除く）に特定防火設備（令123条1項6号）を設置。 ④耐火構造の床及び壁で囲む。　　⑤天井及び壁は仕上げ，下地とも不燃材料。 ⑥非常用照明を設置。　　⑦床面積：非常用エレベーター1基につき10m² 以上。 ⑧屋内消火栓，連結送水管，非常コンセント等の消火設備が設置できるようにする。 ⑨標識の掲示（非常用エレベーターである旨，積載量，最大定員，避難階の避難経路等を明示） 　表示灯の設置（非常の用に供している場合にその旨を明示）。

乗降ロビーの窓 / 乗降ロビーの排煙設備

開口面積 2 m²以上（3 m²以上）　天井　H/2 以内　H

吸気風道の断面積 2 m² 以上（3 m² 以上）直接外気に直結

i 最上部は外気に開放
ii 排煙口の開口面積 4 m²以上（6 m²以上）
iii 排煙風道の断面積 4 m²以上（6 m²以上）

天井　H/2 以内　H　H/2 以内

給気口開口面積 1 m²以上（1.5 m²以上）

注1)　4m³/秒以上(6m³秒以上)の排煙機を用いる場合はi〜iiiの規定は適用されない
注2)　（ ）内は特別避難階段の付室と兼用する場合の数値

2 消防法の基準

1 消防法の構成

消防法は，法令である消防法，政令である消防法施行令，省令である消防法施行規則から構成され，危険物に関しては別途政令と省令が定められている。

注）消防法については所管消防長等の指導・判断が優先されることがある。

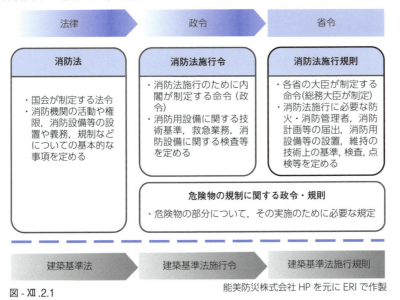

図 - XII.2.1

2 消防用設備等

消防用設備等は，消火設備，警報設備，避難設備，消防用水及び消火活動上必要な施設をいう（消防法17条1項，令7条）。

表 - XII.2.1 主な消防用設備等（通常用いられる消防用設備等）[*5]

性能	設備	種類
火災の初期抑制	消火設備	屋内消火栓，スプリンクラー，水噴霧消火，泡消火，不活性ガス消火，ハロゲン化物消火，粉末消火，屋外消火栓，動力消防ポンプ
	警報設備	自動火災報知，ガス漏れ警報，漏電警報，非常警報，非常放送，消防機関に通報する火災報知
避難支援	避難設備	避難器具，誘導灯，誘導標識
消火活動支援	消火活動上必要な施設	排煙，連結散水，連結送水管，非常コンセント，無線通信補助設備，（別に消防用水がある）

[*5] 左表の設備等に代えて、消防長又は消防署長が、防火安全性能（火災の初期抑制、避難支援又は消防隊による活動支援）が左表設備と同等以上であると認めるものを用いることができる（消防法令29条の4）。

3 防火対象物と特定防火対象物

消防法では，山林又は舟車、船きょ若しくはふ頭に繋留された船舶，建築物その他の工作物若しくはこれらに属する物を防火対象物と定義している（消防法2条）。このうち，法別表第1に定められた防火対象物（表 - XII.2.2）に対して，その用途や規模・構造等に応じて，消防用設備等の設置が義務付けられている（消防法17条）。

注）舟車（シュウシャ）：船と車のこと
船きょ（センキョ）：船を建造，修理あるいは係留するための施設

XII　消火活動等のための規定と建築基準法に規定される建築設備

　また，主として不特定多数の者や社会的な弱者が利用する建築物は「特定防火対象物」と呼ばれ（消防法17条の2の5第2項），通常の防火対象物より，消防用設備等の設置基準が厳しくなっている。

表 - XII .2.2　防火対象物及び特定防火対象物（消防法施行令　別表第1）

項別		特定	防火対象物の用途等
(1)	イ	●	劇場，映画館，演芸場，観覧場
	ロ	●	公会堂，集会所
(2)	イ	●	キャバレー，カフェ，ナイトクラブその他これらに類するもの
	ロ	●	遊技場，ダンスホール
	ハ	●	性風俗関連特殊営業を営む店舗[※1] その他これに類するもの
	ニ	●	カラオケボックス等[※2]
(3)	イ	●	待合・料理店その他これらに類するもの
	ロ	●	飲食店
(4)		●	百貨店，マーケットその他の物品販売業を営む店舗，展示場
(5)	イ	●	旅館，ホテル，宿泊所その他これらに類するもの
	ロ		寄宿舎，下宿，共同住宅
(6)	イ	●	病院，診療所
	ロ	●	老人ホーム，救護施設，乳児院，障害者支援施設，障害児入所施設
	ハ	●	老人デイサービスセンター，更生施設，保育所等[※3]
	ニ	●	幼稚園，特別支援学校
(7)			小学校，中学校，高等学校，大学
(8)			図書館，博物館，美術館その他これらに類するもの
(9)	イ	●	公衆浴場のうち蒸気浴場・熱気浴場・その他
	ロ		イに掲げる公衆浴場以外の公衆浴場
(10)			車両の停車場又は船舶若しくは航空機の発着場（旅客の乗降又は待合いの用に供する建築物に限る。）
(11)			神社，寺院，教会その他これらに類するもの
(12)	イ		工場，作業場
	ロ		映画スタジオ，テレビスタジオ
(13)	イ		自動車車庫，駐車場
	ロ		飛行機又は回転翼航空機の格納庫
(14)			倉庫
(15)			前各項に該当しない事業場
(16)	イ	●	複合用途防火対象物のうち，その一部が(1)項～(4)項・(5)項イ・(6)項又は(9)項イに掲げる防火対象物の用途に供されているもの
	ロ		イに掲げる複合用途防火対象物以外の複合用途防火対象物
(16の2)			地下街
(16の3)			建築物の地階（(16) の2項に掲げるものの各階を除く）で連続して地下道に面して設けられたものと当該地下道とを合わせたもの[※4]
(17)			重要文化財，重要有形民俗文化財，史跡若しくは重要な文化財として指定され，又は旧重要美術品等の保存に関する法律の規定によって重要美術品として認定された建造物
(18)			延長 ≧ 50 m のアーケード
(19)			市町村長の指定する山林
(20)			総務省令（規 5-10）で定める舟車

※1　風俗営業の規制及び業務の適正化等に関する法律に規定する性風俗関連特殊営業を営む店舗，その他これらに類するもの
※2　カラオケボックスその他遊興のための設備又は物品を個室において利用させる役務を提供する業務を営む店舗で総務省令で定めるもの
※3　老人デイサービスセンター，更生施設，保育所，幼保連携型こども園，身体障害者福祉センター
※4　(1) 項～(4) 項・(5) 項イ・(6) 項又は(9) 項イに掲げる防火対象物の用途に供される部分が存するものに限る。

4 消防法の各種届出

建築基準法に基づく許可又は確認の手続きの中で，建築物の計画が法律等の規定で建築物の防火に関するものに違反しないものであることについて，消防庁又は消防署長の同意を得るしくみになっている（規模により消防長等の通知となる場合がある。）（法93条）。

そのほか，以下の届出等が求められている。

1）工事整備対象設備等着工届

消防設備の新設，増設などを行う場合に着工の10日前までに行う（消防法17条の14）。

2）消防用設備等設置届

設置完了後4日以内に提出する。この設置届出を受け，消防完了検査が実施される（消防法施行規則31条の3）。

3）消防用設備等点検結果報告書

3年に1回（特定防火対象物の場合は1年に1回），所有者，管理者，又は占有者（防火管理者）が行う（消防法17条の3の3）。

4）危険物関連の届出等

建築物で使用若しくは貯蔵される危険物の量により，少量危険物の届出や危険物の設置許可申請が必要となる。油炊きのボイラーや吸収式冷温水機，非常用発電機も危険物の対象となり，燃料使用量に応じた届出や設置許可申請が必要となる。最近では災害等発生時の事業継続計画いわゆるBCP（Business Continuity Plan）対応のために大型の非常用発電機を設置[*6]するケースが増加しているが，危険物の届出若しくは設置許可の対象となる場合があるので注意が必要である（消防法11条ほか）。

*6 非常用発電機が屋外に設置され，かつ危険物一般取扱所の対象となると，①非常用発電機の周囲に所定の空地を確保する(保有空地)②敷地外の特定の施設との間の距離を確保する(保安距離)などの規制が生じる。

5 消防法にかかるその他の留意事項

1）建築基準法の内装制限と消防法の内装制限

消防法の内装制限は壁の床面から天井までが対象となる点が建築基準法の内装制限[*7]と異なっている。例えば，準耐火構造や耐火構造と合わせて内装制限をした場合には，屋内消火栓の設置が必要となる面積が，それぞれ2倍，3倍に緩和される規定がある（消防法施行令11条）が，この内装制限は消防法による内装制限であることに注意する。

*7 建築基準法の内装制限では，劇場等の用途や大規模建築物の室内に関しては床面から1.2mまでは制限の対象とならない。⇨Ⅺ2

2）特定共同住宅

特定共同住宅とは，建物構造，規模，2方向避難，開放性等の一定条件を満たすものをいい，一般の共同住宅と比べ消防用設備[*8]の設置基準が緩和される（⇨総務省令40号）。

いいかえれば，一般の共同住宅よりも建築物を延焼し難く，避難しやすい構造にして，消防用設備を免除若しくは緩和した共同住宅である。

*8 屋内消火栓設備やスプリンクラー設備など

XII　消火活動等のための規定と建築基準法に規定される建築設備

3　建築設備

1　建築基準法に規定される建築設備

　主な規定を**表 - XII.3.1** にまとめている。なお記載できない留意事項については各論に記載する。

表 - XII.3.1　建築基準法に規定される建築設備の概要

建築設備	根拠	主旨	主な内容
機械換気	令 129 条の 2 の 5 第 2 項	⇨VIII 1 **3**	①換気を必要とする理由（火気使用，人員，シックハウス）　②機械換気の方式（1 種，2 種，3 種）
排煙	令 126 条の 2 令 126 条の 3	⇨XI 5 **2**	①排煙が必要な室と排煙免除規定， ②自然排煙と機械排煙　③排煙区画（≦ 500 m²）
冷却塔	令 129 条の 2 の 6 S40 告 3411	冷却塔の構造と配置	11 階以上の建築物の屋上に設置する場合の規定
防火ダンパー等	令 112 条 21 項	設置基準，構造基準　等	煙感知器連動の要否
煙突	令 115 条	防火性能，構造強度　等	屋上の突出部の高さ 屋根面からの垂直距離≧ 60 cm
給排水その他	法 36 条 令 129 条の 2 の 4	給排水管，ガス管，配電管，ダクト等の設置基準 ⇨防火上，衛生上の内容	①ダクトは不燃材料で造る ②給水管は他の配管との接続はできない ③ 3 階以上の共同住宅のガス栓は自動ガス流出停止機構付（ヒューズコック等）等
受水槽	S50 告 1597	受水槽の構造	①六面点検 ②吐水口空間の確保
便所，浄化槽	法 31 条 令 28 条〜35 条	構造基準，排水の放流基準，能力（人槽）　等	浄化槽の能力（人槽）の建物用途ごとの算定基準
予備電源 （非常電源）	令 126 条の 3 第 1 項 10 号	排煙設備の予備電源	①エンジン・モーター両駆動の排煙ファンの場合予備電源は免除　②予備電源の運転時間は 30 分
	令 126 条の 5 第 1 号ハ S45 告 1830	非常用照明の予備電源	蓄電池若しくは蓄電池＋発電機， 予備電源の運転時間 30 分
	令 129 条の 13 の 3 第 10 項	非常用エレベーターの予備電源	予備電源の運転時間 60 分
非常用照明	令 126 条の 4 令 126 条の 5	⇨XI 5 **3**	①必要な照度（1 ルクス）　②免除規定
避雷	法 33 条 令 129 条の 14・15 H12 告 1425	設置基準，構造基準　等	①高さ 20m を超える建築物に設置 ② 1992 年基準の「旧 JIS」と 2003 年基準の「新 JIS」どちらも利用可能
昇降機	法 34 条 令 129 条の 3〜13	エレベーター，エスカレーター，小荷物専用昇降機の設置基準	小荷物専用昇降機：かごの水平投影面積が 1 m² 以下，天井の高さが 1.2 m 以下の荷物用の昇降機
非常用エレベーター	法 34 条 2 項 令 129 条の 13 の 2	⇨XII 1 **3**	①高さ 31 m を超える建築物に設置 ②非常用エレベーター本体，昇降路，乗降ロビーの設置基準　③予備電源必要
中央管理室	令 20 条の 2 第 2 号 令 126 条 の 3 第 1 項 11 号	設置基準　等	①高さ 31 m を超えるの建築物で非常用エレベーターが設置された建築物 ②地下街で各構えの床面積の合計 >1,000m²
電気設備	法 32 条	電気を用いる建築設備※	①電気事業法による　②消防法等にも規定がある

※　建築物の安全及び防火のために設けられている法律及びこれに基づく命令に定める工法によって設ける

2 給水設備

建築物への給水方式には主に4つの方式があり，その配管設備の設置及び構造が規定されている（令129条の2の4）。

ア　直結給水　　水道本管の水圧で建築物各所へ給水する方式。住宅又は小規模建築向き。

イ　直結増圧給水　　水道本管から増圧ポンプを経て建築物各所へ給水する方式。接続できるポンプの上限サイズは地域で異なる。この方式を認めていない地域もある。

ウ　受水槽＋加圧ポンプ給水　　受水槽を設け，以降ポンプで加圧することで建築物各所へ給水する方式。受水槽の設置基準がある。

エ　重力給水方式　　建築物屋上等に高架水槽を設け，重力で水圧を確保する給水方式。高架水槽の設置基準がある。

なお，受水槽，高架水槽等の給水タンクの設置基準は**表-XII.3.2**のとおりである。

表-XII.3.2　給水タンクの設置基準

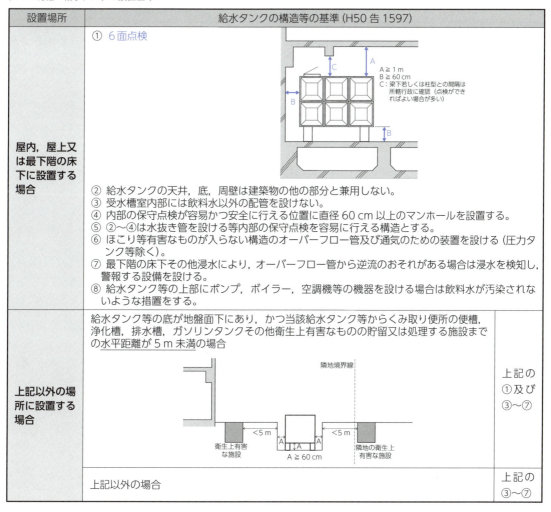

3 浄化槽

下水処理区域*9で屎尿を放流する場合は公共下水道に接続しなければならない。その他の地域では，屎尿浄化槽を設ける必要があるが，浄化槽法による浄化槽の定義から，便所以外の雑排水も合わせて処理する合併処理浄化槽とする必要がある。

浄化槽の能力は，放流水質と処理対象人員（人槽）に応じて決められる（**表 - XII.3.3** 及び**表 - XII.3.4**：抜粋）。

*9 下水道法2条8号に規定する処理区域

表 - XII.3.3　浄化槽の放流水の基準

合併浄化槽を設ける区域	処理対象人員（人）	放流水のBOD（mg/L）
特定行政庁が衛生上特に支障があると認めて規則で指定する区域	50 人以下	90 以下
	51 人以上 500 人以下	60 以下
	501 人以上	30 以下
特定行政庁が衛生上特に支障がないと認めて規則で指定する区域	―	120 以下
その他の区域	500 人以下	90 以下
	501 人以上 2,000 人以下	60 以下
	2,001 人以上	30 以下

表 - XII.3.4　浄化槽の処理対象人員の算定方法

建築物用途		処理対象人員（n）	
		算定式	算定単位
公会堂，集会場，劇場，映画館，演芸場		$n = 0.08A$	A：延面積（m²）
住宅		$n = 5 (A \leq 130)$	
		$n = 7 (A > 130)$	
共同住宅		$n = 0.05A^*$	
店舗，マーケット		$n = 0.075A$	
百貨店		$n = 0.15A$	
事務所（業務用厨房あり）		$n = 0.075A$	
事務所（業務用厨房なし）		$n = 0.06A$	
保育所，幼稚園，小学校，中学校		$n = 0.20P$	P：定員
高校，大学		$n = 0.25P$	
病院（業務用厨房又は洗濯設備あり）	300 床未満	$n = 8B$	B：ベッド数
	300 床以上	$n = 11.43 (B-300) + 2\,400$	
病院（業務用厨房又は洗濯設備なし）	300 床未満	$n = 5B$	
	300 床以上	$n = 7.14 (B - 300) + 1\,500$	

4 予備電源（非常電源）

非常用照明設備，機械排煙設備等の避難設備，各種消火設備については，停電時にもその機能を維持する必要がある。このような状況下で電源を供給する設備を建築基準法では「**予備電源**」，消防法では「**非常電源**」と呼んでいる（**表 - XII.3.5**）。

注）浄化槽の放流水質は放流先の水系で決められるケースも多いので行政庁や水利を管理する部署との調整が必要である。

放流水質については，従来はBOD, COD, SSの3種が主流であったが，最近では窒素やリンに対する規制も見られるようになった。

BOD　生物化学的酸素要求量　単位（mg/L）

COD　化学的酸素要求量　単位（mg/L）

SS　浮遊物質・懸濁物質　単位（mg/L）

3　建築設備

> 予備電源　〜　発電機，蓄電池
> 非常電源　〜　発電機，蓄電池，専用受電

　「専用受電」は，発電機や蓄電池を使用せず，電力会社からの電気を非常用に利用するもので，小規模あるいは不特定多数の人間が使用しない建築物で利用が可能な方式である。消防法においてのみ利用可能であり，建築基準法で規定されている機械排煙や非常用エレベーター等の予備電源には利用できない。

表 - Ⅻ .3.5　予備電源・非常用電源が必要な設備とその概要

予備電源・非常電源が 必要な設備			運転 時間	予備電源・非常電源					
				自家用 発電機	蓄電池	自家用 発電機 ＋蓄電池	燃料 電池	エンジン 駆動	専用 受電
建築 基準法	非常用照明		30 分	―	○	○	―	―	―
	非常用進入口 (赤色灯)		30 分	―	○	―	○	―	―
	非常用エレベーター		60 分	○	○	―	○	―	―
	機械 排煙	特別避難階段の付室	30 分	○	○	―	○	―	―
		非常用エレベーター の乗降ロビー	30 分	○	○	―	○	―	―
		上記以外	30 分	○	○	―	○	○※ 1	―
消防法	各種消火ポンプ		30 分	○	○	―	○	△※ 2	△※ 3
	連結送水 (加圧送水が必要 な場合)		2 時間	○	○	―	○		
	機械排煙		30 分	○	○	―	○	△※ 4	△※ 3

※ 1　モーター・エンジン両用に限る。
※ 2　屋内消火栓については 2,000 m^2 以下の建築物で可能という質疑がある。所轄消防に確認のこと。
※ 3　特定防火対象物で延面積 1,000 m^2 以上のものを除く。
※ 4　エンジンが昭和 48 年消防法告示 1 号に合致していればよいとの考えがある。所轄消防に確認のこと。

5　避雷設備

1）設置基準

　高さ 20 m を超える建築物・工作物には避雷設備を設けなければならない[10]。
　この場合の建築物の高さには，階段室，高架水槽，煙突等が含まれる。例えば，屋上面の高さが 19 m の場合は避雷設備の設置は不要となるが，この屋上に高さ 1 m を超えるエアコンの室外機や TV アンテナ等を設置すると高さが 20 m を超えるため，20 m を超えた部分について避雷設備を設置が必要となる（令 129 条の 14，令 2 条 1 項 6 号）。

　なお，雷が多い地域では建築物の高さが 20 m 以下であっても落雷がないわけではないため，自主的に避雷設備を設ける場合が多い。

＊ 10 周囲の状況が安全上支障がない場合を除く。

169

2）避雷設備の構造

避雷設備の構造は JIS A-4201「建築物等の雷保護」-2003（以下「新 JIS」という）に規定されている。これ以前の規格である JIS A-4201「建築物等の避雷設備（避雷針）」-1992（以下「旧 JIS」という）に適合する避雷設備も新 JIS に適合するものとみなされている。どちらの構造基準を利用するかは設計者の判断によるが，新 JIS の一部と旧 JIS の一部を複合して利用することはできない（H12 告 1425）。

避雷設備は「落雷を避ける」ものではなく，**「落雷による大電流を建物に被害を与えることなく大地に流す」システム**であり，落雷を受ける**受雷システム**，雷撃の電流を大地に流す**接地システム**，受雷システムと接地システムを接続する**引下げ導線システム**から構成される。

注）避雷設備の構造は新 JIS，旧 JIS どちらを選んでもよいが，条例で新 JIS を指定している行政方もあるので事前の確認が必要である。

3）受雷システム

受雷システムの配置方法は新 JIS の場合，**回転球体法**，**保護角法**，**メッシュ法**の 3 種がある（図-XII.3.1）。なお，新 JIS では 60 m を超える高層建築の場合，外壁に対する避雷設備の設置が求められる。

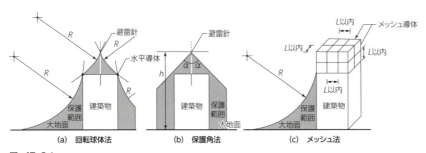

図-XII.3.1

表-XII.3.6 に保護レベルに応じた受雷部の配置基準を整理した。**保護レベル**は建築物の立地や用途で決められるもので，建築基準法の避雷設備では保護レベルIV，消防法の危険物施設[*11]では保護レベルIIが求められる。受雷部の配置方法は図-XII.3.1 のとおりである。

*11 危険物の使用量・貯蔵量が指定数量の 10 倍以上の場合，保護レベルIIの避雷設備が必要となる。

表-XII.3.6　避雷設備の保護レベルと受雷部の設置基準

保護レベル	回転球体法 R	保護角法の保護角 α					メッシュ法幅 L
		$h \leq 20m$	$20m < h \leq 30m$	$30m < h \leq 45m$	$45m < h \leq 60m$	$60m < h$	
I	20m	25°	※	※	※	※	5m
II	30m	35°	25°	※	※	※	10m
III	45m	45°	35°	25°	※	※	15m
IV	60m	55°	45°	35°	25°	※	20m

※　回転球体法若しくはメッシュ法のみ適用できる
R　回転球体法の球体半径
h　地表面から受雷部上端までの高さ。ただし陸屋根部分においては陸屋根から受雷部上端までの高さとすることができる
α　保護角法の保護角
L　メッシュ法のメッシュ幅

3　建築設備

6 昇降機設備

　建築基準法の適用を受ける昇降機は，**エレベーター，エスカレーター，小荷物専用昇降機**[*12]の3つである。その他，消防活動のための**非常用エレベーター**（⇨1 **3**）がある（法34条）。昇降機本体に関する構造上，納まり上の基準は法令，告示に規定されており，昇降機メーカーが遵守すべき内容が中心となる。ここでは，主として建築に関連する規定について説明する。

1）エレベーター

　建築基準法では，人や荷物を運ぶ昇降機でかごの水平投影面積が $1m^2$ を超え，天井の高さが1.2mを超えるものと定義されている。昇降路について，周壁，開口部を防火上支障がない構造とするなどの規定がある（法129条の3）。

ア　機械室に関する規定（令129条の9）

・床面積≧昇降路の水平投影面積の2倍

・換気設備の設置

・出入口の幅≧70cm，高さ≧1.8m

・機械室に通じる階段：蹴上げ≦23cm，踏面≧15cm

・床面から天井又は梁下端までの垂直距離：定格速度に応じた数字（**表 - XII.3.7（ア）**）

表 _ XII.3.7　エレベーターの定格速度に応じた機械室と昇降路の基準

定格速度[*13] V（m/分）	機械室（ア） 垂直距離 C（m）	昇降路（イ） 頂部すき間 A（m）	ピット深さ B（m）
V ≦ 45	C ≧ 2.0	A ≧ 1.2	B ≧ 1.2
45 < V ≦ 60		A ≧ 1.4	B ≧ 1.5
60 < V ≦ 90	C ≧ 2.2	A ≧ 1.6	B ≧ 1.8
90 < V ≦ 120		A ≧ 1.8	B ≧ 2.1
120 < V ≦ 150		A ≧ 2.0	B ≧ 2.4
150 < V ≦ 180	C ≧ 2.5	A ≧ 2.3	B ≧ 2.7
180 < V ≦ 210		A ≧ 2.7	B ≧ 3.2
210 < V ≦ 240	C ≧ 2.8	A ≧ 3.3	B ≧ 3.8
240 < V		A ≧ 4.0	B ≧ 4.0

イ　昇降路に関する規定（令129条の7）

・昇降路外の人又は物がかごや釣合おもり触れるおそれがないような壁又は囲い及び，出入口の戸を設ける（H20告1454）。

・かごが最上階に停止したときの頂部すき間及び最下階のピット深さ：定格速度に応じた数字（**表 - XII.3.7（イ）**）

・昇降路の壁又は囲い及び，出入口の戸：難燃材料

[*12] 小荷物専用昇降機：物のみを上下階に輸送する電動の小型昇降機。かごの床面積：$1m^2$ 以下，かごの天井高さ：1.2m以下(令129条の13)

[*13] 定格速度：積載荷重を作用させて上昇する場合の毎分の最高速度

注）ピット下部の利用については，万が一釣合おもりが落下した場合に重大事故にならないよう，ピットの床を二重にしたり，釣合おもり下部を厚い壁にする等制限がある

171

XII 消火活動等のための規定と建築基準法に規定される建築設備

インターロックスイッチ
乗場の戸が完全に閉じ、かつロックされなければ運転回路が構成されないようにしたドアの安全装置です。

調速機（ガバナー）
かごの速度が異常に増大した場合に,その速度を検出し,かごを安全に停止させるために電気スイッチ及び機械トリップを作動させます。

主ロープ
かごとおもりを吊り支えると共に,綱車の回転をかごの昇降に変える働きをします。

ガイドレール
かごやおもりの昇降を案内するレールです。また,非常止め動作時の垂直荷重を保持したり,地震時の水平加震力を保持します。

乗場の戸
乗場出入口の戸です。かごの戸側の係合装置により,かごの戸と連動して開閉します。

おもり
かごの重量とのつり合をとるために,かごと対面する位置に設けるおもりであり,通常,鋳鉄・鋼板又はコンクリートブロックで作られます。また,おもりの重さは一般にかご自重に積載荷重の40〜50%を加えたものとしています。

制御盤
昇降機においては、速度制御・運行管理制御その他必要な制御を行う盤のことです。人間の頭脳に相当します。

巻上機（ギアレス）
モータに綱車を直結する方式により、かごを昇降させる駆動機です。減速機を用いないため振動・騒音が少ないというメリットがあります。

緩衝器
かごやおもりが,何らかの原因で最下階を行き過ぎ,昇降路のピット（底部）に衝突した場合の衝撃を緩和するため,かごとおもりの直下に設けられる安全装置です。バネ式と油入式があります。

注）このほか事故等の被害を受けて、以下の機能が追加されている。

・戸開走行保護装置（令129条の10第3項1号）
次の場合に自動的にかごを制止する装置。①駆動装置又は制御器に故障が生じ、かごの停止位置が著しく移動した場合、②駆動装置又は制御器に故障が生じ、かご及び昇降路のすべての出入口の戸が閉じる前にかごが昇降した場合。

・地震時管制運転装置（同項2号）
地震その他の衝撃により生じた一定の加速度を検知し、自動的に、かごを昇降路の出入口の戸の位置に停止させ、かつ、かご及び昇降路の出入口の戸を開き、又はかご内の人がこれらの戸を開くことができる装置。

図 - XII.3.2

2）エスカレーター

　勾配を 30 度以下とし，定格速度を勾配に応じて大臣が定める速度以下とするほか，事故防止などのための基準[*14] が定められている（令 129 条の 2）。

・エスカレーターと交差する天井等：三角部ガード板設置
・エスカレーターと床開口部の間に間隙がある場合：柵及び転落防止せき設置
・エスカレーター相互間又はエスカレーターと建築物床等の開口部との間に 20 cm 以上の間隙がある場合：隔界ごとに落下物防止のための網等設置

*14 階段や主要な支持部分の損傷防止，強度の検証など

XIII
建築物と土地に関連する法規

　時代の要求を受け，バリアフリー法や建築物省エネ法，住宅品確法など，それぞれ，利用性の向上，環境への配慮，良質な住宅の確保などを目的とした法律が制定されてきている。そのほか，土地利用などについても国土利用計画法をはじめとする様々な法律が存在し，複雑に関与しあう中で，現在の都市やまちが形成されてきている。
　この章では，建築物や都市の質の向上にかかる法令を紹介する。

東京湾臨海部
出典：東京都都港湾局HP

多摩ニュータウン
©UR都市機構

XIII 建築物と土地に関連する法規

1 バリアフリー法

1 バリアフリー法の沿革

バリアフリー法は，建築物を対象としたハートビル法（平成6年制定）と交通施設などを対象とした交通バリアフリー法（平成12年制定）を統合，拡充し，平成18年6月に制定された法令である。前身のハートビル法等では身体障害者が対象とされていたが，バリアフリー法では知的障害者，精神障害者，発達障害者などを含むすべての障害者に対象が拡大されている。また，それまでは建築物と交通施設に限定されていた対象物にも，道路や屋外駐車場，都市公園が追加された。

平成30年にはパラリンピック開催等をみすえて同法が改正され，「バリアフリー措置は，「共生社会の実現」「社会的障壁の除去」に資することを旨として行われなければならない」との基本理念が明記された。あわせて，貸切バス等が対象に追加されている。

＊1 建築物移動等円滑化基準を超える基準

2 建築物への適用

1）2つの基準

バリアフリー法の特徴は，「建築物移動等円滑化基準」と「建築物移動等円滑化誘導基準＊1（法17条）」の2つの基準を持つことである。

このうち，「建築物移動等円滑化基準」は，建築基準関係規定とみなされ，建築確認の対象となる。一方，「建築物移動等円滑化誘導基準」は，いわば「こうあって欲しい」基準である。この基準を満たした上で，適切な資金計画を定め特定行政庁の認定を受けると，確認申請や容積率の特例，建築資金の補助などが受けられる。

ア 建築物移動等円滑化基準

移動等円滑化のために必要な建築物特定施設の構造及び配置に関する政令（10条～25条）で定める基準（法14条1項）。

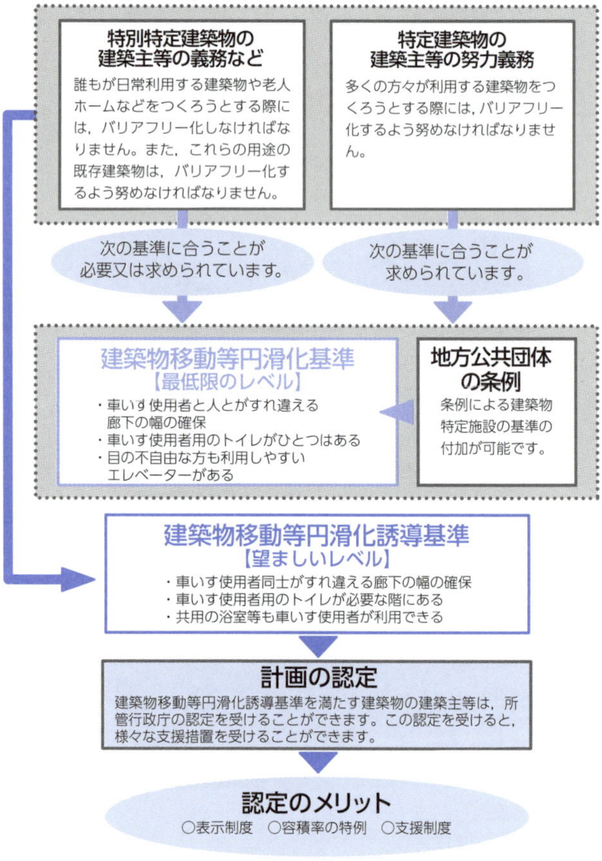

特別特定建築物の建築主等の義務など
誰もが日常利用する建築物や老人ホームなどをつくろうとする際には，バリアフリー化しなければなりません。また，これらの用途の既存建築物は，バリアフリー化するよう努めなければなりません。

特定建築物の建築主等の努力義務
多くの方々が利用する建築物をつくろうとする際には，バリアフリー化するよう努めなければなりません。

次の基準に合うことが必要又は求められています。

次の基準に合うことが求められています。

建築物移動等円滑化基準【最低限のレベル】
・車いす使用者と人とがすれ違える廊下の幅の確保
・車いす使用者用のトイレがひとつはある
・目の不自由な方も利用しやすいエレベーターがある

地方公共団体の条例
条例による建築物特定施設の基準の付加が可能です。

建築物移動等円滑化誘導基準【望ましいレベル】
・車いす使用者同士がすれ違える廊下の幅の確保
・車いす使用者用のトイレが必要な階にある
・共用の浴室等も車いす使用者が利用できる

計画の認定
建築物移動等円滑化誘導基準を満たす建築物の建築主等は，所管行政庁の認定を受けることができます。この認定を受けると，様々な支援措置を受けることができます。

認定のメリット
○表示制度　○容積率の特例　○支援制度

図-XIII.1.1

イ　建築物移動等円滑化誘導基準　　高齢者，障害者等が円滑に利用でき

るようにするために誘導すべき主務省令で定める建築物特定施設の構造

及び配置に関する基準（同法 17 条 3 項 1 号，H18 省令 114）。

2）2 つの対象

法令の対象となる建築物は「特定建築物」及び「特別特定建築物」として規

定されている（表 - XIII.1.1）。

表 - XIII.1.1　特定建築物と特別特定建築物

（特定建築物）（同法 2 条 1 項 18 号）	（特別特定建築物）（同法 2 条 1 項 19 号）
学校，病院，劇場，観覧場，集会場，展示場，百貨店，ホテル，事務所，共同住宅，老人ホームその他の**多数の者が利用する政令で定める建築物又はその部分**をいい，これらに付属する建築物特定施設を含む	**不特定かつ多数の者が利用し，又は主として高齢者，障害者等が利用する特定建築物であって，移動等円滑化が特に必要なものとして**政令で定めるもの
一　学校	一　公立の小中学校，特別支援学校
二　病院又は診療所	二　病院又は診療所
三　劇場，観覧場，映画館又は演芸場	三　劇場，観覧場，映画館又は演芸場
四　集会場又は公会堂	四　集会場又は公会堂
五　展示場	五　展示場
六　卸売市場又は百貨店，マーケットその他の物品販売業を営む店舗	六　百貨店，マーケットその他の物品販売業を営む店舗
七　ホテル又は旅館	七　ホテル又は旅館
八　事務所	
九　共同住宅，寄宿舎又は下宿	八　保健所，税務署その他不特定かつ多数の者が利用する官公署
十　老人ホーム，保育所，福祉ホームその他これらに類するもの	九　老人ホーム，福祉ホームその他これらに類するもの（主として高齢者，障害者等が利用するものに限る。）
十一　老人福祉センター，児童厚生施設，身体障害者福祉センターその他これらに類するもの	十　老人福祉センター，児童厚生施設，身体障害者福祉センターその他これらに類するもの
十二　体育館，水泳場，ボーリング場その他これらに類する運動施設又は遊技場	十一　体育館（一般公共の用に供されるものに限る。），水泳場（一般公共の用に供されるものに限る。）若しくはボーリング場又は遊技場
十三　博物館，美術館又は図書館	十二　博物館，美術館又は図書館
十四　公衆浴場	十三　公衆浴場
十五　飲食店又はキャバレー，料理店，ナイトクラブ，ダンスホールその他これらに類するもの	十四　飲食店
十六　理髪店，クリーニング取次店，質屋，貸衣装屋，銀行その他これらに類するサービス業を営む店舗	十五　理髪店，クリーニング取次店，質屋，貸衣装屋，銀行その他これらに類するサービス業を営む店舗
十七　自動車教習所又は学習塾，華道教室，囲碁教室その他これらに類するもの	
十八　工場	
十九　車両の停車場又は船舶若しくは航空機の発着場を構成する建築物で旅客の乗降又は待合いの用に供するもの	十六　車両の停車場又は船舶若しくは航空機の発着場を構成する建築物で旅客の乗降又は待合いの用に供するもの
二十　自動車の停留又は駐車のための施設	十七　自動車の停留又は駐車のための施設（一般公共の用に供されるものに限る。）
二十一　公衆便所	十八　公衆便所
二十二　公共用歩廊	十九　公共用歩廊

ア　特定建築物　建築あるいは特定建築物への用途変更にあたって，建築物移動等円滑化基準に適合させるための努力義務が課せられている。その建築物特定施設の修繕又は模様替も対象となる（**表 - XIII.1.2**）。

この基準に抵触する場合は，所管行政庁が建築主等に対し，「建築物移動等円滑化基準を勘案して，特定建築物又はその建築物特定施設の設計及び施工に係る事項について必要な指導及び助言をすることができる。」とされている。

イ　特別特定建築物　①不特定多数の人々が利用する劇場，病院，集会場，物販店など，②主に高齢者，障害者等が利用する老人ホームなどの建築物をいい，建築又は用途変更する場合に，建築主に「建築物移動等円滑化基準」へ適合させるための努力義務が課せられている（**表 - XIII.1.2**）。

このうち，2,000 m^2（公衆便所は50 m^2）以上の特別特定建築物の新築等については，「建築物移動等円滑化基準」への適合，維持が義務付けられるとともに，建築物特定施設に対するバリアフリー化の基準が建築基準関係規定とみなされ，建築確認の対象となる（**表 - XIII.1.2**）。

3）対象となる部分

バリアフリー化の対象は，「建築物特定施設」と呼ばれ「出入口，廊下，階段，エレベーター，便所，敷地内の通路，駐車場その他の建築物又はその敷地に設けられる施設で政令で定めるもの」をいう（法2条1項20号，令6条）（**図 - XIII.1.2**）。

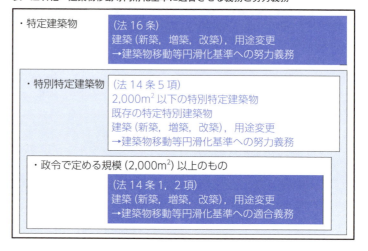

表 - XIII.1.2　建築物移動等円滑化基準に適合させる義務と努力義務

図 - XIII 1.2

3 バリアフリー化を求める条例

1）付加条例

地方公共団体は条例を定めて，①特別特定建築物に特定建築物の追加，②特別特定建築物の規模の引き下げ，③建築物移動等円滑化基準に必要事項の追加の3点を付加できる。付加される内容は，上記①～③の組み合わせで構成され，地方公共団体ごとに多岐に渡っている。この条例も建築基準関係規定となる（法14条3項）。また，名称が「福祉のまちづくり条例」等とされていても，建築基準関係規定として位置づけられている場合があるので注意が必要である。

2）福祉のまちづくり条例等

バリアフリー法の前身であるハートビル法の制定と前後して，地方自治体で独自にバリアフリー化を進めようとする動きがみられ，「福祉のまちづくり条例」等が各地で制定されている。その後ハートビル法の制定と廃止，バリアフリー法や同条例の制定などの経緯を経て，福祉のまちづくり条例は，①建築基準法やバリアフリー法に基づく条例への統廃合，②独自の規定として併存と姿をかえてきている。

4 特定建築物の建築等及び維持保全の計画の認定

特定建築物の建築，修繕又は模様替（修繕又は模様替にあっては，建築物特定施設にかかるものに限る。以下「建築等」という）をしようとするときは，特定建築物の建築等及び維持保全計画を作成し，所管行政庁の認定を申請することができる。

1）認定の基準

ア　計画にかかる建築物特定施設の構造及び配置並びに維持保全に関する事項が，建築物移動等円滑化基準を超え，かつ，高齢者，障害者等が円滑に利用できるようにするために誘導すべき建築物特定施設の構造及び配置に関する基準（H18省令114）に適合すること（法17条3項）。

イ　資金計画が特定建築物の事業を確実に遂行するため適切なものであること。

2）認定の効果

認定を受けると，確認等の手続きの簡素化や容積率の緩和等を受けることができる（図-XIII.1.3）。

シンボルマークの表示

高齢者，障害者をはじめ誰もが利用しやすいバリアフリー建物であることを情報提供するため，認定建築物や広告などに，認定を受けていることを表すシンボルマークを表示することができる。

シンボルマーク

容積率の特例

誘導基準により計画すると，廊下，便所等の特定施設が通常の床面積より増えるため，通常の床面積を超える部分について，容積率算定の基礎となる延べ面積に不算入とすることができる。

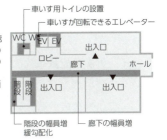

補助制度

認定特定建築物において，スロープ，EV等，高齢者等の快適かつ安全な移動を確保するための施設を整備する場合は，店舗，ホテル等の専ら商業用に供する部分を除き，補助金を受けることができる（国土交通省所管バリアフリー環境整備促進事業の活用によるもので，地方自治体の補助制度がある場合に限る。）。

図-XIII 1.3

XIII 建築物と土地に関連する法規

2 建築物省エネ法

1 建築物省エネ法の概要

2050年カーボンニュートラル，2030年度温室効果ガス46％排出削減（2013年度比）の実現に向け，2021年10月，地球温暖化対策等の削減目標を強化することが決定された。これを受けて，我が国のエネルギー消費量の約3割を占める建築物分野における取組が急務となっている。

1）建築物省エネ法の目的

目標の実現に向け，「建築物のエネルギー消費性能の向上」に加えて，「建築物への再生可能エネルギー利用設備の設置の促進」を図るため，建築物省エネ法（建築物のエネルギー消費性能の向上等に関する法律）が制定・改正され，建築物のエネルギー消費性能基準への適合義務等の規制措置や，再生可能エネルギー設置をした場合の建築基準法の特例許可等の誘導措置が定められている。

2 規制措置

1）省エネ基準への適合義務

原則，すべての建築物を新築，増改築する際に，省エネ基準適合への適合が義務付けられている[*2]。新築の場合は，建築物全体が省エネ基準に適合する必要があるが，増改築を行う場合は，増改築を行った部分のみが省エネ基準に適合する必要がある。

ア 省エネ基準とは

省エネ基準[*3]の適合には，住宅の場合は「外皮性能基準」と「一次エネルギー消費性能基準」，非住宅建築物の場合は，「一次エネルギー消費性能基準」にそれぞれ適合する必要がある。省エネ基準は，「建築物エネルギー消費性能基準等を定める省令（基準省令）」により規定されている。

イ 外皮性能基準

住宅の外皮性能は，U_A（ユー・エー）値とη_{AC}（イータ・エーシー）値により構成され，いずれも，地域区分別に規定されている基準値以下となることが必要となる。

ウ 一次エネルギー消費性能基準

建築物の一次エネルギー消費性能は，BEI[*4]値により判定され，基準値以下となる必要がある。

$$BEI = \frac{設計一次エネルギー消費量^*}{基準一次エネルギー消費量^*} \leq 基準値$$

※事務機器等／家電等エネルギー消費量は除く

[*2] 以下の建築物は適合義務の適用除外となる。
① 10m² 以下の新築・増改築
② 居室を有しないこと又は高い開放性を有することにより空気調和設備を設ける必要がないもの
③ 歴史的建造物，文化財等
④ 応急仮設建築物，仮設建築物，仮設興行場等

[*3] 実際に建築する建築物の設計一次エネルギー消費量を，地域や建物用途，室の使用条件等により定められている基準一次エネルギー消費量で除した値。

[*4] BEIの算定方法は基準省令において規定されている。

178

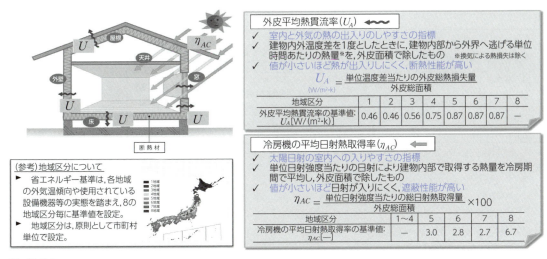

図 - Ⅹ.2.1

図 - Ⅹ.2.2

　BEI の基準値は，床面積 2,000 m² 未満の建築物の新築・増改築工事に係る省エネ基準は，1.0 であるが，2,000 m² 以上の非住宅建築物の新築・増改築工事に係る省エネ基準は，以下の表の通りとなる（表 - ⅩⅢ.2.1）。

表 - ⅩⅢ.2.1

用途	省エネ基準（BEI）
工場等	0.75
事務所等，学校等，ホテル等，百貨店等	0.80
病院等，飲食店等，集会上等	0.85

エ　省エネ基準への適合確認方法

　省エネ基準への適合は，原則，エネルギー消費性能適合性判定（省エネ適判）を受ける必要がある。ただし，住宅のうち，省エネ基準への適合の確認が比較的容易な特定建築行為となるもの[5]は，建築確認審査と一体的に省エネ基準への適合を確認することができる（表 - ⅩⅢ.2.2）。

＊5 省エネ適判を行うことが比較的容易な特定建築行為（以下の①～③のいずれかの住宅）
①仕様基準に基づき外皮性能及び一時エネルギー消費性能を評価する住宅
②設計住宅性能評価を受けた住宅の新築
③長期優良住宅の認定又は長期使用構造等の確認を受けた住宅の新築

表-XIII.2.2

	非住宅	住宅	住宅 審査が容易な場合※3
300m² 以上	適合性判定 / 建築確認・検査	【省エネ適判必要】 適合性判定 / 建築確認・検査	【省エネ適判不要】 建築確認・検査
300m² 未満	適合性判定 / 建築確認・検査		
平屋かつ 200m² 以下	省エネ基準への適合性審査・検査省略※2 建築確認・検査不要※1		

※1 都市計画区域・準都市計画区域外の建築物(平屋かつ 200 m² 以下)
※2 都市計画区域・準都市計画区域外の建築物(平屋かつ 200 m² 以下)で建築士が設計・工事監理を行った建築物
※3 仕様基準による場合(省エネ計算なし)等

2）住宅トップランナー制度

トップランナー事業者[*6]に対して，国が，目標年度と省エネ基準を超える水準の基準（トップランナー基準）を目標として定め，新たに供給する住宅について平均的に当該目標を満たすことを努力義務として課す制度である。地球温暖化対策計画等[*7]においては，2030 年度以降新築される住宅について，ZEH 水準の省エネ性能の確保[*8]を目指すこと等が位置付けられており，住宅の性能の向上を図ることを目的としている（表-XIII.2.2）。

[*6] 1 年間に一定戸数以上の住宅を供給する事業者をいう。

[*7] 令和 3 年 10 月 22 日閣議決定
[*8] 強化外皮基準への適合及び再生可能エネルギーを除いた一次エネルギー消費量を現行の省エネ基準から 20％削減する基準

表-XIII.2.3

住宅種別	対象事業者	目標年度	住宅トップランナー基準	
			外皮基準※1	一次エネルギー 消費量基準※2※3
建売戸建住宅	年間 150 戸以上 供給	2020 年度	省エネ基準に適合	省エネ基準に比べて 15% 削減
注文戸建住宅	年間 300 戸以上 供給	2024 年度		省エネ基準に比べて 25% 削減
賃貸アパート	年間 1,000 戸以上供給	2024 年度		省エネ基準に比べて 10% 削減
分譲マンション	年間 1,000 戸以上供給	2026 年度	強化外皮基準に適合	省エネ基準に比べて 20% 削減

※1 目標年度に供給する全ての住宅に対して求める水準
※2 目標年度に供給する全ての住宅の平均に対して求める水準
※3 太陽光発電及びコージェネレーション設備の発電量のうち自家消費分を含む

3）エネルギー消費性能の表示制度

一建築物の省エネ性能の向上を図るためには，消費者の省エネ性能への関心を高め，より省エネ性能が高い建築物が選ばれる市場環境の整備が必要であるため，建築物の販売又は賃貸を行う事業者に対して，販売又は賃貸を行う建築物について，エネルギー消費性能の表示の努力義務を課す制度である。

建築物の省エネ性能ラベルの表示にあたっては，告示に従ったラベル[*9]が必要となる（図-XIII.2.3）。

[*9] ラベルにはエネルギー消費性能と断熱性能が★マークや数字で表示される。建物の種類(住宅(住戸／住棟)，非住宅，複合建築物) および，評価方法(自己評価，第三者評価)，再エネ設備のあり／なしでラベルの種類が異なる。

図-XIII.2.3

3 誘導措置

1）建築物エネルギー消費性能向上計画の認定

建築主等は，省エネ基準の水準を超える誘導基準等に適合する建築物を新築や，省エネ改修を行う場合に，建築物エネルギー消費性能向上計画を作成し，所管行政庁の認定を申請することができる。所管行政庁は，認定基準に適合する場合に，その認定をするこができる。

認定された建築物は，省エネ性能向上のための設備について，通常の建築物の床面積を超える部分を不算入とすることができる建築基準法の容積率等の特例を受けることができる。

2）建築物再生可能エネルギー利用促進区域制度

2024年4月から，太陽光発電設備等の再生可能エネルギー利用設備の導入促進のため，建築物再生可能エネルギー利用促進区域制度が創設された。

太陽光などの再生可能エネルギーによる発電等の効率性は，地域の気候条件や建築物の立地条件に大きく影響されるものであることから，全国一律的にその導入を図るよりも，導入のポテンシャルのあるエリアにおいて，地域の判断のもと，進めていくことが効果的である。

そこで，市町村が，再生可能エネルギー利用設備の設置の促進を図ることが必要であると認められる区域について，促進区域を作成・公表することにより，促進区域内においては，建築士から建築主に対する再生エネルギー利用設備についての説明義務や建築基準法の形態規制の特例許可[10]などが適用される。

*10　建築基準法の特例許可の対象規定は，容積率，建蔽率，第一種低層住居専用地域等の建築物の高さ，高度地区がある。

XIII　建築物と土地に関連する法規

3　耐震改修促進法 [*11]

平成7年1月に発生した阪神・淡路大震災での被害に対応して制定された法律。多くの人が集まる学校，事務所，病院，百貨店等，一定の建築物のうち，現行の耐震規定に適合しないもの（特定既存耐震不適格建築物）の所有者に対して，耐震診断と必要に応じた耐震改修について努力義務が課せられている。耐震診断や耐震改修を促進するための建築基準法の特例等がある。

[*11 建築物の耐震改修の促進に関する法律]

1　基本方針と耐震改修促進計画

1）国による基本方針

・住宅，多数の者が利用する建築物の耐震化の目標
75 %（H15）⇨ 95 %（2020 年）

・耐震性が不十分な住宅をおおむね解消⇨（2025 年）等

2）都道府県・市町村による耐震改修促進計画

建築物の耐震診断及び改修の目標，目標達成のための具体的な施策，緊急輸送道路の指定（都道府県，市町村），防災拠点建築物の指定（都道府県）など

2　耐震診断と結果報告

耐震診断は，同法に基づく告示（H18 告 184）に定められた「地震に対する安全上耐震関係規定に準ずるものとしての基準」に基づき行われる。診断により，建築物の耐震性能の指標（IS 値）が算定され，IS 値が 0.6 以下の場合は地震に対して危険性が高いと診断される（**図 - XIII.3.1**）。また，以下の建築物については耐震診断の実施と，所管行政庁への報告が義務づけられており，その結果が公表されるしくみになっている（**表 - XIII.3.1**）。

1）要緊急安全確認大規模建築物

昭和 56 年 5 月以前に建築された病院，店舗，旅館などの不特定多数の者が利用する建築物，学校，老人ホーム等の避難弱者が利用する建築物，及び一定量以上の危険物を取り扱う建築物のうち大規模なもの。

[*12 工事着手したものも含まれる。]

2）要安全確認計画記載建築物（避難路沿道建築物）

大規模な地震等の災害が発生した場合に救命活動や物資輸送を行うための避難路（緊急輸送道路等，都道府県・市町村の耐震改修促進計画で指定）の沿道の建築物のうち，一定高さ以上，昭和 56 年 5 月末以前 [*12] に建築されたもの。

耐震性能の考え方

耐震性能（Is値）

建築物の耐震性能を表す指標を
「Is値（アイエスチ）」といい，
耐震診断の結果，算出される。

Is≧0.6
危険性が低い
（想定する地震動に対して
所要の耐震性を確保している。）

Is<0.6
危険性がある／高い

図 - XIII.3.1

3）要安全確認計画記載建築物（防災拠点建築物）

大規模な地震が発生した場合において，広域防災拠点となる建築物（その利用を確保することが公益上必要な病院，官公署，災害応急対策に必要な施設等）として，都道府県が耐震改修促進計画で指定したもの。

表-XIII.3.1　耐震診断の対象とその概要

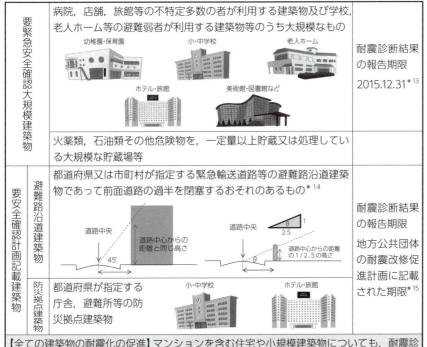

【全ての建築物の耐震化の促進】マンションを含む住宅や小規模建築物についても，耐震診断及び必要に応じた耐震改修の努力義務を創設

*13　2019.4.1 現在 35道県が指定。16県が公表。

*14　2019年の改正で，避難路沿道の組積造の塀が追加された（長さ25mを超え，道路の中心からの距離の1/25以上の高さのもの）。

*15　20都府県72市町村が指定。東京，滋賀，大阪5市が公表。

3 認定等

1）耐震改修計画の認定

建築物の耐震改修の計画について耐震関係規定等に適合している旨の認定を受けた建築物に，建築確認手続きの特例，建築基準法の特例（耐火建築物にかかる制限，容積率及び建蔽率など）が適用される（同法17条）。

2）建築物の地震に対する安全性の表示制度

建築物の所有者は，建築物が地震に対する安全性にかかる基準に適合している旨の認定を受けることができ，認定を受けた建築物（基準適合認定建築物）は，広告等に認定を受けたことを表示できる（同法22条）（図-XIII.3.2）。

3）区分所有建築物の耐震改修の必要性にかかる認定

耐震診断を行った区分所有建築物の管理者等は，当該区分所有建築物が耐震改修を行う必要がある旨の認定を受けることができる。認定を受けた区分所有建築物は，区分所有法17条に規定する共用部分の変更決議が3/4以上から1/2超（過半数）に緩和される（同法25条）。

図-XIII 3.2

XIII 建築物と土地に関連する法規

4 住宅に関連する法規

1 住宅関連法の構成

　住宅の設計や工事監理等に関する法律は，建築基準法や建築士法を中心に多岐にわたり定められている。

　近年は，住宅の性能とその評価，長期利用が課題となり，住宅の品質向上や安定供給，維持管理に関する「住宅品確法」「住宅瑕疵担保履行法」「長期優良住宅促進法」が制定されている。

2 住宅品確法[*16]

*16 住宅の品質確保の促進等に関する法律

　住宅については，従来から，生活に支障の出る重大な欠陥が生じやすく，建築基準法だけでは十分に対応できない状況が存在していた。これを解決するため，1999年に住宅品確法が制定された。同法は，住宅品質の確保や住宅購入者等の利益保護等を目的とし，「住宅性能表示制度」「住宅にかかる紛争処理体制」「新築住宅の瑕疵担保責任」の3項目で構成されている。

1）住宅性能表示制度

　住宅の品質確保を促進するため，住宅の性能に関する表示の適正化を図る共通のルールを設け，住宅の性能を分かりやすい数値（等級）等で示すことにより住宅品質を表示する制度である。

　この制度では，共通ルール（日本住宅性能表示基準と評価方法基準）を設けることにより，性能評価（以下「住宅性能評価」）を行う。住宅性能評価には，設計段階で行う「設計住宅性能評価」と建設段階で行う「建設住宅性能評価」があり，それぞれの結果として，「設計住宅性能評価書」又は「建設住宅性能評価書」が交付される。

　また，住宅性能評価は「新築住宅」「既存住宅」に区分され，新築住宅では「設計住宅性能評価」「建設住宅性能評価」，既存住宅では「建設住宅性能評価」が行われる（同法2章）。

2）住宅にかかる紛争処理体制

　建設住宅性能評価書の交付を受けた住宅については，工事請負契約又は売買契約に関して売主と買主の間にトラブルが発生した場合，その当事者は，指定住宅紛争処理機関にあっせん，調停，仲裁を申請できる（同法6章）。

3）新築住宅の瑕疵担保責任

　住宅購入者等の利益保護のため，新築住宅の工事請負契約の請負人又は売買契約の売主（売主等）には，「住宅の構造耐力上主要な部分等」の瑕疵[*17]について，引き渡したときから10年間，修補等の義務が課されている（同法7章）。

*17 瑕疵：欠陥のこと。住宅品確法では，構造耐力上主要な部分と雨水の浸入を防止する部分の欠陥をさす。

184

3 住宅瑕疵担保履行法[*18]

住宅品確法では住宅の「構造耐力上主要な部分等」の瑕疵について，売主等に対して10年間の瑕疵担保責任が課せられている。しかし，売主等の倒産等の場合には瑕疵担保責任が十分履行されず，住宅購入者等が不利益を被ることがある。これを解決するため，住宅購入者等の利益の保護を図る住宅瑕疵担保履行法（特定住宅瑕疵担保責任の履行の確保等に関する法律）が制定された。

1）瑕疵担保責任の履行のための資力確保

瑕疵担保責任を履行するための措置として，一定の事業者に対して所定の方法による資力確保を義務付けている。この資力確保が義務付けられる事業者は，新築住宅の請負人又は売主のうち，建設業法にもとづく建設業の許可を受けた建設業者と，宅地建物取引業法にもとづく宅地建物取引業の免許を受けた宅地建物取引業者とされている（同法2章）。

2）資力確保の方法

住宅事業者には，住宅瑕疵担保責任保険への加入か保証金の供託のいずれかの方法により資力確保の措置を講じることが求められている（同法3章，4章）。

3）住宅にかかる紛争処理体制

住宅瑕疵担保責任保険が付保された住宅では，売主と買主等との間で紛争が生じた場合，指定住宅紛争処理機関にあっせん，調停，仲裁の申請や，住宅紛争処理支援センターへ相談等ができる（同法5章）。

4 長期優良住宅促進法[*19]

「スクラップ＆ビルド型」から「ストック活用型」の社会への転換を目的として，長期にわたり住み続けられるための措置が講じられた優良な住宅（長期優良住宅）を普及させるため，2010年に長期優良住宅促進法が制定された。

1）長期優良住宅建築等計画の認定

長期優良住宅を建築しようとする建築主，分譲事業者及び譲受人（建築主等）は，長期優良住宅建築等計画を作成し，所管行政庁にあらかじめ当該計画の認定の申請をする（同法3章）。

2）住宅の維持保全の義務付け

長期優良住宅建築等計画の認定を受けた建築主等（以下「認定計画実施者」）は，その建築後の住宅の維持保全を自ら行うこと及び，建築及び維持保全の状況に関する記録の作成と保存が義務付けられる。また，所管行政庁は必要に応じてその状況について報告を求めることができる（同法3章）。

3）維持保全状況の記録作成・保存

計画の認定を受けて建築した住宅については，建築時の計画内容，その後の維持保全段階における点検や補修の内容等について記録した図書を作成し，保存することが義務付けられている（同法3章）。

[*18] 特定住宅瑕疵担保責任の履行の確保等に関する法律

[*19] 長期優良住宅の普及の促進に関する法律

5 土地の利用・開発に関連する法規

1 国土利用計画法

国土利用計画の策定に関し必要な事項を定めるとともに，土地利用基本計画の作成，土地取引の規制に関する措置などを講ずることにより総合的かつ計画的な国土の利用を図ることを目的としている（同法1条）。

土地取引の規制は，土地の投機的取引及び地価の高騰が国民生活に及ぼす弊害を除去し，適正かつ合理的な土地利用の確保を図るために設けられており，「事後届出制」，「事前届出制」，「許可制」で構成されている（同法23条～27条の10）。

2 宅地造成及び特定盛土等規制法

宅地造成，特定盛土等，土石の堆積に伴う崖崩れ等の災害防止のため必要な規制を行い，国民の生命，財産の保護を図ることを目的とした法律[20]です。

1）規制区域（宅地造成等工事規制区域，特定盛土等規制区域）

都道府県知事は，盛土等に伴う災害から人命を守るため，危険な盛土等を規制する必要があるものを「宅地造成等工事規制区域[21]」や「特定盛土等規制区域[22]」をとして指定することができる。規制区域の指定は，地域の地形・地質等の基礎調査の結果を踏まえ，関係市町村の意見を聞いたうえで決定される。

2）規制区域内の規制

規制区域内で盛土等を行う場合は，工事主は[23]，都道府県知事等の許可を受けなければならない。許可の基準は，技術的基準の適合や，工事主の資力や信用，工事施行者に造成工事を完成するために必要な能力などがある。

許可対象となる盛土の規模は，宅地造成等工事規制区域と特定盛土等規制区域で異なり，以下の表の通りとなる（図-XIII.5.1）。

[20] 令和3年7月に静岡県熱海市で大雨に伴い盛土が崩落し，大規模な土石流が発生したことにより，甚大な人的・物的被害が生じたことで，「宅地造成等規制法」を抜本的に改正した法律。
[21] 市街地や集落，その周辺など，盛土等が行われれば，人家等に危害を及ぼしうるエリアが指定される。
[22] 市街地や集落などから離れているものの，地形等の条件から盛土等が行われれば，人家等に危害を及ぼしうるエリア等が指定される。
[23] 宅地造成，特定盛土等，土石の堆積に関する工事の請負契約の注文者又は請負契約によらないで自らその工事をする者をいう。

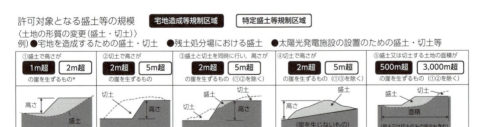

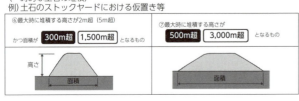

図-XIII.5.1

XIV
建築士法とその他の関連する法規

　建築基準法と建築士法は，同じ日に公布され（昭和25年5月24日），法律番号も1つ違いの双子のような法律である。安全で衛生的，かつ，快適で機能的な建築物をつくるには，建築基準法と建築士法が一体となって運用されることが前提といえる。
　また，建築物の建設には，工事を請負う建設業者が欠かせない。この建設業者が質の高い工事を行うことができ，建設業者・発注者とも不利益を被らないよう，建設業法が定められている。さらに，土地を取得する，あるいは建築物を取得するには売買契約をする必要もある。このように，安全で快適な建築物が適正に建築され，売買され，利用できるようになるには，土地の取得，建築物の設計・施工，売買等の契約，利用開始後の維持管理，建替えに至るまで，多くの行為が介在し，それらの行為が適切に行われるようにルールを定めた法律が数多く存在している。ここではそのいくつかについて，その目的，及び概要を紹介する。

横浜　金沢ベイサイドマリーナ（浜野四郎 画）
　前身は，新山下貯木場の補完機能として計画された新木材港で，1974年に岸壁・荷捌き地が完成している。その後，木材輸入の減少などから役割が低下し，機能転換を迫られたことで，金沢ベイサイドマリーナが誕生した。1996年に開業したアジア最大級の規模のマリーナで，市の第3セクターが管理・運営している。2020年にはウォーターフロント用地にアウトレットパークがリニューアルオープンした。

XIV　建築士法とその他の関連する法規

1　建築士法

1 建築士法の概要

　建築士法は，設計・工事監理を行う建築士の資格や業務，業としてこれらを行う建築士事務所の登録や業務などを定め，また，それぞれの業務が適正に行われるための責任や使命，罰則等を定めている。建築士には，この法律を遵守し，業務を適正に行うことで，建築物の質の向上に寄与することが求められる。

2 建築士の区分と業務の範囲

　建築士は，一級建築士・二級建築士・木造建築士に区分される。建築士が設計・工事監理等の業務を行う際，それぞれ対応できる範囲が，建築物[*1]の規模や用途，構造等によって定められている（士法3条，3条の2，3条の3）。

*1 建築基準法85条の応急仮設建築物を除く。

表-XIV.1.1　建築士の区分と対応できる建築物の高さ，構造，階数，延べ面積

		高さ≦16m					高さ>16m 又は 4階建(地階を除く)以上
		木造			木造以外		
		階数=1	階数=2	階数≧3	階数≦2	階数≧3	
延べ面積	≦30m²	資格不要			資格不要		
	≦100m²						
	≦300m²	木造建築士以上			二級建築士以上		
	≦500m²						
	≦1,000m²	※	※	※	一級建築士		
	>1,000m²	※					

資格不要………………建築士の資格がなくても設計・工事監理のできる規模
木造建築士以上………一級建築士，二級建築士又は木造建築士が，設計・工事監理のできる規模
　　　　　　　　　　　（都道府県は条例で，区域又は建築物の用途を限り，延べ面積を別に定めることができる。）
二級建築士以上………一級建築士又は二級建築士が，設計・工事監理のできる規模
　　　　　　　　　　　（都道府県は条例で，区域又は建築物の用途を限り，木造の建築物以外の延べ面積を別に定めることができる。）
※　学校，病院，劇場，映画館，観覧場，公会堂，集会場（オーデイトリアムを有しないものを除く。），百貨店の用途に供する建築物の場合は，一級建築士に限る。

　上記とは別に，一級建築士の中で高度な専門知識・技能を有する建築士として，以下の条件を満たす建築士を構造設計一級建築士・設備設計一級建築士とすることが制度化されている（士法10条の2の2）。
　　①　一級建築士として5年以上構造設計・設備設計の業務に従事した後，登録講習機関が行う講習の課程を修了した一級建築士
　　②　国土交通大臣が，構造設計・設備設計に関し①と同等以上の知識及び技能を有すると認める一級建築士

3 建築士が行う業務と責務

建築士法は，建築士が行う建築物に関する設計業務や工事監理業務の他，建築士が果たすべき責務と禁止事項等を定めている（士法4章）。

1）設計業務

ア 法令等が定める基準に適合させること

イ 設計の委託者に設計内容を適切に説明するように努めること

ウ 構造設計・設備設計一級建築士に法適合の確認を求めること[*2]

エ 建築設備士の意見を聴くように努めること[*3]

オ 設計図書に一級・二級・木造建築士である旨の表示をして記名・押印をすること

カ 安全証明書[*4]を設計の委託者に交付すること[*5]

2）工事監理業務

ア 工事が設計図書のとおりに実施されていない場合は，直ちに工事施工者にその旨を指摘し，設計図書のとおりに施工するように求め，工事施工者がこれに従わないときは，その旨を建築主に報告すること

イ 建築設備士の意見を聴くように努めること[*6]

ウ 工事監理終了時に，直ちにその結果を工事監理報告書で建築主に報告すること。また，建築物の建築設備にかかる工事監理を行う場合で，建築設備士の意見を聴いたときは，工事監理報告書でその旨を明らかにすること

3）建築士としての責務と禁止事項

建築士は，常に品位を保持し，業務に関する法令及び実務に精通して，建築物の質の向上に寄与するように，公正かつ誠実にその業務を行う責務がある（士法2条の2）。

その他，建築士としての禁止事項を以下のように定めている。

ア 名義貸しの禁止

設計又は工事監理について，その資格に応じて定められる範囲を超えて，若しくは建築士の資格をもたずに，これらを行っている者等に，自己の名義を利用させてはならない（士法21条の2）。

イ 違反行為の指示等の禁止

違反建築物の建築等の法令違反行為について，指示をしたり相談に応じたりしてはならない[*7]（士法21条の3）。

ウ 信用失墜行為の禁止

建築士の信用又は品位を害するような行為をしてはならない（士法21条の4）。

[*2] 一級建築士が設計を行う必要がある建築物のうち一定の建築物のみが対象（自身が構造設計一級建築士，設備設計一級建築士の場合を除く）

[*3] 建築物の延べ面積が2,000 m² を超える建築物の建築設備にかかる設計を行う場合のみが対象。ただし，設備設計一級建築士が設計を行う場合は除く。

[*4] 建築士が構造計算によって建築物の安全性を確かめた場合に交付する，構造計算によって建築物の安全性を確かめたことを証明する証明書。

[*5] 構造設計一級建築士による設計又は法適合確認が必要な建築物の場合は除く。

[*6] 建築物の延べ面積が2,000 m² を超える建築物の建築設備にかかる工事監理を行う場合のみが対象。ただし，設備設計一級建築士が設計を行う場合は除く。

[*7] 違反建築物の取締り等は行政が行う業務のため，これに関する相談等に応じることも建築士が行うべきではない。

XIV　建築士法とその他の関連する法規

4 建築士になるには

ア　所定の建築士試験に合格する。

イ　アの上で，実務経験年数等を満たして免許登録する（士法3章）。

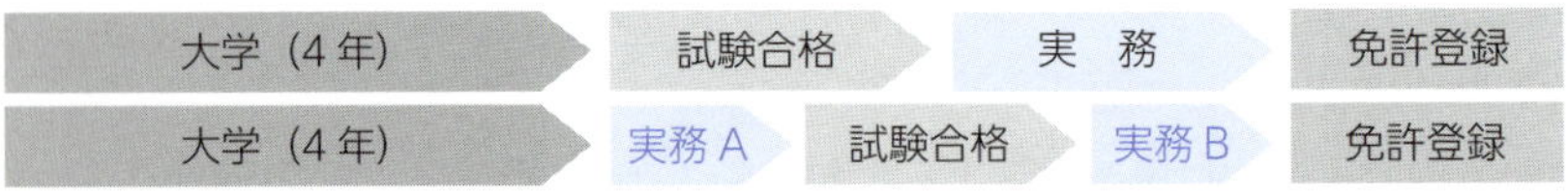

| 大学（4年） | 試験合格 | 実　務 | 免許登録 |

| 大学（4年） | 実務 A | 試験合格 | 実務 B | 免許登録 |

図 - XIV.1.1　　　　　　　　　　　　　　　　A＋B＝所定の実務経験年数以上

表 - XIV.1.2　建築士の区分と受験資格・免許登録の要件

	受験資格要件	免許登録要件	
	学歴等（指定科目を修めて卒業した者）	学歴等	所定の実務経験年数
一級建築士	大学・短大・高専	大学	2 年以上
		短大（3 年）	3 年以上
		短大（2 年）・高専	4 年以上
	二級建築士	二級建築士	二級建築士として 4 年以上
	国土交通大臣が同等と認める者	国土交通大臣が同等と認める者	所定の年数以上
	建築設備士	建築設備士	建築設備士として 4 年以上
二級・木造建築士	大学・短大・高専・高校	大学・短大・高専	なし
		高校・中等教育学校	2 年以上
	実務経験 7 年	—	7 年以上
	都道府県知事が同等と認める者	都道府県知事が同等と認める者	所定の年数以上

5 建築士事務所としての業務

　設計や工事監理等の業務を「業」として行うためには，建築士事務所として登録する必要がある[*8]。登録を受けようとする者（登録申請者）は，建築士事務所の所在地を管轄する都道府県知事等に登録申請書を提出する[*9]。この登録を受けた者を**建築士事務所の開設者**という[*10]（士法6章）。

1）建築士事務所の登録が必要となる業務

　建築士事務所の登録が必要となる業務内容は，次のとおりである。

ア　設計[*11]

イ　工事監理

ウ　建築工事契約に関する事務

エ　建築工事の指導監督

オ　建築物に関する調査・鑑定

カ　建築物の建築に関する法令・条例の規定に基づく手続きの代理

2）建築士事務所の開設者が行うべき事項

ア　業務上の技術的事項を総括する専任の管理建築士の設置

イ　「業務報告書」[*12] の事業年度ごとの都道府県知事への提出

ウ　業務に関する帳簿の備え付け等と設計図書等の保存[*13]

エ　登録等の内容を記した標識の掲示

オ　業務実績や所属建築士の氏名等を記した書類の備え置きと閲覧

[*8] 有効期間は 5 年。期間満了の 30 日前までに更新する。

[*9] 建築士事務所の登録は，都道府県知事が建築士事務所登録簿に登録することにより行われるが，都道府県知事の指定する指定事務所登録機関が行うことも可能になっている。

[*10] 建築士事務所の開設者には建築士であることは求められない。

[*11] 構造設計一級建築士・設備設計一級建築士による法適合確認を含む。

[*12] 設計の業務に関する報告書

[*13] 保存期間は 15 年

190

3）設計・工事監理の業務の受託・委託の制限

　建築士事務所の開設者には，受託契約締結前の重要事項の説明や，受託契約締結時の書面の交付が義務付けられており，一定規模[*14]の建築物については設計・工事監理の業務の一括再委託が禁止されている。また，設計受託契約等の原則に基づいて，一定規模[*15]を超える建築物については，書面により契約を締結すること等も求められる。

*14 延べ面積 > 300 m² の建築物の新築工事に限る。

*15 延べ面積 > 300 m² の建築物の新築等

6 管理建築士と所属建築士

　建築士事務所には**専任の管理建築士**を置く。一級建築士事務所登録の場合は，一級建築士が管理建築士となり，建築士事務所の技術的事項の総括や建築士法により定められた所定の業務を行う。管理建築士以外の建築士は，管理建築士の下でその資格に応じ，設計や工事監理等の業務を行う。

1）管理建築士の役割と業務

　管理建築士は，設計・工事監理等の業務を行う建築士事務所を管理するほか，業務上の技術的事項を総括する。

　　ア　管理建築士による建築士事務所の管理

　　　管理建築士は，建築士事務所の業務にかかる技術的事項を総括し，建築士事務所の業務が円滑かつ適正に行われるよう，建築士事務所の開設者に対し必要な意見を述べることも求められる[*16]。

*16 管理建築士と建築士事務所の開設者とが異なる場合

　　イ　管理建築士等による重要事項の説明等

　　　管理建築士等は，設計受託契約等を締結する際に，あらかじめ当該建築主に対して重要事項について，書面を交付し説明を行う。

2）管理建築士となる条件

　管理建築士は，建築士として 3 年以上の設計等の業務[*17]に従事した後，国土交通大臣の登録を受けた登録講習機関が行う管理建築士講習の課程を修了した建築士から選任しなければならない。

　管理建築士講習は，複数の建築士資格を保有している場合でも，一度受講すれば足りる。

*17 建築物の設計（構造・設備設計一級建築士による法適合確認を含む），建築物の工事監理，建築工事契約に関する事務，建築工事の指導監督，建築物に関する調査・鑑定，建築物の建築に関する法令・条例の規定に基づく手続きの代理に関する業務。

3）所属建築士に対する定期講習の受講義務

　建築士事務所に所属し設計・工事監理の業務を行う建築士には，3 年以内ごとに定期講習を受講することが求められる。

　複数の建築士資格を保有している場合は，例えば一級建築士で，二級又は木造建築士の資格をもつ者は，一級建築士の定期講習を受けることで，二級又は木造建築士の定期講習も受講したものとみなされる。

XIV　建築士法とその他の関連する法規

2　建設業法

1　建設業法の概要

建設業法は，建設業を営む者の資質の向上，建設工事の請負契約の適正化等を図るための法律である。

各用語は以下のように定義される（業法 2 条）（表 - XIV .2.1）。

表 - XIV .2.1　建設業法の用語

建設工事	土木建築に関する法で定められた 29 種類の工事
建設業	建設工事の完成を請け負う営業
建設業者	許可を受けて建設業を営む者
下請契約	建設工事を他の者から請け負った建設業を営む者と他の建設業を営む者との間で，建設工事の全部又は一部について締結される請負契約
発注者	建設工事 (他の者から請け負ったものを除く。) の注文者
元請負人	下請契約における注文者で建設業者である者
下請負人	下請契約における請負人

「発注者」と「元請負人」と「下請負人の関係」 (業法 2 条 5 項)

B社は，A社との関係では「下請負人」だが，Cとの関係では「元請負人」となる

2　建設業の許可

建設業を営もうとする者は，原則としてその営業を開始する前に許可を得る必要がある。

建設業の許可は，建設工事の種類（業種）や営業所を設けようとする場所，一定額以上の下請契約を締結しようとするかにより区分される（業法 2 章）。

1) 業種による区分

建設工事の種類（業種）として，**29 の工事**が規定されている（表 - XIV .2.2）。

建設業の許可は，この業種ごとに受ける必要がある。

表 - XIV .2.2　建設工事の種類

一式工事業*18 (2 種)			
建築工事業		土木工事業	
専門工事業 (27 種)			
大工工事業	タイル・れんが・ブロック工事業	塗装工事業	さく井工事業
左官工事業	鋼構造物工事業	防水工事業	建具工事業
とび・土工工事業	鉄筋工事業	内装仕上工事業	水道施設工事業
石工事業	舗装工事業	機械器具設置工事業	消防施設工事業
屋根工事業	しゅんせつ工事業	熱絶縁工事業	清掃施設工事業
電気工事業	板金工事業	電気通信工事業	解体工事業
管工事業	ガラス工事業	造園工事業	

＊18「一式工事」とは，2 つ以上の専門工事を有機的に組み合わせて実施する必要がある等，総合的なマネージメントが必要な工事で，原則として元請負人として携わる工事を指す。単に複数の専門工事を一時に請負うだけでは「一式工事」に該当せず，原則として下請工事も該当しない。

192

2）建設業の許可の基本

建設業を営もうとする者は，個人・法人や，元請負人・下請負人を問わず，営業開始前に許可を受ける必要がある。ただし，以下に示す「軽微な建設工事」のみを請け負って営業する場合は，必ずしも許可を受ける必要はない。

　ア　建築一式工事における軽微な建設工事（次のいずれかに該当する工事）
　　・工事1件の請負代金の額が1,500万円未満[19]
　　・延べ面積が150 m² 未満の木造住宅工事

　イ　建築一式工事以外の工事における軽微な建設工事
　　・工事1件の請負代金の額が500万円未満[19]

> ＊19 金額は，消費税及び地方消費税を含む額。

3）大臣許可と知事許可の区分

許可の申請は，営業所[20]を設けようとする場所が1つの都道府県内か，複数の都道府県かによって，申請先が異なる。

　ア　国土交通大臣への申請[21]（大臣許可）
　　2つ以上の都道府県に営業所を設けようとする場合。

　イ　都道府県知事への申請[21]（知事許可）
　　1つの都道府県内にのみ営業所を設けようとする場合。

> ＊20「営業所」とは，本店，又は支店，若しくは常時建設工事の請負契約の見積り，入札，契約を行う事務所などの建設業に係る営業に実質的に関与する場所。
> ＊21 許可の申請先による区分は，あくまで営業所の所在地がどこにあるかの違いによるもの。そのため，知事許可を受けて1つの都道府県内にしか営業所を持たない者であっても，全国で営業・工事を行うことは可能。

4）特定建設業と一般建設業の区分

建設業を営もうとする者が，発注者から直接工事を請負い，その工事を下請負人と一定の金額以上の下請契約を締結して施工しようとするか否かによって，許可の区分が異なる。

　ア　特定建設業
　　発注者から直接請け負う建設工事で，下請契約の額[22]が4,000万円（建築一式工事の場合は6,000万円）以上の工事を施工しようとする場合。

　イ　一般建設業
　　ア以外。

> ＊22 下請け契約が2以上ある場合は合計金額

3 工事現場における技術者

建設業者が請け負った建設工事を施工しようとする場合，主任技術者や監理技術者を配置することが規定されている。また，施工しようとする建築物の用途等によっては，それら技術者の専任も求められる。

1）主任技術者と監理技術者の配置

建設業者が請け負った建設工事を施工しようとする場合，主任技術者の配置が必要となる。また，一定金額以上の下請契約を締結してその工事を施工しようとする場合，主任技術者に替わり監理技術者の配置が必要となる。

　ア　主任技術者の配置が必要な工事
　　請負金額の大小にかかわらず，建設業者が施工しようとする工事。

　イ　監理技術者の配置が必要な工事
　　発注者から直接工事を請負い，4,000万円（建築一式工事の場合は6,000万円）以上の額[22]の下請契約を締結して施工しようとする工事。

2）主任技術者と監理技術者の要件

主任技術者，監理技術者には，担当する工事現場の施工の技術上の管理を行う者として，以下の要件が求められる（**表 - XIV.2.3**）。

表 - XIV.2.3　主任技術者，監理技術者に求められる要件

主任技術者	① 指定学科卒業後の実務経験	
	・大学，短大，高専，専門学校（専門士・高度専門士）卒	３年以上
	・高等学校，専門学校卒	５年以上
	② 実務経験のみ	１０年以上
	③ 国土交通大臣が認定した者	
監理技術者	ア）一級国家資格者	
	イ）主任技術者の要件の①②③のいずれかの該当者で，発注者から直接請け負い，その金額が 4,500 万円以上の工事に関して 2 年以上の指導監督的な実務経験	
	ウ）国土交通大臣がア）イ）と同等以上と認定した者	

3）技術者の専任が必要な工事

「公共性のある施設」や「多数の者が利用する施設」に関する「重要な建設工事」については，工事現場ごとに専任の主任技術者又は監理技術者を置くことが求められる。

対象となるのは，請負代金の額が 3,500 万円（建築一式工事の場合は 7,000 万円）以上の工事で，個人住宅を除いたほとんどの工事が対象となる。

4 建設工事の適正な請負契約

建設工事の請負契約は，報酬を得て工事を完成させることを目的に締結されるものである。同法では，この目的の達成のための適正な契約に関する事項が定められている。

1）建設工事の請負契約の基本

建設工事の請負契約は，契約の当事者が「各々の対等な立場における合意に基いて公正な契約を締結し」「誠実にこれを履行」しなければならないと規定されている。

また契約の締結に際しては，必要な事項[23] を「書面に記載し，署名又は記名押印をして相互に交付」しなければならないと規定されている。

[23] 工事内容，請負金代金の額，工事着手及び完成時期，請負金代金の支払い方法，設計変更等の場合の定めなど。

2）請負契約において遵守すべき事項

・不当に低い請負代金の禁止

・不当な使用資材等の購入強制の禁止

・見積りのための具体的内容提示と期間の確保

・特定建設業者の下請代金の支払い期日

・帳簿の備付け等

3）一括下請負の禁止

建設業法では，建設業者は，自らが請け負った建設工事を一括して他人に請け負わせること，また，他の建設業者が請け負った建設工事を一括して請け負うこと，の双方を禁止している。

3 環境保護に関連する法規

1 廃棄物処理法[*24]

*24 廃棄物の処理及び清掃に関する法律

　廃棄物の排出の抑制と適正な処理を行い，かつ，生活環境を清潔にすることで，生活環境の保全，公衆衛生を向上させることを企図した法律で，一般廃棄物（同法2章）と産業廃棄物（同法3章）が規定されている（図-XIV.3.1）。

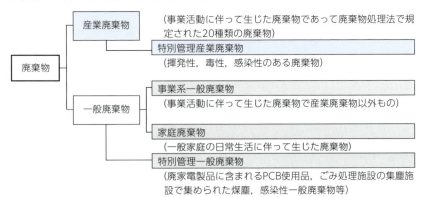

図-XIV.3.1

　建設工事に伴って生じる建設廃棄物は，産業廃棄物と一般廃棄物の両方を含むため，その種類に応じて適切に処理を行う必要がある。

　また同法は，建設廃棄物の処理責任を，注文者から建設工事を直接請け負った建設業者「元請業者」に一元化している。元請業者には排出事業責任の徹底が強く求められることになる。

2 建設リサイクル法[*25]

*25 建設工事に係る資材の再資源化等に関する法律

　①特定の建設資材の分別解体等，再資源化等を促進するための措置　②解体工事業者の登録制度　等により，資源の有効な利用の確保と廃棄物の適正な処理が行われることを企図した法律である。

　同法により，一定規模以上の建設工事（対象建設工事）について，建設工事の発注者には工事の事前届出[*26]や請負契約書面への分別解体費用等の記載が義務付けられ，受注者には分別解体等・再資源化等の実施，再資源化等の実施状況に関する記録の作成・保管等が義務付けられている（表-XIV.3.1）。

*26 工事着手の7日前まで（国等は通知）

表-XIV.3.1　分別解体等と再資源化等が義務付けられる工事の種類と特定建設工事

対象建設工事	建築物の解体工事	床面積　：80 m² 以上
	建築物の新築・増築の工事	床面積　：500 m² 以上
	建築物の修繕・模様替え等の工事	請負代金：1億円以上
	建築物以外の工作物の解体工事・新築工事等	請負代金：500万円以上
特定建設資材	① コンクリート　② コンクリート及び鉄からなる建設資材　③ 木材　④ アスファルト・コンクリート	

XIV 建築士法とその他の関連する法規

4 取引・所有・区分に関連する法規

1 宅地建物取引業法

不動産の販売，売買・賃貸の仲介を行う者は「宅地建物取引業者」として，事務所の設置区域により国土交通大臣若しくは都道府県知事より免許を受けなければならない。この免許制度により，宅地建物取引業者に対し必要な規制を行い，不動産取引の公正を確保している。

また，不動産流通の専門家である「宅地建物取引士」は，契約内容や当該物件の法令上の規制等の重要事項について，購入予定者に対して売買契約締結までに説明する義務（重要事項説明）がある。

2 区分所有法*27

*27 建物の区分所有等に関する法律

分譲マンション等の区分所有建築物は，躯体部分や壁のように各区分所有者が単独所有することができない部分がある。そのため必要となる，区分所有建築物の権利関係の調整，管理運営について定めた法律である。

具体的には，大規模な修繕を行うときは区分所有者の過半数の賛成が必要*28であったり，建替え決議の際には4/5以上の賛成が必要である等，重要な手続きに関して規定している。

*28 ただし共用部を著しく変更する場合は3/4以上の賛成が必要

3 マンション建て替え円滑化法*29

*29 マンションの建替等の円滑化に関する法律

築40年超のマンションは81.4万戸（H30）から10年後には198万戸，20年後には367万戸に急増すると推計されている。

同法は，マンションの建替えや改修などを促進するため，2002年に制定された法律で，①法人格をもつ「建替組合」の設立②「権利変換」手法の導入により，建て替え工事の契約や資金の借入れなどが可能となり，金融機関の合意が得られやすくなった。同法はその後2回改正されている。

2014年の改正では，首都直下型地震や南海トラフ地震に備え，耐震性が不足したマンションの解体や跡地売却を促すため，①区分所有者の4/5以上の賛成で解体・売却を可能としたほか，②建替え時に部屋数を増やせるように容積率の緩和特例が創設された。

2020年6月の改正では，①外壁の剥落により危害を生ずるおそれのある，あるいは②バリアフリー性能が確保されていないマンションの特例が追加され，③①のものが団地内に含まれる場合は敷地共有者の4/5の同意で敷地の分割を可能にする制度が盛り込まれた（①②1年6か月，③2年以内施行）。

196

5 その他の関連法規

1 駐車場法

都市における自動車の駐車のための施設の整備に関し必要な事項を定めた法律。同法により，①都市計画で駐車場整備地区を定めること，②地方公共団体が条例で駐車場施設の付置義務を定めることができる。

ア　駐車場整備地区　商業地域，近隣商業地域等内において自動車交通が著しくふくそうする地区又は周辺の地区で，円滑な道路交通を確保する必要があると認められる区域。都市計画で定めることができる。

イ　駐車場付置義務条例　駐車場整備地区，商業地域，近隣商業地域，及び周辺地域内で，延べ面積 2,000 m² 以上で条例で定める規模以上の建築物を新築等 (増築により当該規模となる場合を含む) しようとする者に対し，「駐車施設」の付置義務を定めることができる。特定用途 (劇場，百貨店，事務所等) については，条例で 2,000 m² 未満のものを含めることもできる。

なお，本条例は建築確認の対象となる。

2 ビル管法 *30

多数の者が使用し，又は利用する建築物の維持管理に関して，環境衛生上必要な事項等を定めて，建築物における衛生的な環境の確保を図ることを目的としている (同法 1 条)。

興行場，百貨店，店舗，事務所，学校等の用途である建築物で，所定の規模に該当するものを「特定建築物」と定義し，その特定建築物の所有者，占有者等に対して，「建築物環境衛生管理基準 *31」に従って維持管理をすることを義務付けている (同法 1 条，令 1 条)。特定建築物は以下による。

ア　建築基準法に定義された建築物。

イ　1 つの建築物において，特定用途 *32 の 1 又は 2 以上に使用される建築物。

ウ　1 つの建築物において，特定用途に使用される延べ面積 *2 が，3,000 m² 以上 *33。

＊30 建築物における衛生的環境の確保に関する法律

＊31 空気環境の調整，給排水の管理，清掃，ネズミ，昆虫等の駆除その他

＊32 特定用途：興行場，百貨店，集会場，図書館，博物館，美術館，遊技場，店舗，事務所，学校 (研修所を含む)，旅館

＊33 小学校，中学校等は，8,000 m² 以上。

3 民法

建築物は敷地境界線から 50 cm 以上離すこと，隣地境界線から 1 m 未満の範囲にある窓などには目隠しを付けることなどを規定する。

また，請負や売買等の契約に関する規定，契約を履行しなかった場合の責任に関する規定等も定められている。

なお民法は，国や行政と国民・住民との関係を規律する「公法」に属する建築基準法と異なり，市民相互の関係を規律付ける「私法」に属する法律である。

4 各種用途に関する法規

ア 医療法

病院，診療所，助産所等の構造設備の基準を規定する。

イ 学校教育法

各学校は，同法が指定する学校の種類に応じて文部科学大臣が定める設備等の基準に従って設置しなければならないと規定する。

ウ 児童福祉法

児童福祉施設について，都道府県は条例で設備等の基準を定めなければならないと規定する。

エ 旅館業法

旅館，ホテル，簡易宿所，下宿の施設の構造設備の基準を規定する。なお，それら施設の設置場所が学校教育法に規定する学校（大学を除く）等の敷地からおおむね 100 m 以内にある場合，都道府県知事はその営業を許可しないことができる。

オ 風俗営業等の規制及び業務の適正化等に関する法律（風営法）

風俗営業の種別に応じた営業所内の照度や営業できる用途地域を規定する。なお，一部の業態については，学校，図書館，児童福祉施設等の敷地から 100 m の区域内においては営業できない。

カ 興行場法

映画，演劇，音楽，スポーツ，演芸等の施設の設置場所や構造設備が都道府県の条例で定める基準に適合しない場合，都道府県知事はその施設の営業の許可を与えないことができると規定する。

キ 老人福祉法

養護老人ホーム，特別養護老人ホーム等の設備や運営について，都道府県は条例で基準を定めなければならないと規定する。

ク 倉庫業法

倉庫業を営もうとするものは，国土交通大臣の行う登録を受けなければならないと規定している。なお，倉庫の施設，設備が，同法に基づき定める基準に適合しない場合は登録が拒否される。

◎出典

Ⅰ　建築法規を学ぶにあたって

図-Ⅰ.2.1　国土交通省「建築関係法の概要」（p.1「1.建築法体系の概要」）を加工して作成

図-Ⅰ.3.1　国立国会図書館蔵「むさしあぶみ2巻」より

Ⅱ　建築基準法の特徴と変遷

図-Ⅱ.4.1　国土交通省「建築基準法制度概要集」（p.23「構造関係規定の主な改正経緯」）を加工して作成

図-Ⅱ.5.1　国土交通省資料（「密集市街地等における安全性の確保」）を加工して作成

図-Ⅱ.5.2　国土交通省「建築基準法制度概要集」（p.30「防火・避難規定の強化に係る経緯」）等を加工して作成

Ⅳ　建築基準法を支えるしくみと手続き（総則）

表-Ⅳ.5.1　国土交通省「建築基準法制度概要集」（p.7「定期報告の対象となる建築物・昇降機・防火設備【政令指定】」）を加工して作成

Ⅴ　都市計画法と土地利用

図-Ⅴ.2.1　国土交通省「みらいに向けたまちづくりのために」（p.2「都市計画制度の構成」）を加工して作成

図-Ⅴ.3.2　国土交通省「高層住居誘導地区」（制度のイメージ）（https://www.mlit.go.jp/jutakukentiku/house/seido/kisei/57-5koso.html）を加工して作成

図-Ⅴ.4.2　東京都都市整備局「地区計画とは」（地区計画で何を決めるの…）（https://www.toshiseibi.metro.tokyo.lg.jp/kenchiku/chiku/chiku_1.htm）を加工して作成

表-Ⅴ.4.1　上尾市都市計画課「仲町愛宕地区地区計画」（建築物等に関する制限事項）を加工して作成

図-Ⅴ.4.3　上尾市都市計画課「仲町愛宕地区地区計画」（計画図）を加工して作成

図-Ⅴ.5.1　国土交通省都市局市街地整備課「土地区画整理事業」（(1) 土地区画整理事業のしくみ）（https://www.mlit.go.jp/crd/city/sigaiti/shuhou/kukakuseiri/kukakuseiri01.htm）を加工して作成

図-Ⅴ.5.2　国土交通省都市局市街地整備課「市街地再開発事業」（市街地再開発のイメージ図）（https://www.mlit.go.jp/crd/city/sigaiti/shuhou/saikaihatsu/saikaihatsu.htm）を加工して作成

図-Ⅴ.6.1　国土交通省「総合設計制度」（制度のイメージ）（https://www.mlit.go.jp/jutakukentiku/house/seido/kisei/59-2sogo.html）を加工して作成

図-Ⅴ.6.2　国土交通省都市・地域整備局都市計画課「景観法の概要」（p.6「景観法の対象地域のイメージ」）を加工して作成

図-Ⅴ.6.3　内子町公式観光サイト「内子さんぽ」（https://www.we-love-uchiko.jp/）

図-Ⅴ.6.4　UR都市機構

Ⅵ　用途と規模による制限—集団規定（1）

章扉図　目黒区都市計画課都市計画係「目黒区地域地区図（用途地域等）分割図（(8) 平町、大岡山、緑が丘、自由が丘、中根）」（https://www.city.meguro.tokyo.jp/kurashi/sumai/tochi/tiikitikuzu.files/08bunkatu.pdf）を加工して作成

出典

表-Ⅵ.1.1 東京都都市づくり制作部土地利用計画課「用途地域による建築物の用途制限の概要」（https://www.toshiseibi.metro.tokyo.lg.jp/kanko/area_ree/youto_seigen.pdf）を加工して作成

図-Ⅵ.5.1 目黒区都市計画課都市計画係「用途地域・地区等による建築制限の概要（敷地面積の最低限度）」（https://www.city.meguro.tokyo.jp/kurashi/sumai/tochi/tiikitikuzu.files/04boukasikitisaiteigen20180401.pdf）を加工して作成

図-Ⅵ.5.2 札幌市都市局建築指導部管理課「壁面線の指定について（指定区域図　（2）南区真駒内）」（http://www.city.sapporo.jp/toshi/k-shido/kakuninn/kokuji/hekimensen/documents/14-09a.pdf）を加工して作成

図-Ⅵ.5.4 国土交通省「立体道路事例集」

Ⅶ　高さの制限—集団規定 (2)

図-Ⅶ.7.1 目黒区都市計画課都市計画係「用途地域・地区等による建築制限の概要（日影規制）」（https://www.city.meguro.tokyo.jp/kurashi/sumai/tochi/tiikitikuzu.files/07hikagekisei20180401.pdf）を加工して作成

図-Ⅶ.8.1 目黒区都市計画課都市計画係「用途地域・地区等による建築制限の概要（高度地区）」（https://www.city.meguro.tokyo.jp/kurashi/sumai/tochi/tiikitikuzu.files/06koudotiku20180401.pdf）を加工して作成

Ⅷ　居室の室内環境にかかる規定

図-Ⅷ.2.2 国土交通省住宅局パンフレット「快適で健康的な住宅で暮らすために」（p.2「シックハウス症候群とは？」）を加工して作成

図-Ⅷ.2.3 国土交通省住宅局パンフレット「快適で健康的な住宅で暮らすために」（p.4「改正建築基準法に基づくシックハウス対策」）を加工して作成

Ⅹ　火災に強い建築物をつくる

章扉図 国土交通省社会資本整備審議会建築分科会第24回建築物等事故・災害対策部会配布資料「資料4-2　埼玉県三芳町の倉庫火災（平成29年）について」を加工して作成

図-Ⅹ.2.2 国土交通省住宅局建築指導課　平成31年1月11日報道発表資料「（株）LIXIL 鈴木シャッター社員による防火設備検査員講習の受講資格取得にあたっての実務経験年数の不正申告について」（防火整備検査員制度の概要）を加工して作成

Ⅺ　防火と避難

図-Ⅺ.1.2 国土交通省「建築基準法制度概要集」（p.21「C. 防火区画の設置（法第36条）」）を加工して作成

表-Ⅺ.1.5 国土交通省「建築基準法の一部を改正する法律案　改正概要」（p.12「第3-4　大規模建築物の区画に関する規制の合理化」）を加工して作成

Ⅻ　消化活動のための基準と建築設備

章扉図 三菱電機株式会社「三菱エレベーター・エスカレーター設計資料　2020」

図-Ⅻ.3.2 同上

XⅢ　建築物と土地に関連する法規

図-XⅢ.1.1　国土交通省パンフレット「ハートのあるビルをつくろう」（「バリアフリー法の仕組み」）を加工して作成

図-XⅢ.1.2　国土交通省パンフレット「ハートのあるビルをつくろう」（「バリアフリー化とは…」）を加工して作成

図-XⅢ.1.3　国土交通省パンフレット「ハートのあるビルをつくろう」（「認定を受けるとこんなメリットがあります。」）を加工して作成

表-XⅢ.2.1　国土交通省「今後の住宅・建築物の省エネルギー対策のあり方について」を加工して作成

図-XⅢ.2.1　資源エネルギー庁「平成 28 年度エネルギー需給実績（確報）」を加工して作成

表-XⅢ.2.2　国土交通省「建築物省エネ法の概要」を加工して作成

図-XⅢ.2.3　国土交通省「建築物省エネ法の概要」を加工して作成

表-XⅢ.2.4　国土交通省「大規模非住宅建築物に関わる省エネ基準の引上げ及び分譲マンションに係る住宅トッププランナー基準の設定について」を加工して作成

図-XⅢ.3.1　日本建築防災協会「H25 改正建築物の耐震改修に関する法律」パンフレットより

表-XⅢ.3.1　日本建築防災協会「H25 改正建築物の耐震改修に関する法律」パンフレットより

表-XⅢ.5.1　国土交通省「盛土規制法パンフレット（事業者用）」を加工して作成

XⅣ　建築士法とその他の関連する法規

図-XⅣ.1.1　国土交通省住宅局建築指導課パンフレット「令和 2 年から建築士試験の受験要件が変わり、新しい建築士制度がスタートします！」（「1. 建築士試験の受験資格の見直し」）を加工して作成

表-XⅣ.1.2　同上

新 14 章で学ぶ 建築法規　　　　　　　　　　　定価はカバーに表示してあります。

2025 年 1 月 5 日　1 版 1 刷発行　　　　　　　　ISBN 978-4-7655-2651-7 C3052

編　　者　日本ＥＲＩ株式会社

発行者　長　　　滋　彦

発行所　技報堂出版株式会社

〒101-0051　東京都千代田区神田神保町 1-2-5
電　　話　営　業　（03）（5217）0885
　　　　　編　集　（03）（5217）0881
　　　　　ＦＡＸ　（03）（5217）0886
振替口座　00140-4-10
Ｕ　Ｒ　Ｌ　http://gihodobooks.jp/

日本書籍出版協会会員
自然科学書協会会員
土木・建築書協会会員

Printed in Japan

© JAPAN ERI CO.LTD.，2025
落丁・乱丁はお取り替えいたします。

装丁　ジンキッズ

印刷・製本　三美印刷

JCOPY　＜（社）出版者著作権管理機構　委託出版物＞

本書の無断複写は著作権法上での例外を除き禁じられています。複写される場合は，そのつど事前に，（社）出版者
著作権管理機構（電話：03-3513-6969，FAX：03-3513-6979，E-mail：info@jcopy.or.jp）の許諾を得てください。